O Sudário de Turim

LYNN PICKNETT E CLIVE PRINCE

O Sudário de Turim

Tradução de
KVIETA MORAIS

EDITORA RECORD
RIO DE JANEIRO • SÃO PAULO

2008

CIP-Brasil. Catalogação-na-fonte
Sindicato Nacional dos Editores de Livros, RJ.

P662s Picknett, Lynn
O sudário de Turim / Lynn Picknett, Clive Prince; tradução Kvieta Morais. – Rio de Janeiro: Record, 2008.

Tradução de: Turin shroud
ISBN 978-85-01-07645-8

1. Santo Sudário. I. Prince, Clive. II. Título.

07-4392 CDD – 232.966
CDU – 232.964

Título original em inglês:
TURIN SHROUD

Originalmente publicado na Grã-Bretanha em capa dura em 1994 pela Bloomsbury. Originalmente publicado em brochura em 2000 pela Corgi.

Impresso no Brasil

ISBN 978-85-01-07645-8

PEDIDOS PELO REEMBOLSO POSTAL
Caixa Postal 23.052
Rio de Janeiro, RJ – 20922-970

EDITORA AFILIADA

"*Ó míseros mortais, abri os olhos!*"

Leonardo da Vinci (1452-1519)

Para Keith,

que ajudou Leonardo a fazer história

SUMÁRIO

AGRADECIMENTOS

Nos últimos quinze anos, muitas pessoas contribuíram para esta história, compartilhando pesquisas e informações, dando-nos apoio e estímulo ou ajudando-nos a promover o nosso trabalho. Nós somos imensamente gratos às seguintes pessoas:

Keith Prince, por todo o seu empenho, inspiração e comprometimento, especialmente a sua genialidade com câmaras escuras. Nós, literalmente, não teríamos conseguido sem ele.

Craig Oakley, por sua lealdade inabalável, seu senso do absurdo altamente afiado e suas freqüentes idéias heterodoxas.

"Giovanni" (quem quer que ele realmente seja), cujas informações extraordinárias nos impeliram a uma surpreendente viagem de descoberta.

Nosso amigo e colega de profissão de quem sentimos muita falta, Stephen Prior, que tanto nos apoiou sempre.

Lavinia Trevor, nossa agente, por ter conseguido dar uma terceira vida a este livro. E a sua colega Elizabeth Cochrane.

Joanne Dickinson, na Time Warner, por agarrar a oportunidade de relançar este livro, e Sheena-Margot Lavelle, Viv Redman e Linda Silverman, por todo o seu empenho.

Andy Haveland-Robinson, por suas longas e árduas horas em frente ao computador por causa do *Sudário de Turim*, especialmente pela análise computadorizada da anomalia da "cabeça cortada".

Abigail Nevill, cujo comentário acerca do Homem no Sudário — "Por que a cabeça dele é tão pequena? Não combina." — foi uma revelação esclarecedora que mudou muita coisa. Da boca dos pequeninos...

Amanda Nevill, ex-diretora-geral do National Museum of Photography, Film and Television, em Bradford, pelo seu apoio entusiástico e conselhos desde o início, e pela sua intuição que levou à exibição da réplica do Sudário, tanto na Royal Photographic Society, em Bath, como, mais tarde, em Bradford. (E por ser a mãe de Abigail).

Janis Britland e sua equipe no National Museum of Photography, Film and Television, por apresentar o nosso trabalho com tanto destaque numa exposição importante, e por finalmente exibir a réplica do Sudário em seu lugar de direito.

Ysenda Maxtone Graham, pelo artigo do *Evening Standard* de Londres que, pela primeira vez, chamou a atenção para nós, e que levou diretamente ao nascimento deste livro. Agradecemos, também, a A. N. Wilson, por sua participação em tornar isso possível.

Michael Austin, ex-presidente da Royal Photographic Society, por seus generosos conselhos e estímulo.

Ian Dickinson, que — apesar de discordar da nossa hipótese — sempre mostrou disposição em compartilhar informações e nos apoiar contra campanhas difamatórias, preconceito e corrupção, embora também tenha se tornado um alvo.

Professor Nicholas Allen, pela longa discussão acerca de sua grande conquista em reproduzir a imagem no Sudário e por ser tão aberto e cordial a respeito das áreas de pesquisa que compartilhamos.

Caroline Rye, cuja fascinante exposição *Turin Machine* nos deu uma visão completamente nova quanto ao talento artístico por detrás do Sudário, e também a Jennifer e Christopher Rye, por uma noite maravilhosa em Bristol.

Bill Homer, H. Rodney Sharp, professor de História da Arte da Universidade de Delaware, e sua esposa Christine, pelos conselhos sobre Leonardo, o artista, e pelo estímulo.

Lillian Schwartz dos Laboratórios Bell, e seu marido Jack, por compartilhar conosco o trabalho deles sobre Leonardo e a *Monalisa*, e por uma noite agradável no Chelsea Harbour.

A equipe do programa *Everyman* da BBC, produzido pela David Paradine Productions: Trevor Poots; Nikki Stockley; Jo Kessel; Amanda George; Giulia Maura; Tony Bragg; Patrick Quirke — e Leonardo, o Sparks. E, é claro, Sir David Frost, por transformar a idéia em realidade.

Susan Gray e Dolores Cassano, da Stefilm, pelo documentário da National Geographic *Leonardo — The Man Behind the Shroud.*

Clive Bull, Michael van Straten, Karen Krizanovich, Sean Bulger e Russell Grant, por todo o tempo no ar que nos deram, e por tornar as nossas aparições na rádio tão divertidas. E a John Sugar, do Serviço Mundial da BBC, pelo convite que pode ter realmente começado alguma coisa (se bem que involuntariamente)!

Vida Adamoli, por traduzir um artigo italiano essencial vigorosamente — e incidentalmente entreter à beça outros fregueses do mesmo restaurante na Gasconha.

Mary Aver, que previu tudo.

Jane Lyle, por prover instalações para os nossos experimentos e por ser tão divertida.

Gostaríamos de agradecer às seguintes pessoas por nos darem a oportunidade de falar em suas reuniões:

O falecido Robert Cowley, e Veronica Cowley, na RILKO; o falecido Ralph Noyes, na Society for Psychical Research; o professor Archie Roy, na SPR escocesa; Andrew Collins, na Questing Conference; Lionel Beer, na TEMS; Steve Wilson, no Talking Stick; comandante Bill Bellars, no Ghost Club; Rob Stephenson, no London Earth Mystery Circle, e todos os organizadores da "Fortean Times UnConvention".

Também gostaríamos de agradecer às seguintes pessoas por sua ajuda, apoio e estímulo de várias formas diferentes:

David Bell; Mark Bennett; Debbie Benstead e Yvan Cartwright; Ashley Brown; Robert Brydon; Jim Burge; o falecido Manfred Cassirer; Alison Cochran; Jim Cochrane; Ian Dougan; Charles e Annette Fowkes; Kate Glass; Tim Haigh; Moira Hardcastle; Barry Johnstone; Michèle Kaczynski; Sarah Litvinoff; Robert Lomas; Loren McLaughlin; Gareth Medway; Sally "Morgana" Morgan; Helen Moss; Mark Naples; Joe Nickell; Steve e Jacqueline Pear; Graham Phillips; Nick Pope; Lily e David Prince; Sue Prince; Francesca Prior; Tony Pritchett; Dr. Carl Sargent; Mary Saxe-Falstein; o falecido Frank Smyth; Sheila e Eric Taylor; Penny Thornton; Peter Tilbury; Mike Wallington; o falecido Alan Wills; e Caroline Wise.

Os funcionários da Westminster Reference Library e dos British Library Reading Rooms, por sua incansável ajuda em buscar o evasivo e o esotérico.

E finalmente...

Nós temos uma dívida incalculável com Leonardo da Vinci, cujo humor negro e genialidade atormentada deram frutos que ainda reservam algumas surpresas, sem mencionar alguns choques, ao século XXI.

INTRODUÇÃO

IRONIA E INSPIRAÇÃO

A ironia requintada e perfeita teria agradado a Leonardo da Vinci. Certamente nos agradou... Quando a freira católica irmã Mary Michael protestava contra a filmagem de *O Código Da Vinci* — baseado no fenomenal sucesso de vendas de Dan Brown — na Catedral Lincoln em agosto de 2005, afirmando, durante a sua vigília de orações de doze horas, que tal coisa era "contra a essência daquilo em que nós (cristãos) acreditamos",[1] agarrava-se a uma fotografia do rosto do homem no Sudário de Turim. A ironia é que, se estivermos certos — e é claro que acreditamos que estamos —, então a imagem que ela apertava com tanto fervor contra o peito não era absolutamente do seu amado Jesus Cristo, mas de fato a imagem do velho encrenqueiro, Leonardo da Vinci. O talismã sagrado da irmã Mary Michael é — e nós pretendemos demonstrar neste livro — nada menos que a imagem do maior herói dos livres-pensadores, e agora a inspiração do livro mais lido do início do século XXI, aquele contra o qual protestava a irmã Mary Michael. (Na verdade, novas e emocionantes provas de que Leonardo é o homem no Sudário são apresentadas pela primeira vez nesta edição revista e atualizada.) Até mesmo no século XXI, é óbvio que Da Vinci tem muito a nos ensinar.

Existe uma outra ironia semelhante na apresentação de reproduções de tamanho natural das imagens frontal e dorsal do Sudário, numa capela lateral da importante igreja de Saint-Sulpice, em Paris, de frente para a Capela dos Anjos, com suas pinturas enigmáticas de Eugène Delacroix (as quais também, sugeriu-se, contêm mensagens codificadas). Não só a igreja é um lugar de grande importância em *O Código Da Vinci*, mas, é claro, o Sudário é, sustentamos, uma tremenda fraude de Da Vinci, uma fraude com o seu código próprio, a ser decifrado por investigadores destemidos.

A controvérsia em torno do livro original de Dan Brown e do filme garantiu que o lado de Da Vinci, que é notado pela sua ausência nos livros escolares e volumes eminentes de História da Arte, esteja agora recebendo uma atenção sem precedentes. Da Vinci (ou "Leonardo", como deveria ser conhecido), o herege, o jogador, o codificador jovial e irreprimível agora está em evidência, meio milênio após a sua morte, arrebatando incontáveis milhões com o que pode ser chamado de sua "destreza da mente" — da mesma forma que ele entretinha e assombrava seus colegas com demonstrações de suas habilidades mágicas de prestidigitação. Todos os seus pensamentos estavam direcionados para causar confusão — e até mesmo um tipo de caos psicológico.

Desde que a primeira edição de *O Sudário de Turim* foi lançada em 1994, não é exagero dizer que nossas vidas mudaram incomensuravelmente — a maior parte para melhor — por causa deste livro e do mundo estranhamente fascinante ao qual nos conduziu. Não só nos tornamos uma comprovada equipe de escritores, mas também viajamos muito, às vezes com equipes de filmagem e às vezes com novos amigos. Mas embora tenhamos, desde então, escrito vários outros livros a respeito de mistérios muito diferentes — inclusive três com o nosso falecido amigo Stephen Prior e Robert Brydon — estamos particularmente contentes de termos tido a oportunidade de atualizar este nosso primeiro livro juntos e de apresentar uma profusão de material novo que irá, esperamos, preencher quaisquer lacunas e inspirar novo debate.

Desde 1994, as nossas duas edições em brochura nos deram a oportunidade de nos atualizarmos com as novas descobertas na pesquisa do Sudário — novas afirmações, idéias intrigantes e, é claro, todas as várias reações à nossa hipótese. E, desde a primeira edição, depois de um espaço de vinte anos, o próprio Sudário foi exposto não só uma vez, mas duas — embora isso quase não tivesse ocorrido, já que um incêndio dramático poucos meses antes da primeira das recentes exposições, em 1998, ameaçou destruir a relíquia totalmente. Para muitos, a simples presença do pano sagrado foi extremamente tranqüilizadora, não somente após o incêndio, mas também depois dos resultados dos testes de datação por carbono-14, no dia 13 de outubro de 1988, que revelaram que era falso. De alguma forma, para os peregrinos, ver o familiar e assombroso perfil no pano ainda era quase como tocar o próprio Deus, uma manifestação tangível e física de sua fé. Vê-lo parecia desmentir o frio veredicto da ciência, e a esperança renasceu.

Contudo, apenas a fé cega não consegue apagar o choque dos resultados da datação por carbono. Eles são um fato, e nós, de todas as pessoas, temos motivos para nos lembrarmos deles com algo próximo de gratidão, pois, embora ambos estivéssemos intrigados pelo Sudário de Turim já há algum tempo, eles finalmente nos estimularam a uma pesquisa ativa sobre o assunto. Mas não nos juntamos aos vários cientistas e "Céticos" profissionais que faziam fila para zombar do pano com a imagem gravada, agora ridicularizado como fraude, com um pouco mais que "nós bem que avisamos". Para nós, agora que estava provado que essa imagem estranha e assombrosa havia sido feita pelo homem, tornava-se ainda mais, e não menos, fascinante. Se, como logo nós mesmos verificamos, era realmente feita pelo homem, então quem foi o gênio que a criou? E como conseguiu algo tão próximo do impossível, criando, de alguma forma, uma imagem que continuava a desconcertar as mentes mais brilhantes do final do século XX e começo do XXI?

Por mais estranho que pareça, não foi difícil responder a nenhuma das duas perguntas (embora tivéssemos tido alguma ajuda neste processo). Levados na direção de ninguém menos que Leonardo da Vinci, por um homem que afirmava pertencer à mesma organização secreta que o Mestre, primeiro estávamos céticos. Mas depois de intensiva pesquisa — sem mencionar os muitos e frustrantes becos sem saída — descobrimos que o nosso informante estava certo. A maior fraude do mundo acabou se tornando a obra menos conhecida de Leonardo! Todavia o "Santo Sudário" não é uma pintura, nem *brass rubbing** nem outra coisa que alguém pudesse atribuir a um artista da Renascença, por mais genial que este fosse. Então, o que é?

Admitindo as estranhas características fotográficas do Sudário, não compartilhadas com nenhuma outra obra de arte, como uma pista importante, vimo-nos diante de uma possibilidade surpreendente. Será que Leonardo da Vinci, trabalhando quinhentos anos atrás, tinha criado a primeira fotografia do mundo? Vislumbrar tal possibilidade era intimidante — mas, é claro, muito emocionante. E se estivéssemos certos? E se, além do mais, pudéssemos provar que era uma fotografia... Então, decidimos tentar reproduzir todas as características do Sudário de Turim, usando substâncias químicas e equipamentos que Leonardo poderia ter usado. Aventurando-nos, pelo menos a princípio, com mais entusiasmo que perícia — e recrutando a ajuda de Keith Prince, sem o qual jamais teríamos passado da primeira fase —, nós conseguimos! Na época não tínhamos idéia de que, longe dali, na África do Sul, o professor Nicholas Allen estava fazendo praticamente a mesma coisa — embora com recursos consideravelmente mais generosos; mas, considerando os nossos experimentos improvisados (*ad hoc*) e nossa competência, completamente amadora, estávamos muito contentes com os nossos resulta-

*Técnica de reprodução de placa de bronze comemorativa ou funerária em relevo, colocando-se uma folha de papel sobre ela e riscando o papel com grafite, cera ou giz. (*N. da T.*)

dos. E, embora talvez não tenhamos sido os primeiros a reproduzir uma imagem daquele tipo num pano, usando um processo fotográfico básico, fomos os primeiros a reproduzir todas as características do Sudário.

Entretanto, a pesquisa acerca do Sudário nunca cessa, e estamos felizes em dizer que a nossa deu um novo salto gigantesco para a frente — e com uma cadência quase perfeita. No momento exato em que esta edição estava para sair, recebemos uma verdadeira bomba. Embora os detalhes sejam revelados no novo Epílogo, basta dizer agora que o destino nos entregou a primeira prova concreta que liga Leonardo ao Sudário de Turim. E, parece incrível, essa prova estava na nossa frente há uma década.

As outras principais mudanças neste livro surgiram da nossa pesquisa subseqüente sobre áreas mais esotéricas, como a rede interligada de sociedades secretas heréticas que incluem os Cavaleiros Templários e certas formas da maçonaria oculta, e as origens de suas crenças aparentemente sacrílegas. Esta pesquisa esclareceu, modificou e — em alguns casos — corrigiu nossas conclusões originais. Olhando para trás, agora percebemos que escrever este livro foi apenas uma introdução a um mundo muito mais amplo e revelador, que discutimos na seqüência deste livro — *A revelação dos templários*, publicado em 1997 — e que mais tarde inspirou a caracterização de Leonardo em *O Código da Vinci*, de Dan Brown. Particularmente, o nosso entendimento sobre a verdadeira natureza da sociedade secreta mais controversa, o Priorado de Sião, evoluiu até quase mudar completamente: agora admitimos abertamente que a princípio fomos, de certa forma, ingênuos ao lidarmos com eles. Como ficará evidente no nosso livro de 2006, *Os guardiães da linhagem de Cristo*, as nossas próprias descobertas sobre o Priorado de Sião levam toda a questão para um nível inteiramente diferente. O Priorado de Sião não é o que muitos afirmam, mas, seja como for, não deve ser ignorado...

Originalmente, tendíamos a aceitar as suas afirmações históricas de uma sucessão ininterrupta que retrocedia ao século XII, mais ou menos, pelo que aparentavam, mas desde então as nossas descobertas nos conduziram a conclusões bem diferentes e a nossa atitude quanto ao Priorado de Sião mudou drasticamente. Contudo, enquanto o seu pedigree pode não ser o que sustentam, chegamos à conclusão que o Priorado ainda possui alguma importância por causa *do que representa* — uma tradição antiga, cujos segredos extremamente perturbadores ainda podem ameaçar os alicerces da Igreja. Isso é o que está por trás do "verdadeiro Código da Vinci": o movimento joanita, o qual, agora percebemos, possui a chave de vários grandes mistérios, inclusive o do Sudário de Turim — e, de fato, pode também ter as respostas para as perguntas mais duradouras a respeito do próprio fundador da cristandade.

Este livro representa o começo do que foi uma jornada extraordinária para nós. Esperamos que ele abra o caminho para você também.

Lynn Picknett e Clive Prince
St John's Wood,
Londres
17 de janeiro de 2006

CAPÍTULO I

Mais Perguntas que Respostas

"O Sudário de Turim é, das duas uma, ou a mais impressionante e instrutiva relíquia existente de Jesus Cristo... ou um dos mais engenhosos e inacreditavelmente brilhantes produtos da mente e mão humanas conhecido; não existe um meio-termo."

John Walsh' *The Shroud* (1963)[1]

A moderna cidade de Turim é um centro industrial em expansão, um hino concreto ao motor de combustão interna. Ainda assim, também é um lugar de peregrinação, como tem sido por muitos anos — pois Turim alberga aquilo que é considerado há muito tempo como a mais preciosa, inspiradora e impressionante de todas as relíquias cristãs: o Santo Sudário de Jesus, onde se encontra miraculosamente estampada a sua imagem.

Durante quatrocentos anos o Sudário tem sido o item de maior destaque da Catedral de Turim, que é dedicada a São João Batista. Hoje em dia, é mantido fora de vista, debaixo de uma cobertura de ouro à prova de fogo, dentro de um altar em forma de caixa em uma das capelas laterais, atrás de um vidro e, na maior parte do tempo, atrás de cortinas azul-claras. Dentro do altar, o Sudário é mantido estendido — em vez de dobrado, como foi mantido durante boa parte de sua história — e um mecanismo engenhoso permite que seja erguido para fora, encerrado em uma armação de metal com vidro à prova de balas, quando assim é exigido por uma de suas nada freqüentes apresentações ou exposições.

Tais exibições são raras, aproximadamente uma vez a cada geração. No século XX, foi exibido apenas quatro vezes: em 1931, para o casamento do futuro rei Umberto II (na época príncipe de Piemonte); no Ano Santo de 1933; em 1978, para comemorar o quadricentenário da sua chegada em Turim e, em 1998, para comemorar o centenário das primeiras fotografias do Sudário — que foi, como iremos ver, um importante marco na sua história. Também foi exibido em 2000 como parte das comemorações do Ano Santo. Não está marcada nenhuma exposição do Sudário até 2025.

A exposição de 2000, entre agosto e outubro, foi a mais longa — originalmente planejada para durar dez semanas, foi prorrogada por mais uma semana, por causa das graves enchentes que atingiram aquela parte da Itália — e atraiu quase um milhão de visitantes. É claro, esse é um número considerável, mas mesmo assim só representa cerca de metade dos visitantes que fizeram fila para ver o Sudário durante as oito semanas de exposição em 1998, e um terço dos três milhões que estiveram na exposição de seis semanas em 1978. O motivo para tal declínio pode ser resumido em quatro palavras: datação por carbono-14. Como a maioria das pessoas sabe, o Sudário foi finalmente testado em 1988 e declarado uma falsificação, medieval ou do início da Renascença. Mesmo assim, um milhão é um número impressionante — evidentemente, para uma grande quantidade de católicos, aquele ainda é o miraculoso Sudário de Jesus. Então, por que será que esse pedaço de pano controverso ainda possui um apelo tão potente? O que será que os peregrinos vêem? O que é o Sudário de Turim?

É uma peça de linho de cor amarelada, com cerca de 4,4m de comprimento e 1,1m de largura. Possui várias dobras e manchas acumuladas durante a sua longa existência. As mais evidentes são as marcas de um incêndio em 1532 que queimou um dos cantos do pano (que na época era mantido dobrado), danificando-o em vários lugares, notadamente nos ombros da imagem. Existem outras queimaduras isoladas causadas por gotas de prata derretida durante o mesmo incêndio.

Também há quatro conjuntos de três furos redondos causados por fogo que datam de antes do incêndio de 1532 — elas podem ser vistas em cópias anteriores — que são geralmente conhecidas como "marcas de atiçador", pois é o que se supõe que elas sejam. Os quatro conjuntos estão alinhados quando o pano está dobrado, comprovando que foram feitas na mesma época, talvez na tentativa de testar a autenticidade do Sudário, sujeitando-o ao "julgamento pelo fogo". Só dá para imaginar a que conclusão chegaram os vândalos que seguravam o atiçador, depois que o pano queimou de forma normal. Uma explicação menos melodramática pode ser a de que os "furos de atiçador" foram causados por uma tocha gotejante.[2]

Contudo, as marcas de queimado, seja qual tenha sido a sua origem, não são o motivo pelo qual os peregrinos veneram o Sudário. É a imagem que atrai todos os olhos e é nela que todos os olhos devotos se deleitam, pois não é de fato a imagem do Senhor Jesus Cristo?

No centro do pano, ocupando cerca de quatro metros do seu comprimento total, estão duas imagens mostrando a frente e as costas de um homem nu, surpreendentemente alto, com as cabeças tocando uma a outra no meio da imagem. Acredita-se que o pano era uma mortalha, o que significa que o corpo teria sido deitado sobre uma metade, e a parte da frente coberta com a outra.

O homem tem barba, cabelo bem comprido, passando dos ombros nas costas e, na frente, parando na altura dos ombros. As mãos estão cruzadas modestamente sobre os órgãos genitais. A sola de um pé, assustadoramente escurecida com o que parece ser sangue, está claramente delineada na imagem de trás.

O olho é atraído, sem dó, às linhas escuras e manchas no corpo; aparentemente o sangue de vários ferimentos atrozes. Há feridas pequenas e penetrantes na cabeça e uma no único pulso visível — como se um prego tivesse sido cravado através dele. Há no peito o que parece ser um grande ferimento causado por instrumento cortante, cujo sangue também escorre de um ferimento pequeno nas costas, e existem pequenos fluxos de sangue na frente de ambos os pés e um maior na sola de um pé. Alguns crêem que o rosto aparenta estar inchado e contundido, e mais de cem marcas de açoite foram contadas nas costas, ferimentos que também dão a volta e aparecem na frente do corpo e das pernas.

Obviamente, julgado por essas marcas horríveis, o homem no Sudário era — ou supunha-se que era — Jesus Cristo.

Sob o Microscópio

Existem milhões de pessoas no mundo que ainda acreditam na santidade do homem no Sudário. Na primeira fileira dos fiéis está a comunidade internacional do Sudário, ou "sindonólogos" (da palavra grega *sindon*, sudário), que são conhecidos, mais ou menos afetuosamente, como "sudaristas".

Das várias organizações formadas para estudar o Sudário ao redor do mundo, a maior parte é abertamente religiosa e preocupada principalmente com a "mensagem" que o pano transmite, como a Holy Shroud Guild nos Estados Unidos. Outras foram fundadas com — supostamente — princípios mais objetivos e científicos em mente, como o Projeto de Pesquisa do Sudário de Turim (Shroud of Turin Research Project, Inc — Sturp), nos Estados Unidos; o Centro Internacional de Sindonologia (Centro Internazionale di Sindonologia), na própria Turim; o Centro Internacional de Estudos do Sudário de Turim (Centre International d'Études sur le Linceul de Turin — Cielt), na França; e a British Society for the Turin Shroud (BSTS), no Reino Unido.

Ao longo dos anos houve dezenas de livros, ensaios e artigos escritos sobre o Sudário, e os grupos mencionados contribuem regularmente com publicações próprias, as mais importantes sendo o *Sindon* (publicado pelo Centro Internacional de Sindonologia) e o australiano *Shroud News*.

A despeito da relutância característica por parte dos Sabóia e das autoridades da Igreja para liberar parte do pano ou ele inteiro para pesquisa científica, o Sudário passou por esse escrutínio várias vezes. Especialistas em muitas áreas estiveram envolvidos no estudo do Sudário: historiadores, especialistas têxteis, físicos, químicos, fotógrafos, artistas plásticos, historiadores da arte, anatomistas, cirurgiões e cientistas forenses — até mesmo botânicos... Ele passou por uma bateria de testes completa, inclusive raios X, luzes infravermelhas e ultravioleta, exame microscópico, espectrofotometria ultravioleta, espectroscopia infravermelha e fluorescência de raios X. Amostras foram tiradas e passaram por vários testes químicos.

Apesar disso tudo, o Sudário se recusou a renunciar aos seus segredos, embora muitas pistas tenham surgido.

Temos que nos lembrar que um interesse mais sério pelo pano tem um pouco mais de um século. Antes era visto como uma curiosidade, pois a imagem era muito tênue para ser claramente vista a olho nu; o corpo aparentava ter uma altura e uma magreza impossíveis e os olhos pareciam os olhos de uma coruja, como se o *homem* estivesse usando óculos escuros.

Mas, em 1898, pediu-se a um advogado de Turim para tirar as primeiras fotografias do Sudário — Secondo Pia, vereador local e um ávido fotógrafo amador. Como o Sudário, naquela época, estava sendo exposto como parte das festividades que marcavam os cinqüenta anos da unificação da Itália, isso parecia ser um acréscimo apropriado e sem rival às festividades.[3]

As dez fotografias que Pia tirou do Sudário (embora se pensasse até pouco tempo atrás que ele só tirara duas)[4] eram sem sombra de dúvida as mais importantes de sua carreira: vistas no negativo fotográfico pela primeira vez, a imagem de repente ficou em evidência. Em vez do contorno vago de um homem barbudo, lá estava uma fotografia altamente detalhada de um corpo terrivelmente ferido e real.

É um catálogo medonho e gráfico do horripilante negócio da crucificação; cada orifício de prego, cada chicotada do açoite romano, implora a nossa compaixão. No entanto, mesmo olhando para a evidência brutal da nítida desumanidade do homem com o semelhante e apesar do testemunho dos nossos próprios olhos, ainda poderíamos estar pressupondo muito se supuséssemos que o homem era de fato Jesus Cristo.

Contudo, todos os olhos eram atraídos para o rosto do homem no Sudário. Longo, magro e barbudo, com um nariz longo e proeminente (que podia, até mesmo, estar quebrado), é um rosto de dignidade triste. Além disso, para muitos é uma imagem de beleza notável e assombrosa, a sua própria serenidade revelando um triunfo sobre a pior das mortes.

Não é de admirar que Secondo Pia foi um dos muitos a olhar o rosto do homem no Sudário e ficar atônito. Até então um católico não-praticante, de repente essa figura ilustre de Turim abraçou a religião com paixão. Com certeza, aquela imagem, aquele homem dilacerado e torturado, só podia ser o próprio Jesus. O poder do Sudário nunca deve ser subestimado.

Outros também reagiram rapidamente à imagem fotográfica. Agora ficava cada vez mais difícil repelir o pano como sendo uma tosca falsificação medieval por vários motivos.

Nenhum artista poderia ter criado o que é conhecido como o "efeito de negativo" (de fato, várias tentativas infrutíferas foram feitas para reproduzir a imagem usando técnicas artísticas comuns).[5] E os artistas medievais conhecidos não possuíam nem a habilidade nem o conhecimento anatômico necessários para criar uma imagem assim; além disso, o realismo não fazia parte dos seus princípios artísticos.

Existem muitas outras razões pelas quais a imagem não poderia ter sido pintada, principalmente a tenuidade quando vista de perto — o que significa que o artista não conseguiria ver o que estava fazendo.

Durante a maior parte do século entre a descoberta de Pia e os dias atuais, pesquisadores têm tido que se satisfazer com a fotografia dele e um segundo conjunto tirado por Giuseppe Enrie em 1931.[6] Como até 1969 a Igreja não permitia uma investigação mais intensa do pano, os pesquisadores tiveram que restringir seus estudos à fisiologia do homem no Sudário e especulações quanto ao tipo de processo que poderia ter causado a imagem, com o seu espetacular efeito de negativo.

As fotografias de Enrie — geralmente consideradas superiores às de Pia — incluíam várias tomadas de perto, tiradas de áreas diferentes do pano, com qualidade suficiente para serem ampliadas. Os cientistas se apoderaram delas para um estudo detalhado do pano, da imagem e das manchas de sangue.

Importantes estudos posteriores incluíram os de Paul Vignon, um biólogo francês rico e amigo do futuro papa Pio XI, que tentou reproduzir o processo de formação da imagem. Um outro notável pioneiro sudarista foi o anatomista e cirurgião parisiense Pierre Barbet, que, nos anos 1930, se dedicou ao estudo dos efeitos da crucificação, utilizando cadáveres. Embora o trabalho dos dois homens tenha suscitado um interesse duradouro, na verdade nenhum deles decifrou o código do Sudário de Turim.

Então, em 1969, o cardeal Michele Pellegrino, arcebispo de Turim, reuniu uma equipe de especialistas de várias áreas para fazer um relatório sobre o estado de conservação do Sudário; a equipe é comumente conhecida como a Comissão de Turim.

Os exames de 1969 foram apenas uma investigação preliminar; testes adicionais foram recomendados e realizados quatro anos mais tarde, no dia seguinte à exibição do Sudário ao vivo na televisão, em 23 de novembro de 1973. Foi nessa ocasião que o criminologista suíço, Dr. Max Frei, tirou as suas amostras de pólen, famosas hoje em dia (veja adiante), e quando, pela primeira vez, pedaços de aproximadamente 40mm por 10mm foram retirados do pano principal e da sua faixa lateral, além de quinze fios tanto da imagem como das áreas sem imagem.[7]

Curiosamente — mas caracteristicamente — o trabalho da Comissão de Turim foi realizado em rigoroso sigilo. Não parece haver nenhum motivo óbvio para tal. Quando rumores sobre os testes de 1973 vieram a público, as autoridades afirmaram que nada além de um exame rotineiro tinha acontecido. Somente em 1976 admitiu-se que o pano tinha sido testado, e revelou-se o nome das pessoas que tinham realizado a tarefa. Essas informações foram mantidas em segredo até mesmo do rei Umberto, naquela época, o proprietário legal do Sudário.

Os anos 1970 viram despertar o interesse científico pelo Sudário, principalmente nos EUA. Em 1977, duas sociedades-chave foram fundadas: a BSTS no Reino Unido e, nos EUA, após uma conferência sobre o Sudário em Albuquerque, Novo México, o Sturp. Em 1978, essa última organização se empenhou em realizar os testes mais completos no pano até então.

Foi um ano importante para os estudos sobre o Sudário. O pano foi exibido ao público entre 26 de agosto e 8 de outubro, o que levou a um aumento do interesse popular, e a publicação de vários livros sobre o assunto. Em especial, o trabalho seminal de Ian Wilson, *O santo Sudário*, foi aclamado como um avanço importante para tornar o Sudário conhecido e transformou-se num sucesso internacional. Houve também, a partir de uma idéia de Ian Wilson, o documentário vencedor do prêmio da Academia Britânica de Artes Cinematográficas e Televisivas (Bafta), *The Silent Witness*, de Henry Lincoln, mais tarde co-autor, junto com Michael Baigent e Richard Leigh, do livro *O Santo Graal e a linhagem sagrada*.[8] O livro e o filme aumentaram a fama do Sudário tanto entre católicos quanto não-católicos; o pano tornou-se um assunto de discussão entre as pessoas em toda a cristandade e o rosto do homem no Sudário olhava diretamente de milhares de vitrines de livrarias, com a assombrosa fascinação da sua intrigante serenidade, para milhões de rostos — e talvez, secretamente, para dentro de muitos corações.

A contribuição de Wilson para os estudos do Sudário não deve ser subestimada. Levado por uma certeza íntima de que o pano era de fato a mortalha de Jesus Cristo, ele raramente deixa esse ponto de vista transparecer demais em *O santo Sudário* e argumenta com inteligência e estilo — embora com pouca convicção — que pode haver outras explicações para as suas origens. Até hoje, os seus pronunciamentos públicos sobre o Sudário são na maioria modelos de raciocínio e equilíbrio, mas talvez seja muita ingenuidade ser levado por tal impressão de objetividade. O seu roteiro original para o filme *The Silent Witness* chamava-se "Ele ressuscitou: A história do Santo Sudário de Cristo".[9] Mas para aqueles com uma rigorosa inclinação científica, o acontecimento mais importante de 1978 foi a série de testes do Sturp, realizados em conjunto por uma pequena equipe de cientistas italianos e Max Frei. Durante cinco dias após a exposição de outubro, o Sturp recebeu permissão de acesso total ao Sudário, e até de retirada de amostras para análises posteriores.[10]

O objetivo principal do Sturp era descobrir do que a imagem era feita, e se tinha sido feita pela mão do homem ou não. Apesar dos seus esforços, porém, eles não tiveram sucesso. Eles examinaram-no com raios X, luzes infravermelha e ultravioleta, como também utilizando outros métodos convencionais como a microscopia. Amostras foram retiradas usando-se o simples recurso de pressionar fita adesiva sobre o pano e testar os fios soltos que vinham grudados nela. O propósito da maioria dos testes era revelar a presença de pigmentos artificiais. A análise das informações acabou levando mais de cem mil horas e o projeto todo custou cerca de 5 milhões de dólares.

As condições estavam longe de ser ideais: na verdade, os cientistas do Sturp tiveram que levar o laboratório ao Sudário, e não vice-versa, e havia um prazo rigoroso a ser cumprido, o que significava não só que eles poderiam facilmente deixar passar algo crucial, como também, pela própria natureza do trabalho, eles não poderiam conferir nada já que os testes não poderiam ser repetidos.

ENCONTRO MARCADO COM O DESTINO

Somente um dos testes propostos pelo Sturp não foi aceito pelas autoridades eclesiásticas. O Sturp queria submeter o Sudário ao teste de datação por carbono-14, o teste final de sua autenticidade. A Igreja temia que um grande pedaço do pano fosse destruído no teste e não permitiu a sua realização. No entanto, foi salientado para as autoridades eclesiásticas que as amostras retiradas pela Comissão de Turim em 1972 serviriam perfeitamente para esse propósito. Quando soube disso, a Igreja exigiu que as amostras fossem devolvidas, época em que foram trancadas na Catedral de Turim. Quando foram emprestadas ao Sturp em 1979, um documento legal impediu que os fragmentos fossem submetidos à datação por carbono-14.[11]

Finalmente, esgotaram-se as desculpas e a Igreja teve que ceder à pressão. Em outubro de 1986 o papa João Paulo II, depois de uma reunião dos representantes de sete laboratórios (mais tarde reduzidos a três para minimizar os danos ao pano) com a Academia Pontifícia de Ciências em Turim, deu permissão, mesmo que sem sua bênção, para que os testes fossem levados a cabo.

O carbono-14 é uma forma radioativa de carbono produzida nas camadas superiores da atmosfera pela ação de raios cósmicos. É absorvido por todos os organismos e pode ser detectado neles. A taxa de absorção é constante durante a vida desse organismo e, quando ele morre, o carbono-14 se desintegra durante um longo período de tempo e numa taxa constante. O processo de datação por carbono mede a quantidade de carbono-14 numa dada amostra; como a quantidade que estaria presente num organismo vivo pode ser calculada, a diferença entre ela e a quantidade existente indica a idade da amostra.

Foi só depois de uma intensa campanha por parte de vários interessados — inclusive Ian Wilson — que o Vaticano finalmente permitiu que o pano fosse datado pelo método do carbono-14. Três laboratórios estavam envolvidos: a Universidade do Arizona, em Tucson; o Laboratório de Pesquisa da Universidade de Oxford; e o Instituto Federal Suíço de Tecnologia, em Zurique. O professor Teddy Hall, da Universidade de Oxford, cético e sem "papas na língua" (e, em última análise, indiferente), foi nomeado porta-voz.

O típico sigilo da Igreja envolveu a retirada das amostras; embora oficialmente marcado para 23 de abril de 1988, o evento foi transferido, inesperadamente, para as 4 horas da manhã de 21 de abril, quando o presidente italiano estaria em Turim, desviando a atenção da imprensa. Representantes de cada laboratório, inclusive Teddy Hall, estavam presentes e a operação foi supervisionada por Michael Tite, do Laboratório de Pesquisa do Museu Britânico.

Um pedaço de aproximadamente $25cm^2$ foi cortado de um dos cantos e deste, por sua vez, três amostras foram cortadas. Elas foram encerradas em recipientes especiais, junto com as amostras controle — ou amostras testemunhas —, e cada representante dos laboratórios envolvidos recebeu uma. O processo todo foi gravado em vídeo.

(Curiosamente, depois que as amostras tinham sido cortadas, Giovanni Riggi, o microanalista nomeado pela Igreja para retirar as amostras, secretamente — mas com o consentimento do guardião oficial do Sudário, o cardeal Anastásio Ballestrero, arcebispo de Turim —, removeu alguns fios com as manchas de sangue na cabeça, os quais guardou num cofre de banco. Por que ele fez isso e por que foi feito com tamanho sigilo permanece um mistério. Em 1992, Riggi cedeu-os ao pediatra texano e entusiasta do Sudário, Dr. Leoncio

Garza-Valdès, a fim de que se fizesse a análise de DNA do sangue. Aparentemente, até mesmo o sucessor de Ballestrero, o cardeal Giovanni Saldarini, não sabia da existência dessas amostras até que Garza-Valdès lhe enviou uma cópia de um artigo sobre os exames de DNA, em 1996. Não foi surpresa quando Saldarini, furioso, declarou que Riggi não tinha autoridade para ceder — ou mesmo, manter em seu poder — as amostras e exigiu sua devolução imediata. Ele também deixou claro que a Igreja iria negar a validade de quaisquer testes científicos aos quais elas tivessem sido sujeitadas.)[12]

Os resultados da datação por carbono-14 foram anunciados em 13 de outubro de 1988, embora já tivessem "vazado". (Esse era o décimo aniversário do último dia dos exames do Sturp.) Eles foram anunciados primeiro pelo cardeal Ballestrero em Turim e, mais tarde naquele dia, pelo Dr. Tite, numa coletiva de imprensa no Museu Britânico.[13]

A datação por carbono-14 revelou 99,9% de certeza de que o Sudário se originara entre 1000 e 1500, e 95% de que o pano datava do período entre 1260 e 1390.

O Santo Sudário era uma falsificação.

Dizer que os que acreditavam na autenticidade do Sudário foram levados a um estado de choque é atenuar os fatos; o mundo deles estava sendo martelado pelo punho de ferro de uma realidade por demais brutal para se agüentar. O Sudário era muito mais que uma relíquia para eles; era a perfeita e incomparável lembrança do seu Senhor, a prova absoluta da sua morte sagrada e remidora. Mas agora um silêncio mortal de choque se espalhara pela comunidade do Sudário, com a sua fragilidade sendo reforçada pelo comentário insensível do professor Hall para a imprensa: "Alguém simplesmente pegou um pedaço de pano, forjou-o e flagelou-o. Eu não acho que o Sudário de Turim ainda seja de algum interesse."[14]

A Igreja não se pronunciou oficialmente a respeito desse resultado, mas pareceu se beneficiar com o seu veio jesuítico quando o professor Luigi Gonella, consultor científico do Vaticano, disse: "Os testes não foram comissionados pela Igreja e nós não temos nenhum comprometimento quanto aos resultados."[15]

Quase imediatamente boatos começaram a circular a respeito de conspirações entre os pesquisadores, e a nata dos sudaristas, inclusive Ian Wilson, começou a divulgar declarações que tipicamente incluíam frases do tipo: "Embora tenhamos grande respeito pelas análises científicas..." Eles sugeriam que a datação por carbono-14 nem sempre era confiável, erros graves podiam acontecer, e que este tinha sido o caso no que tocava ao Sudário.

Os céticos, exultantes, gritaram mais que apenas um "Eu bem que falei", enquanto os fiéis se recuperavam do golpe. É claro que alguns simplesmente largaram o mundo sudarista sem olhar para trás, entorpecidos pela decepção. Outros ficaram chateados por terem sido vítimas de fraude, por terem sido enganados no seu nível mais vulnerável: o da fé religiosa — mas, quem podiam culpar a não ser um trapaceiro medieval desconhecido? Aqueles cujo único interesse era acreditar, a todo custo, e "que se danem as provas", começaram a se reagrupar, mas não sem uma perda enorme de credibilidade.

A relevância dos resultados dos testes não foi perdida, pois as datas que eles sugeriam apontavam exatamente para o mesmo período da história quando o Santo Sudário primeiro aparecera, inesperadamente. Para muitos sudaristas essa feliz coincidência parecia altamente suspeita.

O mundo dos sudaristas, pós-datação por carbono-14, ficou muito diferente daquele que precedeu o anúncio devastador de 13 de outubro de 1988.

Para os sudaristas, o pior efeito da datação por carbono-14 foi o ridículo. Cartuns começaram a aparecer e piadas se insinuaram em programas de televisão como o satírico e irreverente *Spitting Image*. Tempos depois, uma transparência em tamanho natural do Sudário foi exibida durante a exposição do Museu Britânico, *Fake: the Art of Deception* [Falsificação: a arte da enganação]. Quando

Ian Wilson deu uma palestra no Wrekin Trust, em 5 de novembro de 1988, e foi apresentado como "sendo mais conhecido por seu livro *O santo Sudário*", o grande público, de pessoas respeitáveis e inteligentes, riu. Ele pode ter sorrido também, mas não é necessário nenhum esforço para compreender o que ele estava sentindo.

Após a queda

É nesse ponto que a nossa história começa, pois a datação por carbono-14 nos intrigava muito. Ambos tínhamos ficado fascinados, durante algum tempo, com o Sudário, e as novas informações, no que nos dizia respeito, só o tornaram ainda mais interessante. Anteriormente tínhamos adotado a posição um tanto vaga de que a imagem podia ter sido impressa no pano por uma forma desconhecida de liberação de energia, mas, é claro, isso por si só não provava que o Sudário era a mortalha de Jesus. Para nós, a datação por carbono-14 só aumentou mais o seu fascínio. Se houve um momento em que Picknett e Prince se tornaram sudaristas, foi com a datação por carbono-14.

Encontramo-nos, quase ironicamente, acompanhando os fiéis — pelo menos em respeito a um aspecto. Parecia-nos ultrajante dispensar o Sudário totalmente, da noite para o dia. Havia um enorme número de perguntas sem resposta — ainda mais agora, que se descobrira ser uma falsificação. E quanto ao "efeito de negativo"? Se ele era uma pintura, como sugeria a datação por carbono-14, então onde estava a tinta? Será que o homem cuja imagem estava no Sudário tinha realmente sido crucificado? E, nesse caso, quem foi o infeliz modelo? E que falsificador medieval tinha habilidades — e a coragem — para criar uma brincadeira tão chocante para a posteridade?

Mas, acima de tudo, havia a sensação de estado de choque envolvida, até mesmo para pessoas como nós, cujas crenças não tinham sido violadas. Esse não era um tosco trabalho de amador; não era uma relíquia que ia se confundir com as toneladas de lascas falsas da "Verdadeira Cruz". Não dava nem para chamá-la de "obra de arte" pois, qualquer que fosse a arte envolvida na sua criação, era totalmente desconhecida.

Na verdade, percebemos que, como uma falsificação, o Sudário de Turim tinha se tornado a relíquia *herética* mais importante, algo criado com um tipo de paixão perversa pelo trabalho, um olho incrível para detalhes e uma habilidade sem igual em toda a história. Se você tivesse que arcar com as implicações, seria algo fantástico.

Nós estávamos obcecados.

Mesmo assim temos que acrescentar uma observação pessoal que, apesar dos rumores em contrário, teríamos preferido deixar de lado. Infelizmente, ela é essencial para esta história.

No dia em que as pessoas riram de Ian Wilson por causa da sua aparente credulidade quanto ao Sudário, Lynn era parte do público no Wrekin Trust. Para resumir a história, três semanas depois de se conhecerem lá, eles começaram um relacionamento intermitente. A única razão para se mencionar esse episódio doloroso é mostrar por que Lynn ficou ainda mais interessada no Sudário no ano seguinte à datação por carbono-14.

É preciso lembrar que Wilson sempre tinha sido veemente no seu apoio à datação por carbono-14 antes do evento, escrevendo no seu sucesso de 1978 que: "existe um teste científico (...) que podia, de uma só vez, determinar se o Sudário datava do século XIV, ou se era, de fato, muito mais antigo."[16] Dois anos antes dos testes ele escreveu enfaticamente: "um resultado apontando consistentemente para o século XIV (...) seria certamente decisivo o bastante para fazer com que as pessoas que, em comum com este autor, apóiam a autenticidade do Sudário, repensassem radicalmente as suas crenças."[17]

No entanto, esse era o mesmo homem que, três anos depois da datação por carbono-14, no livro *Holy Faces, Secret Places*, citou

Deuteronômio 6:16: "Não tentarás o Senhor teu Deus", acrescentando: "De uma certa forma muito real, eles (os cientistas envolvidos com a datação por carbono-14) se propunham a demonstrar se Deus tinha se manifestado na forma do Sudário de Turim. Será que é demais sugerir que Deus possa ter baixado as persianas?"[18]

Quando algo que amamos morre — seja uma pessoa ou um sonho —, tem que haver um período de consternação, um período de ajustamento. Mas como os sudaristas nunca admitiram que houve uma morte, em primeiro lugar, será que existe alguma dúvida de que, nos anos que se seguiram à datação por carbono-14, a sua amargura e medo crescentes os transformaram numa verdadeira máfia? É bastante significativo o fato de que todas as dúvidas quanto à técnica de datação por carbono tenham surgido após a realização dos testes, não antes.

Consideremos as palavras do falecido Rodney Hoare, presidente da BSTS à época. Antes dos testes ele escreveu: "A datação por carbono-14 possibilitaria uma estimativa com uma precisão de até 150 anos em 2000 (...) a recusa dos guardiões da Igreja Católica Romana em conceder permissão para o seu uso é difícil de entender."[19] Mas, em uma carta a Clive, em 1993, ele escreveu: "É provável que seja tarde demais para a datação por carbono-14, se contaminantes tiverem sido 'cozinhados sob pressão' para dentro das fibras pelo fogo de 1532(...)"[20] E, naquele mesmo ano, ele encerrou uma Assembléia Geral Anual pedindo sugestões aos membros sobre como a datação por carbono-14 podia estar errada.

Entretanto, é instrutivo revisar as objeções dos sudaristas aos testes. Como já vimos, muitos fiéis imediatamente recorreram a alegações de conspiração. O estudioso de direita de *La Contre-Reforme Catholique au XXe Siècle*, o irmão Bruno Bonnet-Eynard, sustentou que o Dr. Michael Tite trocara as amostras por partes de uma capa (um manto cerimonial) do final do século XIII.[21] Ele também se apressou em afirmar que Tite conseguiu o emprego do professor

Hall, na Universidade de Oxford, quando este se aposentou. De fato, o manto foi usado, mas só como uma amostra de controle.

Qual podia ser o motivo de tal conspiração? Bonnet-Eymard acha que é uma tentativa dos cientistas de minar a religião cristã. Um líder no campo da sindonologia, o professor Werner Bulst, foi mais longe e falou na televisão alemã de uma "trama maçônica anticatólica".[22] Em 1988, em uma entrevista para uma revista católica, o cardeal Ballestrero revelou a sua crença de que os maçons estiveram por trás da datação por carbono-14.[23] Contudo, é difícil de entender o que os conspiradores esperavam ganhar. Desacreditar o Sudário pouco faria para abalar a fé da maioria dos cristãos — especialmente no século passado, quando a Igreja, prudentemente, tinha evitado endossá-lo como genuíno. Por outro lado, provar que o Sudário era autêntico poderia atrair mais seguidores para o rebanho. É fácil imaginar uma conspiração que pretendesse provar que o Sudário datava do primeiro século da Era Cristã, mas não tão fácil imaginar os cientistas arriscando suas reputações e carreiras numa trama para acusá-lo de ser falso.

Em 1992, no entanto, os pesquisadores alemães Holger Kersten e Elmar R. Gruber, em *A conspiração Jesus*, sugeriram uma audaciosa — e inovadora — variação do tema da conspiração. Eles acreditavam que a datação por carbono-14 foi armada pelos cientistas *em conluio* com o Vaticano.

Kersten e Gruber acreditam que as amostras cortadas do Sudário foram trocadas por pedaços de um tecido do século XIV. Isso aconteceu, afirmam eles, quando Michael Tite selou as amostras em seus recipientes, antes de entregá-las aos representantes dos três laboratórios, já que essa havia sido (estranhamente) a única parte da operação que foi executada em particular e fora do alcance da câmera de vídeo que estava gravando o evento.

Eles baseiam a sua crença nas aparentes discrepâncias e na imprecisão dos relatórios dos cientistas quanto ao tamanho das amostras recebidas e as aparentes diferenças nas amostras antes e depois de terem sido seladas.

Infelizmente, as próprias amostras foram destruídas pelo processo de testagem e, por isso, Kersten e Gruber tiveram que depender de fotografias tiradas na Catedral de Turim quando as amostras foram cortadas do pano e de fotografias tiradas nos laboratórios. Eles afirmam que é impossível casar os pedaços de pano vistos nos dois conjuntos de fotografias, que deveriam ser idênticos. Contudo, essas comparações não são tão fáceis de fazer como poderíamos pensar de início: não foi só o fato de o pedaço original ter sido cortado em três partes iguais. As amostras foram retiradas do meio, deixando material de sobra.

A reconstrução cínica do corte das amostras feita por Gruber e Kersten foi contestada — por exemplo, pelo especialista em sindonologia Eberhard Lindner, que demonstrou que todas as amostras *podiam* se encaixar uma na outra.[24] As suspeitas de Kersten e Gruber eram amparadas pelo tempo excessivo durante o qual Michael Tite e os representantes do Vaticano ficaram ausentes, enquanto cortavam as amostras. Parece que ficaram lá um longo período, mas certamente não teriam precisado de muito tempo para trocar as amostras, se era isso que planejavam.

A parte mais improvável dessa história é a pretensa aliança entre os cientistas — alguns dos quais, como Teddy Hall, ateus veementes — e o Vaticano. Kersten e Gruber percebem que a conspiração que sugeriam só poderia ter ocorrido assumindo-se que o tal conluio realmente existiu, já que Tite estava acompanhado quando a suposta troca aconteceu.

O motivo sugerido por eles é engenhoso e intrigante: eles afirmam que a Igreja queria desacreditar o Sudário porque ele provava que Jesus estava vivo quando foi posto no sepulcro; e que a Ressurreição — a base da crença cristã — nunca ocorreu. Já há bastante tempo, argumentam eles, a Igreja tinha interesse em adquirir o Sudário para que pudesse desacreditá-lo, mas, até que fosse cedido a eles pelo rei Umberto em 1983, eram impotentes para fazer alguma coisa.

Essa idéia não é inédita. Foi publicada pela primeira vez nos anos 1960 por um indivíduo curioso chamado Hans Naber. Ele afirmava que, em 1947, teve uma visão de Jesus dizendo que a ressurreição jamais ocorrera e que um estudo do Sudário podia comprovar isso; e, daí em diante, Naber tornou sua missão levar essa mensagem ao mundo. Ele obteve publicidade internacional primeiramente em 1969, quando soube da investigação secreta da Comissão de Turim e sustentou que a Igreja pretendia usar a Comissão para destruir o pano a fim de ocultar o segredo.[25]

Desde então, Rodney Hoare propôs uma tese parecida em livros como *The Turin Shroud is Genuine*. Discutiremos suas idéias mais tarde.

Kersten e Gruber, a exemplo de Naber, chamam a atenção para a maneira como o sangue ainda parece estar brotando dos ferimentos, como prova de que Jesus ainda estava vivo quando a imagem foi formada no Sudário. Todavia, existem pontos fracos na sua teoria.

Primeiramente, embora as autoridades eclesiásticas não tivessem posse legal do Sudário até 1983, ele estava sob seu poder, então, poderiam facilmente ter providenciado para que fosse destruído, digamos, num incêndio. Na verdade, houve várias tentativas para se roubar ou queimar o Sudário, todas frustradas pelos guardiões da Igreja. Não havia necessidade de se chegar ao ponto de conspirar com os cientistas. Em segundo lugar, como veremos, existem provas contundentes da falsificação. E Kersten e Gruber nunca consideraram a possibilidade de que a imagem podia ter sido criada por alguém que, *deliberadamente*, tencionava mostrar que Jesus não morrera na cruz.

Além das alegações de conspiração, desde os resultados da datação por carbono-14 de 1988, os fiéis têm tentado desesperadamente encontrar formas de desacreditá-los, propondo vários processos que poderiam ter distorcido os resultados — com graus variáveis de plausibilidade (freqüentemente o oposto). Eles incluem os efeitos do incêndio de 1532, contaminação do manuseio do Sudário durante as suas diversas exibições públicas e a hipótese do Dr. Leoncio Garza-Valdès sobre a presença de uma "camada bioplástica" de bactérias e fungos. Na prática, essa hipótese sustentava que a datação por carbono-14 testou a camada, e não o Sudário.

No começo de 2005, deu-se muita publicidade a uma nova teoria de como o manuseio desastrado prejudicou a datação por carbono-14: alegou-se que os cientistas, por acidente, tiraram amostras de um remendo acrescentado na Idade Média — ou mais tarde — e dataram *este*, e não o verdadeiro Sudário. Em outras palavras, a datação estava certa, mas o pano não.

A idéia foi primeiramente proposta por Joseph G. Marino e M. Sue Benford, numa conferência sobre o Sudário realizada em Orvieto, em agosto de 2000. Eles sugeriram que as amostras cortadas do Sudário incluíam fios de um remendo (hipotético). A presença de fios mais recentes confundiu a datação por carbono-14, produzindo um resultado que era a média do Sudário original de dois mil anos de idade e o remendo posterior. A razão de tal erro, eles sugerem, é que os fios eram de uma "emenda invisível" e por isso não foram vistos por aqueles que cortaram a amostra.[26]

A argumentação deles se caracteriza por muitas suposições e raciocínios circulares. Não existem provas documentais de um remendo naquele lugar em qualquer época (não foi danificado ali, no incêndio de 1532). E a conclusão a que chegaram, de que *se* os resultados de 1988 fossem revisados, para excluir o material do remendo, então o resultado da datação teria sido o primeiro século, é raciocínio circular da melhor qualidade, já que eles teriam que estimar a quantidade do material posterior na amostra e de que época era (a qual eles supõem ser o século XVI). E o que sustentam nunca poderá ser corroborado, já que o processo de datação por carbono-14 destruiu as amostras. Por esses motivos, a teoria de Marino e Benford não foi levada muito a sério.

Entretanto, a idéia deles foi aprimorada por um cientista do Sturp, Raymond N. Rogers — um químico aposentado do Laboratório Nacional de Los Alamos — que publicou sua própria versão do tema na revista *Thermochimica Acta*, em janeiro de 2005, alguns meses antes de sua morte. As credenciais de Rogers eram tais, que suas idéias foram encaradas com muito mais seriedade que as de Marino e Benford.

Rogers foi o guardião do material retirado do Sudário em três ocasiões: durante a investigação da Comissão de Turim, em 1973; durante os testes do Sturp, em 1978; e quando alguns fios soltos, entregues a ele pelo professor Gonella, foram retirados das amostras da datação por carbono-14 em 1988, antes que estas fossem entregues aos laboratórios. Não só foram esses fios os únicos pedaços sobreviventes das amostras da datação por carbono-14 — potencialmente provendo um meio de testar a hipótese de Marino e Benford —, mas o material de 1973 foi retirado de uma área vizinha a eles. (As amostras de 1978 eram de outras partes do pano.)

Após comparar essas amostras, Rogers chegou a uma conclusão ainda mais radical do que a de Marino e Benford: ele acreditava que a amostra *inteira* cortada do Sudário para a datação por carbono-14 tinha vindo de um remendo. (Como aconteceu tantas vezes na pesquisa do Sudário, Rogers deu pouca importância ao fato de que suas conclusões eram incompatíveis com as de Marino e Benford; a literatura que defende a autenticidade faz parecer que as duas teorias apóiam uma a outra, quando, na realidade, são mutuamente excludentes.) Isso porque, por um lado, ele encontrou diferenças significativas nas características visuais e químicas das amostras de 1973 e 1988, e, por outro, das amostras de 1978. Em particular, as primeiras tinham uma película de pigmento de alizarina em um resíduo viscoso que ele acreditou ser goma-arábica, a qual estava ausente naquelas últimas. Rogers sugeriu que aquilo era uma tinta adicionada ao remendo para que tivesse a mesma cor do resto do Sudário. (Rogers também encontrou fibras minúsculas de algodão agarradas às mostras de 1973 e 1988, sugerindo, propôs ele, que aquele tecido veio de um tear que era usado também para algodão, algo certamente ausente do Sudário como um todo.)[27]

Por outro lado, aqueles que fizeram a datação por carbono-14 insistem que evitaram cortar amostras de quaisquer remendos ou costuras. (A localização da amostra fora selecionada por dois especialistas têxteis especialmente escolhidos para garantir que era genuinamente uma parte do pano original.) Tanto as conclusões de Marino e Benford como as de Rogers envolvem um questionamento sério da competência dos cientistas e especialistas envolvidos que, ou falharam em detectar a presença de fios de uma emenda (segundo Marino e Benford), ou não perceberam um remendo inteiro (segundo Rogers).

O problema, como apontaram os críticos da teoria de Rogers, é que ele baseia as suas conclusões em testes realizados em amostras muito pequenas — somente alguns fios que sobraram dos testes de 1988, entregues a ele em circunstâncias que permanecem obscuras — em comparação com o material de 1973.

Sugestivamente, quando os resultados de Rogers foram publicados, vários sudaristas, que por anos argumentaram que os resultados da datação por carbono-14 estavam errados por causa da contaminação das amostras e coisas do gênero, agora admitiam com prazer que os testes sempre estiveram certos — o pedaço de pano que tinha sido testado é que estava errado!

Admitindo-se que a datação por carbono-14 de modo algum é totalmente confiável, o máximo que os sudaristas podem conseguir contestando os seus resultados neste caso é invalidar os testes de datação por carbono-14. Mas, mesmo provando que estavam errados, ainda assim não terão demonstrado que o Sudário tem dois mil anos de idade.

O melhor que pode ser dito é que ainda existem algumas dúvidas quanto à datação por carbono-14, as quais só poderão ser dirimidas com a repetição do processo, algo que parece improvável num futuro próximo — se chegar a ser feita algum dia. Contudo, como acabaríamos descobrindo com o prosseguimento da nossa investigação do Sudário, a datação por carbono-14 não é essencial para sabermos que a suposta relíquia não é genuína, mas sim o produto da engenhosidade humana.

Mas foi levando em consideração a datação por carbono-14 que começamos a nossa pesquisa, buscando a identidade do autor desta fraude extraordinária nas provas fornecidas pelo próprio pano, e em sua história complexa e polêmica. Foi talvez um pouco parecido com o garotinho que viu através das roupas novas do imperador e decidiu escrever sobre a história da moda mas, com certeza, estávamos vendo a pesquisa do Sudário com outros olhos.

Então, qual é a verdade dos fatos a respeito do Sudário? O que foi que toda aquela meticulosa pesquisa científica comprovou? Nós voltamos às raízes.

Fatos e números

O tecido é linho puro alvejado. O pano mede cerca de 4,4m de comprimento, 1,1m de largura e 0,03mm de espessura, com uma faixa de cerca de 8,9cm no seu lado esquerdo. Essa faixa é quase um par perfeito, e parece ter sido acrescentada para centralizar a imagem; conseqüentemente assumiu-se que a faixa foi agregada quando o Sudário foi exibido. O ligamento é conhecido como "sarja espinha de peixe 3:1" (a mesma do jeans), um ligamento notavelmente elaborado e custoso para um tecido barato como o linho. De uma forma ou de outra, não existem provas de que seja compatível com tecidos produzidos na Palestina do século I.

Um dos detalhes mais citados por fiéis é o da prova do pólen. O Dr. Max Frei, um famoso criminologista suíço e o único membro da Comissão de Turim original que não era italiano, tirou amostras de pólen do pano em 1973, através do método simples de se pressionar fita adesiva sobre o pano e puxá-la. As partículas foram analisadas sob o microscópio.

Frei publicou seus resultados em 1976, afirmando que tinha encontrado — além do esperado pólen europeu — amostras de plantas que só existiam na Palestina, nas estepes anatolianas e na Turquia, levando-o a concluir que o Sudário tinha, em alguma época, estado em cada uma dessas áreas. Apesar do que algumas pessoas sustentam, o trabalho de Frei não pode ser usado para datar o Sudário e, de qualquer forma, como revelaremos no Capítulo 2, existem sérios problemas relacionados às conclusões dele. Somos de opinião que os seus achados foram, no mínimo, extraordinariamente seletivos.

A imagem do corpo é tão tênue que muitos acham dificílimo discerni-la. Todas as fotografias — não só os negativos — realçaram efetivamente a imagem, em parte porque são reduzidas em tamanho — e, conseqüentemente, o foco melhora — e, por outro lado, porque a emulsão do filme intensifica o contraste. De perto ou sob uma lente de aumento, a imagem parece desaparecer.

Todos os testes falharam em estabelecer o que produziu a imagem, embora tenham eliminado muitas possibilidades. Nenhum traço substancial de pigmento, corante ou tinta foram achados no pano (exceto pelo Dr. Walter McCrone, veja o Capítulo 4), embora sinais minúsculos de pigmentos tenham sido detectados. Dizem que isso se deve ao fato de, sabidamente, imagens pintadas terem sido colocadas sobre ele para que as "santificasse".

Sob o microscópio a cor da imagem não mostra nenhum sinal de absorção por parte dos fios (ação capilar), como faria a maioria das tintas. Nenhum material estranho adere aos fios. As partes da imagem próximas às marcas do incêndio de 1532 não mudam de cor, nem as partes em que os halos (onde a água foi usada para apagar o fogo) o atravessam.

Em vez de ter sido causada por algo acrescentado ao pano, a imagem parece ter sido criada por algo que foi retirado, alguma degradação da estrutura do linho. Os cientistas do Sturp notaram que as partes do pano que contêm imagem são estruturalmente mais frágeis do que aquelas que nada contêm e, usando grande ampliação, pode-se ver que as fibras estão danificadas, com uma aparência corroída. Alguns compararam o dano ao causado por ácido fraco.[28]

A imagem não penetra o pano. É difícil imaginar qualquer técnica artística que impediria a tinta de se infiltrar através de algo que só tem 0,03 mm de espessura. Mesmo fios individuais, sob o microscópio, aparecem coloridos de um lado só.[29]

A imagem é completamente uniforme no que diz respeito à cor. A impressão de áreas contrastantes é uma ilusão devida à variação no número de fios coloridos por centímetro quadrado (é difícil equiparar isso com a falsificação artística, tão preciosa para o cético.)

O efeito de negativo ainda é a mais intrigante e a mais fascinante característica do Sudário de Turim. É um conceito que teria sido completamente desconhecido para o falsificador medieval, além de ser totalmente sem sentido quando não se pode apreciar o negativo fotográfico.

Alguns sugeriram que a imagem pode ter sido pintada em positivo e o efeito de envelhecimento a tornou um negativo — algo que aconteceu a um afresco na Basílica de Assis — mas, no caso do Sudário, o fundo escuro do negativo é o próprio pano. Para ser um efeito igual ao de Assis, o pano teria que ter sido escuro de início e então mudado de cor e a imagem teria que ter sido mais clara do que o pano.

De fato, os céticos têm muita dificuldade quando tentam explicar o "efeito de negativo", e só podem realmente fazê-lo negando que ele exista. Eles afirmam que foi meramente um subproduto dos esforços do artista para reproduzir pontos de contato — as áreas onde o corpo entrava em contato com o pano. Walter McCrone escreveu: "Sinto que o aspecto negativo da imagem é uma coincidência resultante da concepção do artista da sua incumbência."[30]

Igualmente intrigante, ou pelo menos foi o que pensamos no começo, é a afirmação de que a imagem aparentemente exibe "dados em 3-D". Isso significa que há uma relação direta e mensurável entre a intensidade da imagem e a distância que o pano mantém do corpo.

Isso foi percebido pela primeira vez por Paul Vignon, na virada do século XX, e foi comprovado por dois físicos da Força Aérea Norte-americana que, mais tarde, foram essenciais para a fundação do Sturp; os católicos devotos John Jackson e Eric Jumper. A comprovação mais impressionante desse aspecto foi quando utilizaram o Analisador de Imagens VP-8, desenvolvido originalmente para a Nasa, que produzia imagens em 3-D. Esse efeito é impossível de se criar com pinturas comuns, já que a densidade desigual da cor não consegue prover o Analisador de Imagens com nada para trabalhar.

Acredita-se que esse efeito em 3-D é uma característica altamente significativa da imagem do Sudário, embora o que isso significa de fato seja reconhecidamente obscuro. Para os fiéis, é a prova de alguma forma de radiação emitida pelo corpo de Cristo. Todavia, como veremos, nossa pesquisa acabaria por revelar algo bastante inesperado sobre esses "dados em 3-D".

Desde os primeiros estudos soube-se que, se fosse autêntica, a imagem teria sido gerada por um processo mais complexo que o simples contato entre o corpo e o pano. Por exemplo, Paul Vignon provou que, se o pano tivesse sido colocado, com dobras típicas de cortinas, sobre um corpo coberto de tinta, a imagem seria grotesca e com uma aparência inchada, quando o pano fosse esticado.

A imagem mostra partes do corpo que nem mesmo poderiam ter tocado o pano. Por exemplo, o nariz teria formado uma "tenda" da sua ponta até a bochecha; mesmo assim, a imagem mostra as narinas e parte da bochecha distintamente. Em *Le Linceul du Christ* (1902), Paul Vignon declara que a imagem é "o resultado de ação a uma distância", ou "uma projeção".[31]

Há inúmeros pequenos fluxos de sangue — ou manchas escuras que parecem ser sangue — que provêm do couro cabeludo, tanto na frente como atrás, que parecem ser consistentes com feridas causadas pela coroa de espinhos. Sangue também escorre pelos braços, no único pulso visível, e se esvai de um ferimento que foi aparentemente causado por um prego. Também há uma grande mancha de sangue no peito, que combina com o golpe de lança do centurião que a Bíblia relata. O sangue juntou-se na lombar, talvez formando uma poça quando o corpo estava deitado horizontalmente sobre o Sudário. O sangue também escoa das feridas dos pés e parece particularmente concentrado na sola de um dos pés.

Contudo, existem diferenças significativas entre a imagem do corpo e a imagem do sangue. Embora as manchas de sangue pareçam semelhantes, quanto à cor, à imagem do corpo sob iluminação artificial, sob luz natural o sangue se revela distintamente diferente — um vermelho intenso. As manchas de sangue não apresentam o efeito de negativo.

Sob o microscópio, as fibras estão entrelaçadas e incrustadas com o "sangue", o qual se percebe claramente ter sido acrescentado. As "manchas de sangue" penetram o tecido e há sinais de ação capilar ao longo das fibras (embora não tão evidente como seria no caso de sangue líquido).

A conclusão é crucial: já que as duas imagens — o corpo e o sangue — são tão diferentes, então têm que ter sido criadas por processos separados. De fato, visto a olho nu (e imparcial), o sangue parece mais ter sido acrescentado toscamente, como se sobreposto de alguma forma à imagem do corpo.

A literatura do Sudário com freqüência expõe como um fato inequívoco que não existe uma imagem de corpo no pano embaixo das manchas de sangue. Se isso for verdade, indicaria que o Sudário esteve em contato com um corpo e que o sangue teria impedido que a imagem se formasse. Nenhum falsificador teria colocado as manchas de sangue primeiro e depois pintado a imagem ao redor delas.

Contudo, esse suposto "fato" se baseia num teste do cientista Alan Adler, do Sturp, numa única fibrila retirada do Sudário — é preciso mais de uma centena delas para fazer apenas um fio. A fim de determinar se o sangue era genuíno, Adler tomou apenas uma fibrila coberta de "sangue" e aplicou uma substância química que dissolveria qualquer proteína de sangue presente. O "sangue" dissolveu-se — sugerindo, mas não provando, que era sangue mesmo — e depois Adler observou que a fibrila não apresentou a descoloração encontrada na imagem do corpo.[32] Contudo, extrapolar a partir desses dados e afirmar que não há nenhuma imagem sob o sangue é criar totalmente em cima das informações existentes. Nós já vimos que muitas fibras individuais, dentro das áreas que contêm imagem, não têm cor. Outros cientistas do Sturp admitiram que essa questão está em aberto.[33]

Mas é sangue mesmo? O sangue verdadeiro, quando seca, fica marrom, não vermelho — de fato, testes feitos pelo Sturp concluíram que não era sangue. Entretanto, quando cientistas italianos declararam que era, e que também tinham isolado o grupo sangüíneo (AB), o Sturp mudou de idéia e concordou que, afinal, era sangue mesmo.

A questão do sangue no Sudário levou a algumas declarações notáveis sobre a descoberta de DNA humano na relíquia.

Em 1992, o Dr. Leoncio Garza-Valdès levou as amostras que lhe foram dadas por Giovanni Riggi ao Dr. Victor Tryon, diretor do Center for Advanced DNA Technologies na Universidade do Texas. Tryon conseguiu isolar segmentos de gene indicando que as amostras continham o DNA de um ser humano do sexo masculino. No entanto, por causa do estado de degradação das amostras, não era possível ir mais adiante e determinar quaisquer outras características do indivíduo em questão, tais como a cor do cabelo ou dos olhos. Mesmo assim, Garza-Valdès não se sentiu constrangido em descrever aquele como sendo "o DNA de Deus", embora seu livro de mesmo nome (*O DNA de Deus?*) admita um ponto de interrogação.

(A propósito, se o Sudário for genuíno, a presença dos cromossomos X e Y no DNA texano provariam que o indivíduo era o produto da procriação humana normal, e não de um miraculoso nascimento virginal.)

A existência de DNA nas amostras tiradas das manchas de sangue do pé do homem do Sudário, em 1978, também foi anunciada em 1995 por uma equipe do Instituto Médico-legal de Gênova. Normalmente se dá pouca atenção a esses resultados na literatura do Sudário, em parte por causa da sua predisposição em favor da pesquisa americana, mas principalmente porque a equipe de Gênova relatou que tinha encontrado DNA tanto masculino *e feminino*. O cardeal Saldarini rapidamente manteve a Igreja distante dessas conclusões dizendo:

> "Os resultados dos testes de DNA podem, de fato, ter sido realizados nas diminutas amostras retiradas, com permissão oficial, em 1978. Mas a presença de DNA feminino, mesmo se for aceita, não pode ser vista como um achado significante. Tudo o que prova, como já é bem conhecido na história do Sudário, é que ele foi manuseado por várias pessoas. Em 1534, por exemplo, ficou durante duas semanas aos cuidados das irmãs clarissas de Chambéry, para que remendassem o dano causado pelo fogo de 1532. Apontar com precisão qualquer DNA no Sudário como originado da crucificação seria, de fato, bem pouco plausível."[34]

Pode ser que Saldarini estivesse certo. Uma freira pode ter chorado sobre o pano — na verdade, é provável que, com o passar dos séculos, centenas de freiras tenham soluçado com a visão daquele corpo horrivelmente torturado. Mesmo assim, ao aceitar a validade da pesquisa do Dr. Tryon, sudaristas como Ian Wilson argumentam que os resultados dele só poderiam estar errados se alguém tivesse sangrado exatamente no mesmo lugar das manchas de sangue originais — um acontecimento por demais improvável. Mas os resultados genoveses são rejeitados imediatamente porque, é claro, para eles o Sudário não pode conter DNA feminino.

Embora nada aqui seja absolutamente conclusivo, o peso das provas aponta para que as manchas de sangue no Sudário são, ou ao menos contêm, sangue humano de verdade. Mas ainda existem muitas perguntas para se fazer sobre isto: será que o sangue pertence necessariamente ao mesmo indivíduo cuja imagem aparece no pano? E será que ele confirma que o Sudário já esteve alguma vez em contato, de verdade, com um corpo humano sangrando?

A resposta a essas duas perguntas tem que ser não. Se o Sudário é uma falsificação, o seu criador pode muito bem ter utilizado sangue humano verdadeiro para dar verossimilhança. O sangue pode ter sido tirado de várias pessoas, o que explicaria a presença de DNA tanto masculino quanto feminino e, como veremos mais tarde, existem várias anomalias com as manchas de sangue que sugerem firmemente que elas foram acrescentadas artificialmente.

OS OLHOS DE QUEM VÊ

A imagem já foi estudada por vários anatomistas e cientistas forenses que concordaram que o físico é consistente com um corpo humano de verdade. Alguns chegaram ao ponto de dizer que é perfeito demais para ser o trabalho de um artista.

Normalmente, estima-se que o homem do Sudário tenha cerca de 1,80m, mas há estimativas que descem até 1,62m dependendo de como o pano estava estendido — e, como veremos, provas de que ele era *bem* mais alto...

Em geral, considera-se que o físico seja o de um homem saudável e bem desenvolvido, que não era dado a trabalhos manuais. O etnologista de Harvard, Carleton S. Coon, declarou que os traços eram típicos de um judeu sefardita ou de um árabe, mas é impossível ser dogmático a respeito deste assunto. Acrescentaram-se a essa suposição as "provas" do cabelo longo na imagem traseira, o qual é, com freqüência, descrito como sendo a "trança desmanchada" do jovem judeu do primeiro século.

O homem parece ter entre 40 e 50 anos de idade; é possível, de acordo com uma escola de pensamento, argumentar que Jesus, na época em que foi crucificado, era mais velho do que os costumeiros 33 anos.

Pierre Barbet, trabalhando com braços recém-amputados, demonstrou que a única forma de o peso de um corpo poder ser fixado com pregos é perfurando os pulsos (uma fenda anatômica chamada de o "espaço de Destot"), como aparece no Sudário. Ele também descobriu que o prego atingiu o nervo mediano, fazendo com que o polegar se contraísse e se opusesse à palma da mão. Os polegares do homem do Sudário são invisíveis.[35]

Contudo, seria falso dizer que esse conhecimento, um tanto especializado, seja moderno; o primeiro trabalho devotado ao Sudário, escrito pelo arcebispo de Bologna, cardeal Gabrielle Paleotti, em 1598, mencionava a questão de se fincarem cravos nos pulsos. Ele escreveu que isso foi "comprovado por experiências realizadas em cadáveres por escultores talentosos, a fim de fazer um esboço".[36] Van Dyck (1599-1641) e Rubens (1577-1640) também mostraram Jesus crucificado desta forma. Entretanto, isso não era de conhecimento público no período pré-Renascentista, no qual supõe-se que o Sudário tenha sido forjado.

A análise dos ângulos na direção dos quais o sangue fluiu pelos braços mostra que a imagem é consistente com a de um homem sendo crucificado com os braços presos acima da cabeça, formando um desenho em forma de "Y", em vez do habitual "T" da representação artística. O sangue escorre ao longo dos braços, com gotejamentos eventuais para baixo, devido à gravidade. Escorrem em dois ângulos ligeiramente diferentes da linha dos braços e já houve quem afirmasse que isso se ajusta perfeitamente ao que teria acontecido numa crucificação.

Existem duas teorias principais de como a crucificação mata. Pierre Barbet acreditava que a morte era causada por asfixia, já que seria impossível respirar com os braços naquela posição, a não ser que houvesse um suporte para as pernas. A vítima só poderia erguer o peito exercendo pressão sobre os pregos nos pés, o que, por sua vez, seria agoniador, causando um movimento do tipo vaivém: erguendo-se para inspirar, desabando por causa da dor, erguendo-se por causa da dor para sentir ainda mais dor. Barbet afirmava que os dois ângulos dos fios de sangue eram consistentes com as duas posições. No entanto, é preciso que o único apoio da parte inferior seja o cravo (ou cravos) nos pés, não existindo um assento (*sedile*).[37]

Uma outra escola de pensamento, apoiada por Rodney Hoare, é de que havia um *sedile*, e que a morte foi causada por algum outro fator.[38] Os braços ficariam numa posição, enquanto a vítima estivesse viva, mudando de posição quando ela perdesse os sentidos e tombasse para um lado. Essa escola também afirma que os ângulos dos fios de sangue respaldam o seu posto de vista.

A direção que o sangue tomou aparenta realismo. O mais perceptível de todos os fluxos de sangue, que toma a forma de um "3" na testa, por exemplo, se comporta exatamente da maneira que o sangue jorra de um ferimento causado por perfuração, e mostra até mesmo mudanças de direção nos sulcos da testa. Alguns até viram sinais de que o soro se separou do sangue — embora pudesse igualmente ser a separação dos componentes do sangue artificial.

Alguns viram as nódoas mais claras no meio do ferimento no peito como indicadores do "sangue e água" que dizem ter jorrado de Jesus (João 19:34); até mesmo elaboraram explicações médicas para provar como foi que isso aconteceu. Contudo, qualquer falsificador que tivesse tomado o relato da Bíblia como base teria tido cuidado de incluir esse detalhe.

O ferimento da lança é curvado de um lado, aparentemente correspondendo a exemplares da *lancea* romana, a arma à qual o Evangelho de João se refere especificamente. Embora seja mencionado com freqüência como prova da autenticidade do Sudário, é inadmissível, já que ninguém jamais comprovou que a ferida não casa com as causadas por armas de qualquer outro lugar ou período, como a Itália renascentista. Ninguém sequer pensou em procurar. (Todavia, até mesmo uma olhadela superficial numa enciclopédia de armamento mostra que lanças semelhantes foram usadas em quase todos os períodos — afinal, existem possibilidades limitadas para o desenho de tal objeto.)

Os ferimentos no rosto são uma área controversa. A maioria dos pesquisadores concorda que o homem mostra sinais de violência no rosto, mas discorda sobre quanto o rosto sofreu.

As fotografias originais de Secondo Pia parecem mostrar um grau muito maior de machucados e inchaço que as tiradas desde então. Giuseppe Enrie achava que isso se deu porque Pia não havia conseguido estender o pano totalmente, distorcendo a imagem. O seu ponto de vista, curiosamente, era de que o rosto não mostrava nenhuma marca de violência.[39] No extremo oposto estão outros, como o Dr. David Willis (um médico britânico e católico devoto que realizou um estudo especial sobre as feridas), que lista um catálogo horrível de ferimentos no rosto, como supercílios inchados e uma pálpebra rasgada — um ferimento praticamente impossível de se sofrer, até mesmo na surra mais violenta.[40]

Na verdade, esse é um problema constante: enquanto a imagem parece extraordinariamente real, tentativas de se enfocar detalhes minúsculos só resultam em interpretações muito subjetivas, tornando-se rapidamente um tipo de teste das manchas de tinta de Rorschach. O próprio ligamento do pano age como uma barreira — além dele não se vê mais nada, embora isso não impeça muitos de enxergar os mais surpreendentes desenhos, que as suas mentes então transmutam em provas de suas próprias hipóteses. Um outro problema é que os pesquisadores sempre usam imensas ampliações das fotografias, nunca o próprio sudário; e existem, é claro, limites quanto até que tamanho uma imagem pode ser ampliada, preservando ainda os detalhes. Não só fica cada vez mais borrada, mas a própria granulação do filme pode criar padrões enganosos.

Mais de cem marcas, que parecem ser de açoite, podem ser vistas, principalmente nas costas da imagem. Cientistas forenses conseguiram calcular o número, altura e posição dos açoitadores. Afirmou-se que o formato das feridas combina com a do *flagrum* romano, um chicote com pontas duplas de metal nas extremidades das tiras. Contudo, não se fez nenhum estudo comparativo sobre chicotes usados em outras épocas e lugares, embora se saiba que os flagelantes, durante a peste do século XIV, usavam chicotes semelhantes [41] e que, da metade do século XV em diante, os "flagelantes florentinos" apresentavam um rico espetáculo de rua com as suas demonstrações de masoquismo atlético ao ar livre.

Explicações diferentes foram propostas quanto ao porquê de só conseguirmos ver a sola de um pé. Alguns, como Rodney Hoare, assumem que o corpo estava posicionado completamente na horizontal e especulam que o pano foi dobrado envolvendo os pés, os quais estavam encostados na parede do sepulcro.[42] Ou talvez o corpo simplesmente tivesse mantido a posição que apresentara na cruz, com os joelhos erguidos levemente, permitindo que os pés fossem colocados horizontalmente no chão quando retirado da cruz.

Isabel Piczek, uma artista religiosa norte-americana nascida na Hungria, realizou um estudo especial da anatomia do homem do Sudário, particularmente a respeito do aparente encurtamento, ou escorço, da imagem. Ela chegou à conclusão de que o corpo está disposto na posição de crucificação, presumivelmente mantida pelo *rigor mortis*, com os braços sendo forçados para baixo por sobre o corpo. O efeito de profundidade é preciso a ponto de servir de argumento contra a possibilidade de o Sudário ser o trabalho de um artista com habilidades simplesmente medianas.

O trabalho do Analisador de Imagens VP-8 causou grande excitação quando John Jackson declarou que as imagens tridimensionais mostravam o que pareciam ser pequenas moedas sobre os olhos.

Logo, o pesquisador entusiástico Francis Filas (teólogo jesuíta de Chicago) afirmou ser capaz de ler parte de uma inscrição na borda de uma moeda — somente quatro letras, UCAI, que poderia ser o trecho de uma versão grega de "Tibério César" (*Tiberiou Caisaros*). Ele era o imperador na época de Jesus e essa era a inscrição das moedas gregas em uso durante o governo de Pilatos. No entanto, a maioria dos outros pesquisadores atribuiu isso à imaginação de Filas e, quando o Sturp realizou uma busca especial pelas moedas, não puderam encontrá-las.[43]

Curiosamente talvez, o padre aposentado Charles Foley, que acreditava na autenticidade do Sudário, criticou as afirmações de Filas. Ele chamou atenção para o fato de que ele usara ampliações das fotografias de 1931 de Giuseppe Enrie e que o filme estava muito granulado, defeito que teria sido exacerbado pelo processo de ampliação. Foley acredita que Filas simplesmente imaginou um contorno nesses grãos.[44] Essa conclusão é apoiada pelo fato de que as fotografias tiradas pelo Sturp, em 1978, usando um filme de melhor qualidade, não mostram nenhum sinal de moedas. Um importante defensor de Filas — e, como veremos, de várias outras idéias radicais quanto a detalhes na imagem no Sudário —, Dr. Alan Whanger, argumenta que isso aconteceu porque os fios na área do olho haviam sido "puxados ou girados" durante os exames de 1973.[45] Esse argumento não só é um tanto desesperado, mas também pouco científico — pois, se só se pode ver detalhes em um conjunto de fotografias e não em outros, então, cientificamente falando, eles devem ser inválidos.

Estamos de volta ao problema de tentar ver padrões no ligamento do pano em fotografias ampliadas — um processo semelhante ao de procurar formas familiares em nuvens. Esse problema também tem a ver com um outro grupo de alegações amplamente divulgadas feitas em 1997: pesquisadores do Institut d'Optique Théorique et Appliquée em Paris afirmaram que conseguiram discernir letras gregas e latinas no Sudário. Até mesmo defensores intransigentes não se impressionaram. Mark Guscin, um membro importante da BSTS, num relatório sobre o Simpósio do Sudário de 1977, em Nice, no qual os pesquisadores franceses defenderam o seu trabalho, disse que "não era nada convincente" e que "as supostas 'letras' que eles 'vêem', com um pouco de imaginação, podiam ser qualquer coisa".[46]

Contudo, isso não impediu que a entusiasta suíça Maria Grazia Siliato, baseada na pesquisa francesa, afirmasse que conseguiu ler as palavras "Jesus" e "Nazaré" em grego no pano, em letras que tinham um centímetro de altura — e que isso provava que o Sudário é autêntico... Claro que há pouco a ser dito sobre como um título, que poderia ter sido escrito em qualquer época, comprovaria a autenticidade do Sudário; está além da nossa compreensão. (Na verdade, as afirmações podem até servir de argumento contra, já que em geral se reconhece que "Nazaré" é uma tradução errada de "Nazareno", significando o membro de uma seita específica. A cidade de Nazaré nem mesmo existia na época de Jesus.)[47]

Idéias radicais à parte, ainda há muitos aspectos enigmáticos sobre o Sudário de Turim: o "efeito de negativo", a perfeição anatômica e o realismo puro da imagem.

Recusando-se a morrer

Cá estamos nós, cara a cara com um enigma assombroso. A datação por carbono-14 nos diz que o Sudário é uma farsa, mas, se declararam a sua morte, então eis uma relíquia que se recusa terminantemente a morrer. Na verdade, a maioria das características mencionadas são tão incompatíveis com uma origem no século XIV como o são com uma origem no primeiro século.

Embora estivéssemos determinados a resolver o mistério do Sudário, a princípio a nossa tarefa parecia, no mínimo, desanimadora. Se não fosse pela datação por carbono-14, poderíamos ter ficado tentados a juntar-nos aos seguidores, pois as provas — listadas acima — ainda aparentavam estar do lado deles. E se não tivesse sido pelos extraordinários acontecimentos que cruzaram o nosso caminho, poderíamos ter sido parte daquele círculo que, de acordo com o resto do mundo, ainda acreditava que a "terra é plana".

Mas primeiro tivemos que examinar a história do Sudário, encontrar, numa história freqüentemente tendenciosa e seletiva, onde é que a relíquia mais impressionante da cristandade podia ter começado a sua carreira. Será que tinha realmente se originado em um frio sepulcro na Palestina do primeiro século — ou será que foi criado muito mais próximo do nosso tempo e até mesmo mais próximo de nós geograficamente?

De onde veio o Sudário de Turim?

CAPÍTULO 2

O VEREDICTO DA HISTÓRIA

"O caso [contra a autenticidade do Sudário] é tão forte aqui que (...) a possibilidade de um erro no veredicto da história deve ser considerado como quase infinitesimal."

Herbert Thurston, Sociedade de Jesus, 1903[1]

O maior problema dos que acreditam no Sudário tem sido a falta de provas históricas de que ele seja mais velho que — na melhor das estimativas — 650 anos. Simplesmente apareceu sem aviso algum e sem a menor explicação de como chegou lá, no interior da França, em algum momento da segunda metade do século XIV. Ambos os mistérios do seu paradeiro anterior e o da forma como apareceu depõem contra a sua autenticidade. Se for genuíno, onde esteve durante os treze séculos que se seguiram à crucificação? E como podia a relíquia das relíquias simplesmente surgir do nada novamente? Com certeza, algo tão poderoso, com tanto potencial para arrebatar os corações e as mentes das massas, teria sido acompanhado de fanfarras, orações e festejos.

Aqueles preocupados com essa lacuna tão óbvia fizeram várias sugestões que justificassem a questão, enquanto outros assumiram a posição de que os anos perdidos devem ser simplesmente ignorados, já que as provas científicas sozinhas (com exceção da datação por carbono-14, é claro) são, afirmaram, o suficiente para garantir a autenticidade do Sudário. Antes da datação por carbono-14, os fiéis podiam argumentar que o peso das provas estava a favor da autenticidade do Sudário, mas então a balança se inclinou para o outro lado, e a única forma de diminuir os resultados era comprovando que o Sudário já existia, pelo menos, antes da data-limite anterior de 1260.

Como já vimos, uma outra linha de ataque é apontar para os exemplos da incerteza da datação por carbono-14, ou argumentar que as amostras retiradas estavam contaminadas de alguma forma. É verdade que a datação por carbono-14 já esteve associada a algumas mancadas na sua época e que os testes são tão sensíveis que a contaminação é um problema reconhecido e constante (exposição a fumaça de cigarro, por exemplo, inutiliza uma amostra).

Por outro lado, três laboratórios chegaram às mesmas conclusões, e a datação por carbono-14 indica exatamente a época em que o Sudário surgiu nos registros históricos — o que muitos acreditam não ser apenas uma coincidência. Nem pode ser outra coisa que não o desespero que faz com que as mesmas pessoas que mais exaltadamente argumentavam a favor da datação por carbono-14 sejam agora as mesmas pessoas que criticam essa técnica mais ativamente.

Os defensores da autenticidade, então, percebem a história em duas partes: primeiro o período de total mistério do primeiro século até o seu aparecimento na França do século XIV, seguido pela história do Sudário que é aceita desde aquele tempo até os dias de hoje. Mas acabamos descobrindo que há razões para questionar até mesmo a segunda parte. Contudo, primeiramente precisávamos nos familiarizar com os principais acontecimentos da história que é aceita, especialmente aqueles que cercam o seu aparecimento repentino e dramático.

Vindo do nada

Até 1983 aquele que conhecemos hoje em dia como o Sudário de Turim pertencia à Casa de Sabóia (ou Savóia), a família real italiana, cuja posse do Sudário remonta a meados do século XV, quando o adquiriram da família De Charny, membros menos importantes da aristocracia francesa, que o tiveram em seu poder na última parte do século XIV. A primeira referência documental ao Sudário dos Charny data de 1389. Antes disso, o silêncio é total — nada que mostre onde e quando os De Charny o adquiriram.

Claramente aquele primeiro documento é essencial para a compreensão das origens do Sudário. Era uma carta do bispo de Troyes, Pierre d'Arcis, ao papa Clemente VII que inequivocamente acusa o Sudário de ser uma farsa, uma cínica falsificação criada para tirar dinheiro de peregrinos ingênuos.[2]

As circunstâncias que compeliram d'Arcis a escrever a carta (que é geralmente conhecida como o "Memorando D'Arcis" entre os pesquisadores do Sudário) foram as seguintes: em sua diocese estava o insignificante vilarejo de Lirey, o lar ancestral da família Charny e a sede de uma pequena igreja colegiada (aquela que mantém um cabido — um colegiado de cônegos). Esses cônegos, com a aprovação do cabeça da família, Godofredo de Charny (conhecido como Godofredo II, para que não fosse confundido com o seu mais ilustre pai) tinham começado a organizar exibições públicas de um pano que eles afirmavam ser o Sudário de Jesus e no qual podia ser vista a sua imagem, miraculosamente impressa. Depois de investigar o assunto, d'Arcis estava convicto de que aquilo era uma fraude e, irado com a exploração ultrajante, escreveu ao papa exigindo que ele proibisse as exibições.

Elas certamente eram teatrais; padres erguiam o Sudário, iluminado por tochas, sobre uma plataforma erigida muito acima da cabeça das multidões ansiosas para ver a extraordinária imagem. Mais tarde, para demonstrar o seu apoio aos cônegos, na sua contenda com d'Arcis, Godofredo II passou a erguer o pano com as próprias mãos. A descrição que o bispo fez da imagem é bastante sucinta, "[é] a imagem dupla de um homem, isto é, as costas e a frente", mas parece com o Sudário de Turim de hoje.

D'Arcis descreveu a coisa toda em termos extremamente francos, acusando o deão de Lirey de fraude e de estar "consumido pela paixão pela avareza", chegando ao ponto de acusá-lo de pagar "peregrinos" para fingir curas milagrosas quando o pano era erguido. Ele também estava irritando porque, para conseguir a aprovação do papa Clemente para as exibições, Godofredo tinha passado por cima dele e feito o pedido diretamente ao núncio apostólico na França. Quando d'Arcis tentou intervir e ameaçou o deão com excomunhão, Godofredo apelou ao rei Carlos VI, da França, para conseguir uma ordem por escrito que confirmasse o seu direito de exibir o Sudário — ordem que, de fato, recebeu.

Mas, para historiadores mais recentes, a afirmação mais danosa feita por d'Arcis foi a de que a imagem era pintada. Um de seus predecessores, Henrique de Poitiers, realizara suas próprias investigações e, disse d'Arcis, "descobriu a fraude e como o pano tinha sido pintado, sendo que o próprio artista que fizera o trabalho declarara que o Sudário era fruto da habilidade humana e não produto de algum milagre".

Infelizmente para d'Arcis, o papa Clemente era ligado à família Charny — o padrasto de Godofredo II era seu tio — e, em vez de apoiar o seu representante local, ele se posicionou com os De Charny, chegando ao ponto extraordinário de impor ao bispo o "silêncio eterno" sob pena de excomunhão. Contudo, foi transigente a ponto de decretar que o pano só podia ser exibido como um "retrato ou cópia" do Sudário de Cristo.

Todo o episódio poderia ser visto meramente como uma disputa local quanto a apenas mais uma das muitas pretensas relíquias sagradas que proliferavam na Europa naquela época — penas de asas de anjos, incontáveis lascas da Verdadeira Cruz e o equivalente a um guarda-roupa de vestidos da Virgem Maria —, não fosse o fato de que, aparentemente, a mesma relíquia ainda estaria, seiscentos anos mais tarde, confundindo cientistas modernos.

Mesmo a esta altura, parecia que algo estava se passando nos bastidores, além de uma mera contenda sobre uma relíquia lucrativa, ou uma luta local pelo poder entre o bispo e um nobre. O modo como Godofredo conseguiu a autorização, indo direto ao papa, apesar do parentesco, era incomum e sugere que foi um lance tático da parte dele. E a ameaça de excomunhão, feita por Clemente, parecia chantagem. Como Ian Wilson observou em seu primeiro livro: "É difícil evitar a sensação de que tem algo faltando, algo além do que os olhos podem ver."[3]

Para aqueles que se opõem à autenticidade do Sudário, o "Memorando d'Arcis" é prova de que o Sudário era, e é, uma fraude pintada. Aqueles que acreditam em sua autenticidade contestaram dizendo que era igualmente correto interpretar a mais execrável afirmação de d'Arcis como significando que Henrique de Poitiers tinha encontrado não *o* artista que pintara a imagem, mas *um* artista que fizera meramente uma cópia dela.[4] Esse é, contudo, um argumento enganador; é verdade que o latim original permite tal interpretação, mas no contexto a versão aceita deve ser correta. Que outro possível motivo teria tido o bispo para mencionar o fato?

Nem sequer foi d'Arcis o único que afirmou que a imagem era pintada. Em um momento da disputa, Carlos VI mandou que o oficial de justiça de Troyes confiscasse o Sudário pendente de julgamento. (O deão se recusou a entregá-lo.) O relatório do oficial de justiça chegou aos dias de hoje — e também declara, sem rodeios, que a imagem era uma pintura.[5]

O memorando também revela uma outra pista. O bispo declara que as exposições eram o restabelecimento de exibições anteriores que ocorreram há "cerca de 34 anos" — isto é, aproximadamente 1355. Foi naquela ocasião, segundo d'Arcis, que Henrique de Poitiers achou o artista criminoso e parou com as exibições. Se isso fosse verdade, faria do pai de Godofredo II, o também Godofredo, em seus dias um cavaleiro famoso e herói de guerra francês, o primeiro proprietário conhecido do Sudário.

Não existe nenhuma corroboração direta da existência do Sudário de Lirey no tempo de Godofredo I, e existem vários motivos para se duvidar que ele estava sendo exibido em 1355. É que Godofredo, que construiu a igreja de Lirey, e os registros da criação do seu fundo permanente em 1353 (que ainda existem),[6] não faz nenhuma menção ao Sudário entre as relíquias que ele doou. A igreja foi consagrada pelo bispo Henrique de Poitiers em 1356 (de novo nenhuma menção do Sudário nos registros),[7] algo que parece improvável, se só faltava um ano para que Henrique advertisse os cônegos por causa de ofensa tão séria. Contudo, os "cerca de 34 anos" de d'Arcis possibilitam uma folga. Godofredo I foi, de fato, morto em batalha menos de quatro meses após a cerimônia de consagração; teve uma morte de herói na batalha de Poitiers quando protegeu, com o próprio corpo, o rei João II de uma lança inglesa. Ele não teve a chance de presentear a igreja com o Sudário nos meses anteriores à sua morte e as peregrinações públicas não poderiam ter sido organizadas em espaço de tempo tão curto. Conseqüentemente, alguns já especularam até que foi, na verdade, a sua viúva, Jeanne de Vergy, quem, passando por dificuldades financeiras depois da morte do marido, primeiro exibiu o Sudário para encher os seus cofres — apesar de que o próprio Godofredo tivesse buscado manter segredo sobre o item. Isso estabeleceria a data das primeiras exibições em 1357 ou 1358.[8]

O único testemunho independente de que o Sudário foi exibido na igreja de Lirey, na época de Godofredo I ou Jeanne de Vergy, é um único medalhão de peregrino recuperado do leito do Sena, em 1855, e que agora está no Museu de Cluny em Paris, que mostra uma imagem semelhante ao Sudário (infelizmente pequena demais para que se possa distinguir claramente qualquer detalhe). Não se precisou com exatidão a idade do medalhão mas, já que inclui os brasões de armas tanto dos De Charny quanto dos De Vergy — que só estiveram unidos pelo casamento de Godofredo I e Jeanne —, supôs-se que o medalhão pertenceu a um dos primeiros peregrinos que fizeram a viagem a Lirey para ver o Sudário.

No entanto, durante toda a disputa histórica, nem o primeiro nem o segundo Godofredo de Charny jamais descreveu — ao menos por escrito — como o Sudário foi parar na sua família. Como é que a mais importante das relíquias pode ter virtualmente se *esgueirado* para as suas mãos? Se tivesse sido um troféu de guerra, esperase que eles tivessem se gabado de sua bravura em tomá-lo. Se a tivessem comprado, ou até mesmo ganho no jogo, supõe-se que buscassem algum elogio, mesmo que apenas por sua astúcia. E se, por acaso, os da família De Charny fossem modestos — e não existe evidência de que fossem — certamente teriam falado abertamente para limpar o seu nome, quando acusados de participar de uma farsa por d'Arcis e Henrique de Poitiers. Mas há silêncio quanto à proveniência do Sudário. É quase como se o tivessem encontrado no porão — ou como se tivessem feito a imagem surgir através das habilidades de um artista inescrupuloso. Afinal, fraudes semelhantes tinham ocorrido antes e, sem dúvida, continuariam acontecendo.

Fogo, enchente e falsificação

Depois que o papa calou o bispo com a ameaça de excomunhão, Godofredo II seguiu exibindo o Sudário em Lirey (embora fosse apenas como um "retrato ou cópia") até a sua morte em 1398, quando o pano foi herdado por sua filha Margarida. Ela casou-se e enviuvou duas vezes — seu primeiro marido tombou em Agincourt, o segundo foi o riquíssimo Humbert de Villersexel (cujos outros títulos incluíam senhor de Saint-Hippolyte-sur-Doubs e conde de la Roche). Ela não teve filhos.

Em 1418 Margarida e Humbert retiraram o Sudário da Igreja de Lirey, aparentemente por motivos de segurança, durante os tempos difíceis após a vitória inglesa em Agincourt, e foram imediatamente levados à justiça pelos cônegos por ter fugido com algo que estes consideravam sua propriedade. Até 1449, a relíquia foi mantida numa capela nas terras de Humbert, em Saint-Hippolyte-sur-Doubs, na região de Franco-Condado, onde ocorreram exibições anuais.

Humbert morreu em 1438; onze anos depois Margarida levou o Sudário à Bélgica, onde foi exibido em Liège. O bispo local nomeou dois professores universitários para investigar o Sudário, que concluíram que o pano era falso.[9] Três anos mais tarde ele foi exibido novamente na França, em Germolles. Em geral acredita-se que, apesar de ter 70 anos de idade e de estar presumivelmente fraca, Margarida insistiu em viajar porque estava buscando um guardião apropriado para a valiosa propriedade de sua família — afinal, ela era a última de sua linhagem — mas isto é só especulação.

Finalmente, um pouco antes de 1464, ela deu o Sudário ao riquíssimo Ducado de Sabóia, governado na época por Ludovico e sua mulher Ana de Lusignan, rainha de Jerusalém, em troca de um castelo e terras. Pelo menos, presume-se que foram trocados pelo Sudário; vender uma relíquia sagrada teria sido visto como inadequado, então, não há provas dessa suposta troca. (As terras podem ter sido um presente, já que era sabido que o segundo marido de Margarida tinha sido intimamente ligado aos Sabóia.)

Será que Margarida estava genuinamente preocupada que a maior relíquia de todas achasse um bom lar? E se isso for verdade, será que por si mesmo é prova de que ela acreditava que o Sudário fosse autêntico? Ou estava meramente forrando os bolsos, já que o frio dos seus anos de declínio começava a bater à sua porta? Nunca saberemos, mas cada ação dos guardiões históricos do Sudário foi — e continuará a ser — analisada e interpretada de formas assombrosamente diferentes, dependendo das crenças do intérprete. Há muitos exemplos dessa leitura seletiva da história.

Por exemplo, na literatura que defende a autenticidade, os proprietários subseqüentes do Sudário — Ludovico, o duque de Sabóia, e sua esposa Ana — são normalmente descritos como devotos e de espírito nobre; Ana se distinguia especialmente por sua espiritualidade. O motivo dado para esse ponto de vista pouco crítico é simplesmente o fato de que eles se cercavam de monges e padres. Os historiadores, contudo, são geralmente menos generosos — e menos ingênuos — e consideram Ludovico um homem fraco, sob o controle de sua dominadora e ambiciosa mulher. De fato, um comentador chega ao ponto de chamá-la de "o gênio do mal" da família Sabóia.[10] A Enciclopédia Britânica descreve Ludovico como "indolente, incapaz e controlado por sua esposa",[11] enquanto que o poeta e diplomata Enea Silvio, oriundo de Sena, declara que Ana era "uma esposa incapaz de obedecer, casada com um homem incapaz de comandar".[12]

A casa de Sabóia crescera constantemente em riqueza, influência e território desde o começo do século XI, até que, na época de Margarida de Charny, controlava grandes áreas do velho reino de Borgonha, cobrindo partes da França, Suíça e Itália modernas. O pai de Ludovico, Amadeu VIII — que morreu em 1449 —, foi o primeiro a receber o título de duque (até então os Sabóia eram meros condes) e um dos personagens mais extraordinários do período. Típico príncipe do começo da Renascença, Amadeu era um patrono das artes, igualmente respeitado como soldado e pacificador e conhecido em toda a Europa pela sua devoção. Em 1434 ele renunciou ao título em favor do filho e retirou-se para o monastério de São Maurício de Capaille. Mas, cinco anos depois, ele saiu relutantemente do retiro, quando foi proclamado papa Felix IV, apesar do fato de nunca ter sido ordenado.

Ludovico claramente teria muito trabalho para tentar se equiparar. Ele sentia a tensão de manter tamanha devoção. Mas, para famílias nobres e ambiciosas da Idade Média, os melhores símbolos de status eram, sem dúvida, as mais raras relíquias sagradas; o que podia ser melhor que o próprio Santo Sudário?

Infelizmente, as tramas de Ana, a fraqueza de Ludovico e a guerra contínua entre os países ao lado de Sabóia, França e Itália, significavam que a família sofria um declínio. E, da mesma forma, o Sudário. Entre o ano em que foi adquirido e a sua exibição pública em Vercelli, na Sexta-Feira da Paixão, parece ter virtualmente desaparecido da vista do público, precisamente numa época quando o seu poder e influência podiam ter lhes ajudado financeiramente.

Embora se saiba que o Sudário permaneceu entre os pertences dos Sabóia, ficou assombrosamente silencioso durante quarenta anos. Não se sabe sequer onde foi mantido, mas certamente estava em primeiro plano em suas mentes — eles ampliaram a sua igreja principal em Chambéry entre 1471 e 1502, especialmente para abrigar o Sudário. *Ou deveria ser a casa de um novo e melhorado Sudário?* Seria possível que preparativos estivessem sendo feitos durante essa fase "silenciosa" para dar ao mundo uma relíquia sagrada ainda mais impressionante?

Com certeza, após o seu "ressurgimento", em 1494, houve uma enorme mudança na forma como o pano foi publicamente percebido. Até então o único pronunciamento oficial era de que ele era meramente uma "reprodução" do Sudário de Jesus. Contudo, durante a década de 1470, esse ponto de vista foi contestado pelo papa Sisto IV (Francesco della Rovere), que o defendeu como sendo o Sudário verdadeiro em seu livro *De Sanguine Christi* (escrito em 1464, mas não publicado até 1471, depois que ele se tornou papa). Quando foi eleito, concedeu honras e privilégios especiais à igreja de Chambéry, que era, para ele, o último lugar de descanso do pano que tinha envolvido o corpo de Cristo. Era especialmente importante para ele, já que punha grande ênfase no poder redentor do sangue verdadeiro de Cristo — e não estava o próprio Sudário impregnado com esse poderoso e místico poder?

É improvável, no entanto, que o papa tenha visto o Sudário alguma vez. A apoteose do pano aconteceu quando o sobrinho de Sisto, Júlio II, concedeu o título de "Santa Capela do Santo Sudário" à capela de Chambéry, e instituiu a Festa do Santo Sudário, no dia 4 de maio. Exibições anuais se seguiram numa escala muito mais grandiosa do que em Lirey um século e meio antes. Tudo isso, é claro, mostrou-se extremamente lucrativo para os duques de Sabóia e o clero de Chambéry; receitas enormes dos peregrinos e presentes da nobreza européia jorraram, enchendo os seus cofres. Cinqüenta anos mais tarde, o investimento de Ludovico de Sabóia tinha finalmente começado a produzir dividendos. Não é de surpreender que o Sudário tenha se tornado o pertence mais valioso da família, quase se tornando um talismã protetor.

Mas a tragédia — quase — ocorreu. Durante a noite de 3-4 de dezembro de 1532, um grande incêndio assolou a Santa Capela em Chambéry. O Sudário estava trancado em uma arca de prata, a qual por sua vez estava trancada atrás de uma grade de metal. Ironicamente, esse sistema elaborado de segurança quase resultou na destruição da relíquia — o fogo se espalhou rápido demais para que as freiras apavoradas chamassem os guardiões da chave. Felizmente, o ferreiro da cidade conseguiu chegar à capela a tempo e forçou a grade, abrindo-a. A preciosa arca foi levada para um lugar seguro por um dos funcionários do duque e dois padres. A arca de prata, entretanto, começou a derreter no intenso calor, e uma gota de prata derretida pôs fogo no pano. As chamas foram rapidamente apagadas com água, mas as marcas do fogo e os halos causados pela água ainda são claramente visíveis.

O fogo é importante, não apenas por causa do estrago que causou ao pano, mas também porque é constantemente mencionado como prova de uma ou outra teoria de como a imagem foi formada e é regularmente apontada como motivo para os resultados "anômalos" da datação por carbono-14. Alguns especularam que, antes do fogo, a imagem tinha sido pintada, e que a imagem que é visível hoje foi causada por uma reação no pigmento ou algum outro efeito provocado pelo calor.[13] Mais recentemente sustentou-se que as mudanças químicas no linho interferiram com os resultados da datação por carbono-14, fazendo com que o pano desse a impressão de ser mais novo do que era.[14] Também se propôs que o Sudário de Lirey original foi destruído no incêndio e que o Sudário de Turim de hoje foi um substituto da Renascença. A idéia não é nova.

Durante semanas após o fogo circularam boatos de que o Sudário não sobrevivera e eles atingiram tamanhas proporções, que uma comissão papal foi enviada para investigar. Quase um ano e meio depois, o Sudário, com remendos sobre as partes queimadas e um novo forro de linho rústico chamado de *holland*, foi devolvido à Santa Capela. Mas o Sudário não tinha sido destruído pelo fogo: a cópia Lierre, feita em 1516, mostra as "marcas de atiçador", as quais devem ter sido feitas antes de 1532, e outras provas anteriores de danos.

Em 1578, o Sudário foi transferido para a Catedral de Turim — a qual é dedicada a São João Batista —, algo que, à luz das nossas últimas descobertas, acabou se mostrando extremamente significativo. Turim era a nova capital das terras dos Sabóia, e daí em diante o Sudário ficou lá, exceto durante os anos da Segunda Guerra Mundial, quando foi levado à Abadia de Montevergine, em Avelino, no sul.

O ducado de Sabóia gradualmente mudou seus interesses políticos, tornando-se cada vez mais pró-italiano, um processo que finalmente se completou na metade do século XVII, quando Sabóia tornou-se um Estado italiano independente. Quando aconteceu a unificação da Itália, a casa de Sabóia foi eleita para ser a linhagem real do novo Estado. O Sudário permaneceu sendo o maior tesouro deles, mesmo depois que a monarquia acabou e a família se exilou em 1946. Mesmo enquanto vivia em Portugal, o último rei, Umberto II, continuava a ser consultado a respeito dos cuidados e da exibição do Sudário, enquanto o clero da catedral atuava como os guardiões do pano até a morte do rei em 1983, quando o legou ao

Vaticano. (Sua viúva, como veremos, era bem mais cética a respeito disso, e não hesitou em declarar que o pano era uma falsificação.) O papa é agora o guardião oficial do Sudário, embora, na prática, delegue esse papel ao arcebispo de Turim.

O Sudário foi transportado para uma capela especialmente construída, projetada por Guarino Guarini, em 1694. Nos primeiros tempos que passou em Turim, foi exibido no dia 4 de maio, na Festa do Santo Sudário, porém mais tarde virou costume exibi-lo somente em ocasiões especiais, freqüentemente com intervalos de décadas. O Sudário permaneceu lá, trancado acima do altar em sua arca de prata por exatamente trezentos anos, até que, durante os reparos da Capela Real em 1994, foi removido para a parte principal da catedral. Lá — ainda na arca — foi colocado em uma caixa de vidro à prova de bala que pesava cerca de três toneladas.

Curiosamente, não foi a primeira vez na história do Sudário que as precauções quanto à sua segurança — tomadas para impedir que fosse roubado ou vandalizado — quase levaram ao seu fim. Pouco depois das 11 horas da noite no dia 11 de abril de 1977, a catedral foi vítima de incêndio criminoso e, quando os bombeiros de Turim chegaram, a Capela Real — onde o fogo tinha começado — estava completamente destruída e o fogo estava se alastrando para a parte principal da construção, ameaçando destruir o Palácio Real dos Sabóia, que fazia parte do complexo. Felizmente, um banquete no palácio para aproximadamente 130 eminentes convidados — inclusive o convidado de honra, o secretário-geral das Nações Unidas Kofi Annan, o ex-primeiro-ministro da Itália Giulio Andreotti, e o presidente da Fiat Giovanni Agnelli — tinha acabado apenas dez minutos antes de o fogo começar.

O domo da catedral ameaçava cair a qualquer momento sobre a sua maior relíquia — talvez a maior relíquia do catolicismo. Aparentemente, depois de um atraso estranho de uma hora, o corpo de bombeiros foi acionado: a essa altura o fogo já tinha se espalhado e parecia que os incendiários iam ser bem-sucedidos. Mas não contaram com o bombeiro Mario Trematore que, com o fogo ardendo ao seu redor, martelou o grosso vidro à prova de bala até que cedesse, permitindo que retirasse a arca.

Enquanto o heróico Trematore martelava o domo de vidro até que suas mãos sangrassem, uma multidão de 3 mil pessoas se juntou lá fora na escuridão, muitos rezando pela segurança do Sudário. Talvez suas preces tenham sido ouvidas — o cardeal Saldarini não tinha a menor dúvida a esse respeito, declarando que o salvamento da relíquia tinha sido "um milagre".

Depois daquele evento traumático, o Sudário (agora permanentemente desdobrado) foi colocado, por algum tempo, numa enorme caixa móvel de exibição, também feita de vidro à prova de bala, que era mantida num local secreto. Porém, em março de 2001, foi (ao menos foi o que nos disseram) posto em seu novo lar permanente dentro da capela lateral.

Em 2002, o Sudário passou pela mudança mais radical na forma que é mantido desde o fogo anterior que quase o destruiu. No dia 20 de junho de 2002, como sempre sob condições de estrito sigilo (nada mesmo foi revelado até que o trabalho tivesse sido terminado), a perita suíça em conservação têxtil, Mechthild Flury-Lemberg, começou um exame de 32 dias do Sudário. Durante esse tempo, ela removeu o forro de linho *holland* (no lugar desde 1534, exceto quando foi parcialmente removido pelo Sturp, para que o lado de baixo do Sudário pudesse ser examinado) e também os vários remendos sobre os buracos (a maioria dos quais cobria os danos causados pelo fogo de 1532). Quando terminou o seu trabalho, a especialista colocou um novo forro, feito de linho cru, mas não substituiu os remendos.

A descoberta do exame secreto do pano e as modificações feitas acenderam a previsível discussão acalorada no mundo dos sudaristas, que se dividiu em dois campos: de um lado aqueles que acreditavam que a remoção do forro antigo e dos remendos tinha destruído pistas vitais e provas sobre o passado do Sudário, ou tinha até mesmo contaminado o próprio pano — por exemplo, eles alegaram que Mechthild Flury-Lemberg e sua assistente deixaram de usar suficiente vestuário protetor e luvas durante o trabalho, e não protegeram o Sudário adequadamente contra a exposição à luz ou ao ar de Turim — e questionaram por que todo esse trabalho tinha sido feito em segredo e sem que se consultasse qualquer instituição científica externa; de outro lado, aqueles que aprovavam as ações da Igreja. Tipicamente, essa diferença de opiniões aparentemente inofensiva levou a uma verdadeira animosidade e muita troca de farpas.

UM SILÊNCIO SUSPEITO

A jornada do Sudário através da história não foi totalmente tranqüila, e muitas vozes céticas levantaram-se a cada oportunidade. Uma das objeções mais freqüentes expressadas contra a sua autenticidade é o fato de que um Sudário miraculosamente estampado não é, em nenhum momento, mencionado no Novo Testamento. Também não aparece na história da Ressurreição, que se baseia fortemente em milagres, nem é mencionado nos Atos dos Apóstolos ou nas Epístolas, onde cada prova possível da divindade de Jesus é utilizada como propaganda. Com certeza, segundo os céticos, se tal coisa tivesse existido, teria sido um dos aspectos mais intensamente divulgados de toda a história cristã. Não consta em lugar algum.

Com uma lógica distintamente jesuítica, alguns até conseguiram usar esse argumento para defender a autenticidade do Sudário. Eles argumentam que um falsário medieval não teria falsificado uma relíquia que não fosse mencionada nos evangelhos[15] — embora não expliquem como é que isso se aplica à popularidade, por exemplo, dos vestidos de Nossa Senhora.

Como sempre, versões dos evangelhos gregos originais são esquadrinhadas por material corroborante. Os Evangelhos Sinópticos de Mateus, Marcos e Lucas contam que Jesus foi sepultado em um único pedaço de pano. O Evangelho de João — teoricamente a única narrativa de uma testemunha ocular do sepultamento[16] — descreve o corpo envolvido em várias "tiras de linho" ou *othonia*, e um *soudarion* (lenço para tirar o suor), que estava separado delas. Ninguém sabe o tamanho dessas tiras ou a sua função precisa. Parece improvável, no entanto, que uma tira de pano seria igual em tamanho ao Sudário de Turim de nossos dias, que possui significativos 4m de comprimento.

Alguns sustentam que o *soudarion* combina perfeitamente, enquanto outros o reduzem a nada mais que algum pano sagrado de rosto. Mas a questão toda com os Evangelhos é que eles nunca mencionam que os panos tinham manchas de sangue, ou sequer que havia algum Sudário misteriosamente estampado. Baseados apenas nesses fatos, será que é justo que proclamemos o Sudário uma falsificação? Muitos acham que sim, mas há muitas outras objeções.

Também se debate se a imagem do corpo condiz ou contradiz as práticas de sepultamento judeu do primeiro século. É improvável, todavia, que se chegue a qualquer conclusão, na medida em que o nosso conhecimento sobre essa área esotérica é limitado e, também, meio especulativo. Ainda mais importante, não se falava a respeito de nenhuma relíquia nos primeiros anos da Igreja — fato que por si só imediatamente lança dúvidas sobre aquelas que apareceram de repente nos anos dourados das relíquias, uns 1.300 anos mais tarde.

Por outro lado, os que crêem na autenticidade do Sudário afirmam que a imagem — talvez devido a alguma reação química anômala entre o corpo e o pano impregnado de especiarias — poderia ter se "revelado" com o passar do tempo e pode não ter sido visível durante meses, até mesmo anos, depois da morte de Jesus. Mas nesse caso, por que os consternados discípulos teriam conservado o pano, se não havia nada de extraordinário para se ver nele? O processo de "revelação" dificilmente teria levado mais de cem anos, aproximadamente o tempo que levou para que o Novo Testamento fosse escrito. Será que uma imagem miraculosa de Jesus não teria merecido um "parem as máquinas" de último minuto?

Se um Sudário miraculosamente estampado tivesse sido, de alguma forma, acidentalmente omitido do Novo Testamento, será que boatos a respeito de tal relíquia não teriam circulado na jovem Igreja, faminta por milagres? Mas não houve sequer um sussurro sobre tal artefato sagrado. A Igreja primitiva carecia de Sudário.

Por outro lado, será que Jesus parecia de fato com o homem no Sudário de Turim? Não existe uma descrição física dele no Novo Testamento, mas o comentarista bíblico Robert Eisler encontrou provas nos Textos Apócrifos que demonstram que Jesus era baixo, e talvez até mesmo corcunda. Isso não é, com certeza, a nossa idéia de como era Jesus. Entremos em quase qualquer igreja ocidental e veremos uma proliferação de estátuas, gravuras, vitrais e por aí afora, mostrando um homem alto e musculoso, com um rosto estreito, barba bifurcada e o cabelo partido no meio: uma imagem que entrou no inconsciente coletivo, mas que, com certeza, se originou, em parte, do Sudário de Turim. O fato de que a imagem não obedece a nenhuma regra histórica é irrelevante. Para a maioria das pessoas, era assim que Jesus parecia, e contestar isso, talvez colocando em seu lugar um corcunda digno de dó, é esmorecer os alicerces do controle emocional da cristandade. Quem quer que tenha falsificado o Sudário de Turim, criou um padrão para o nosso conceito de Jesus, de propósito ou não. Quem quer que tenha falsificado o Sudário de Turim usou um modelo que, com o tempo, iria se tornar o Jesus de nossos sonhos.

Os RIVAIS

O Sudário só apareceu em 1357. Se é mesmo genuíno, onde é que estava antes disso? Se tivesse existido, teria sido a mais valiosa e sagrada relíquia da cristandade; como é que conseguiu ficar anônimo e ignorado por bem mais de mil anos?

Contudo, entre os séculos VI e XIII existem referências a supostos sudários de Jesus. Relíquias do próprio Filho de Deus eram, naturalmente, as mais procuradas, mas, já que se acreditava que ele tinha subido aos céus em seu corpo, os fiéis tiveram que se contentar com itens relacionados, como pedacinhos da Verdadeira Cruz ou da Coroa de Espinhos, e coisas como os seus supostos dentes de leite e os estranhamente numerosos prepúcios — todos os sete — circularam por aí.

Pedacinhos de sudário, ou faixas como as das múmias, eram venerados desde o século V, quando uma relíquia assim foi levada a Constantinopla e outra foi vista por um bispo franco em Jerusalém, na metade do século VII. Outras foram trazidas para a Europa por cruzados de regresso, como o Sudário de Cadouin (que recentemente revelou ser um pano muçulmano do século XI). Um outro competidor europeu foi o Sudário de Compiègne na França, adquirido por Carlos Magno no final do século VIII e preservado até a sua destruição durante a Revolução Francesa, em 1789.

Naturalmente, as duas maiores coleções de relíquias da Cristandade não estariam completas sem os seus próprios "Sudários"; a coleção do imperador bizantino em Constantinopla se gabava de tê-lo, desde o final do século XI, e a coleção do século XIII de São Luís IX possuía um na Santa Capela, em Paris. No total, havia mais de quarenta peças reivindicando o título de "Santo Sudário" — e as pretensões de cada uma tinham sido minuciosamente examinadas por historiadores.[17] Contudo, em apenas um caso — uma referência isolada que datava de 1203 — existe alguma possibilidade de que possa ter sido o Sudário de Lirey ou Turim numa aparição mais anterior. Em todos os outros casos, as dimensões são completamente diferentes e, o mais importante, em nenhum momento (exceto na referência de 1203) há alguma menção a uma imagem miraculosa. Em outras palavras, os supostos sudários de Jesus podem ter sido abundantes, mas em quase todos os casos eles eram pedaços de pano vazios; obviamente porque os exibidores não sabiam que deviam falsificar uma imagem e porque a história era totalmente desconhecida.

É claro que a única menção de 1203 estimulou o interesse em círculos previsíveis, como o único precursor em potencial do Sudário de Lirey, explicando o porquê do Sudário ter conseguido permanecer completamente incógnito por tanto tempo.

Na Idade Média, a maior coleção de relíquias não era guardada em Roma, mas no centro da Igreja Ortodoxa Oriental — na Capela de Pharos, do imperador bizantino, localizada nas terras do palácio imperial em Constantinopla. Em 1204, a cidade foi saqueada por soldados da Quarta Cruzada — que também eram cristãos — e logo depois, a Europa foi inundada de relíquias roubadas. Um pouco antes dos saques, o cavaleiro francês Robert de Clari escreveu na Igreja de Santa Maria de Blachernae: "(...) o *sydoine* no qual o nosso Senhor tinha sido envolto e que era exibido aberto todas as sextas-feiras, para que a *figure* do nosso Senhor pudesse ser vista claramente."

Ele prossegue dizendo que, depois que a cidade foi saqueada, seis meses mais tarde, esse *sydoine* desapareceu. Será que foi destruído durante a luta ou tornou-se presa de guerra de algum cavaleiro europeu?

As memórias de Robert de Clari são adoradas por sudaristas em todos os lugares, pois são vistas como prova de que um sudário com uma imagem já existia bem antes do tempo de Godofredo de Charny e, conseqüentemente, antes do período indicado pela datação por carbono-14. Mas existem problemas aí.

O cronista não é considerado de confiança; a narrativa favorita da Quarta Cruzada é a de Godofredo de Villehardouin. Ele não só era um observador meticuloso, mas também um diplomata veterano que realmente trabalhou com os líderes da Cruzada. E ele nunca mencionou tal *sydoine*.

Embora De Clari descreva o sudário completo com a imagem, ele não fornece detalhes bastantes para a comparação com o Sudário de Turim de hoje. Existe até mesmo alguma controvérsia sobre se a palavra do francês antigo, *figure*, se refere a uma imagem de tamanho natural ou, como no francês moderno, significa simplesmente um rosto. (O consenso é, contudo, favorável à primeira possibilidade.) Não se tem nem certeza se De Clari está dizendo que de fato viu o *sydoine* com os próprios olhos, já que ele só diz ter visitado a igreja "na qual ele estava sendo exibido" — ele pode ter ouvido falar a respeito.

Ao mesmo tempo, um Sudário liso — sem imagem — estava entre as relíquias catalogadas da Capela de Pharos, que definitivamente tinha estado lá desde a década de 1090. Como todas as mais sagradas relíquias do império bizantino, esse Sudário era considerado sagrado demais para as massas, sendo guardado somente para os olhos dos privilegiados e nunca mostrado em público.[18] Só o fato de que o *sydoine* de De Clari estava sendo exibido semanalmente mostra que — fosse ou não o Sudário de Turim de hoje em dia —, com certeza, não era considerado uma relíquia importante. E só para complicar um pouco mais, Godofredo de Villehardouin[19] declara que a Igreja de Santa Maria escapou do saque da cidade. Então, por mais atormentadora que seja a história de Robert de Clari, é prova inadmissível da existência do Sudário antes do tempo de Godofredo de Charny.

Não é fácil convencer os sudaristas; todas as tentativas de se reconstruir a história pré-Lirey do Sudário de Turim ainda incluem a anotação de Robert de Clari. Mas como foi que o Sudário viajou da Palestina do primeiro século à Constantinopla de 1203 e, então, chegou à Lirey na década de 1350 — e tudo isso negando um histórico de sua não-existência oficial (isto é, bíblica)? Existe uma idéia que talvez possa salvar a pátria para os sudaristas nesse caso: a famosa teoria do Mandylion de Ian Wilson, que foi desenvolvida a partir do trabalho do padre Maurus Green.

"NÃO ERA FEITO POR MÃOS"?

No seu best seller de 1978, *O santo Sudário*, Wilson afirma que o Sudário tinha realmente feito aparições durante aqueles primeiros anos, mas sob outro nome, o do "Sagrado Mandylion de Edessa". (O filme de Henry Lincoln, *The Silent Witness*, baseado numa idéia de Wilson, também defende essa idéia.)

O Mandylion era um pano que possuía uma imagem miraculosa do rosto de Jesus — um objeto referido, desde a sua primeira aparição, como *acheiropoietos*, palavra grega que significa "não é feito por mãos humanas". Como o Sudário de Turim, parte de sua história são fatos documentados, enquanto o resto permanece no domínio das lendas. Surgiu como a relíquia mais sagrada da cidade de Edessa, onde hoje em dia é a Turquia, na segunda metade do século VI, onde permaneceu até 944. Foi então removido à força — apesar de protestos violentos dos fiéis locais — para Constantinopla para juntar-se à enorme coleção de relíquias do imperador na Capela de Pharos. Lá ficou até os saques de 1204, quando o *sydoine* de Clari também desapareceu. Ao menos superficialmente, é como se a hipótese de que o Mandylion e o Sudário de Turim fossem a mesma coisa tivesse algum fundamento. Afinal, nenhum dos dois era "feito por mãos". (Até mesmo aqui as falhas nessa prova estão claras: o título de *acheiropoietos* é uma questão de fé, e tentar mostrar similaridades entre duas coisas que *desapareceram* é como se agarrar a qualquer esperança, por menor que seja!)

A objeção imediata é que o Mandylion só mostrava o rosto de Jesus — a palavra pressupõe um pano pequeno, do tamanho de um lenço de mão/bolso. Supunha-se ser uma toalha estampada durante sua vida, ao contrário da imagem do Sudário, que foi criado após a sua morte e mostrava o corpo inteiro. Embora Wilson tenha fornecido contra-argumentos, algumas informações são essenciais.

Durante a vida do Mandylion, as relíquias tinham no Oriente Médio uma função diferente daquelas suas similares européias. Na

Europa, elas eram oficialmente objetos de devoção e, ao mesmo tempo, extremamente lucrativas para a Igreja. No Oriente Médio, representavam status político e poder e, com freqüência, tinham um poder talismânico, sendo vistas como protetores da cidade que as possuía, evitando igualmente invasões estrangeiras e desastres naturais. Conhecidas como *palladia*, cada cidade tinha um profilático sagrado assim, e o de Edessa era o Mandylion — uma honra apropriada para a primeira cidade a ser evangelizada em Bizâncio.

A relíquia foi mencionada pela primeira vez pelo cronista Evágrio na década de 590, quando ele contou como os seus poderes milagrosos repeliram um ataque do exército persa, cinqüenta anos antes. Para explicar a sua proveniência, só existem lendas que relacionam o pano ao rei Abgar V de Edessa — contemporâneo de Jesus.

De acordo com as lendas, Abgar escreveu a Jesus pedindo-lhe que viesse a Edessa para curá-lo de uma terrível doença. A resposta escrita de Jesus foi, por si, considerada a mais importante relíquia sagrada de Edessa — até que o Mandylion aparecesse. Um pouco depois da crucificação o apóstolo Judas Tadeu viajou a Edessa e curou o rei, convertendo-o ao cristianismo.

Na verdade, logo que se estabeleceu o pano como uma relíquia importante, no final do século VI, as lendas foram adaptadas para associá-lo ao rei Abgar. Existem duas versões: na primeira, Jesus fez uma imagem de seu rosto aparecer numa toalha com que enxugara o rosto, a qual então enviou, junto com uma carta, ao rei Abgar. A segunda versão é de que a imagem foi criada durante a agonia no jardim do Getsêmani e foi levada por Judas Tadeu a Edessa. De qualquer maneira, foi um pano miraculoso que curou Abgar e causou sua conversão. Os sucessores de Abgar, contudo, retomaram o paganismo e então o Mandylion foi escondido — emparedado em um nicho acima de um dos portões da cidade. Ali, permaneceu durante quinhentos anos até que foi redescoberto e veio ajudar a cidade.

Podemos dispensar essa história como uma fábula que foi criada depois do descobrimento do pano, para prover-lhe um pedigree sagrado e milagroso apropriado. Mas se tiver semelhanças com o Sudário de Turim, pode-se argumentar — como fez Wilson — que as lendas preservam uma lembrança de eventos genuínos que envolvem um pano com uma imagem estampada sendo levado a Edessa um pouco depois da morte de Jesus.

Enquanto estava em Edessa, o Mandylion foi considerado sagrado demais para ser copiado, e nunca foi exibido publicamente; então não existem relatos de testemunhas a seu respeito. Mesmo em Constantinopla, ele era estritamente para os olhos do imperador e seus honrados convidados. Não existem cópias de primeira mão conhecidas, então é impossível reconstruir a sua verdadeira aparência.

Embora essa relíquia mostrasse apenas um rosto e não um corpo inteiro, Wilson argumenta que, antes de ser escondido, o pano tinha sido dobrado de forma que somente um lado estava à mostra. É fato que se o Sudário de Turim fosse dobrado ao meio quatro vezes, veríamos apenas o rosto, sem sequer um pedaço do corpo aparecendo. Se o Sudário tivesse então sido fixado a uma tábua e coberto com algum tipo de ornamentação de metal — e existem algumas provas de que o Mandylion estava —, o pano poderia facilmente ter virado história, sem que seus donos jamais soubessem que era um sudário de corpo inteiro.

As bases para essa teoria vêm de um dos primeiros textos a descrever o Mandylion, os Atos de Tadeu do final do século VI.[20] No relato sobre quando Jesus enxugou seu rosto numa toalha, o pano é descrito como *tetradiplon*. Essa é uma palavra completamente desconhecida e da qual se desconhecem as origens — de fato, este é o único uso conhecido — e por causa do contexto se traduz normalmente como "toalha". Mas o seu significado literal é "dobrado em quatro", segundo Wilson.

Ele argumenta que as lendas mais recentes de Abgar baseiam-se no evento verdadeiro do Sudário chegando a Edessa, logo após a crucificação, e que realmente foi preservado atrás dos tijolos de um portão da cidade durante quinhentos anos. Ele acredita que o pano foi descoberto graças ao trabalho de reconstrução necessário depois da grande inundação de 525 e que os membros do conselho da cidade mantiveram o seu descobrimento em segredo até o ataque persa 19 anos mais tarde.

Durante a sua permanência em Edessa, não se sabia que o Mandylion era meramente uma parte de uma imagem maior, mas algum tempo após a sua chegada em Constantinopla — diz Wilson — a sua verdadeira natureza foi redescoberta, embora isso não se tornasse de conhecimento público. O pano então se tornou o *sydoine* visto por Robert de Clari em 1203. Foi tomado pelos Cruzados no ano seguinte e trazido para a Europa, e no fim chegou às mãos de Godofredo de Charny, na década de 1350.

A plausibilidade dessa teoria depende da veracidade da história de Evágrio, e o professor Averil Cameron, do Departamento de História Antiga do King's College, mostrou que existem motivos para se lidar com essa história com cautela.[21] Evágrio disse que o Mandylion fora usado para repelir os persas em 544, mas ele escreveu isso cinqüenta anos depois do evento. Um outro cronista, Procópio, escrevendo apenas cinco ou seis anos depois do acontecido, não faz nenhuma menção ao pano. Ainda mais importante é o fato de que Evágrio baseou o seu relato no de Procópio. Supostamente Evágrio inventou a história para dar à relíquia sagrada de Edessa mais importância que a das cidades rivais e, conseqüentemente, não existe nenhuma prova de que o Mandylion existia em 544. De fato, todas as provas sugerem que ele *não* existia — ao menos naquela época (e, na verdade, durante muitos anos que se seguiram).

Outras cidades usaram as suas imagens *acheiropoietos* nos anos entre os relatos de Procópio e Evágrio: por exemplo, uma em Mênfis, no Egito, na década de 570, e uma outra em Camuliana, Capadócia, na década de 560. Se o Mandylion foi descoberto em 544, pode bem ter sido a original que as inspirou, mas a data 590 faz dela apenas outra numa longa lista de relíquias similares. E se a história foi uma invenção, então não existe ligação entre Abgar e Jesus.

O termo *acheiropoietos*, contudo, parece indicar que a imagem era misteriosa, até que percebamos que mesmo das imagens de feitio bastante grosseiro também se dizia que "não eram feitas por mãos" — uma das tradições estranhas da Igreja Medieval. No Palácio de Latrão, em Roma, por exemplo, uma pintura de Jesus é conhecida como "A Achiropita" (ou *Acheropita*, a expressão equivalente em latim). Até mesmo um mosaico recebeu esse título. Obviamente, a expressão passou a ser usada para se referir a um tipo específico de arte religiosa; não pode ser usada para sustentar a autenticidade do Mandylion ou de qualquer outra coisa.

Há também uma contradição séria nos argumentos de Wilson a respeito do significado da palavra *tetradiplon* nos Atos de Tadeu. Segundo Wilson, quando a obra foi escrita, no século VI, ninguém sabia que o Mandylion era, na verdade, o Sudário dobrado. Por que será que o autor de Atos de Tadeu chama o pano de "dobrado em quatro", especialmente se está claramente falando sobre um pano de rosto?

"Mandylion" deriva da palavra latina *mantile*, que significa "pano de mão", ao qual o sufixo diminutivo *-ion* foi acrescentado.[22] Ambos enfatizam que esta era uma coisa *pequena*. Ainda assim, Ian Wilson considera insignificante a etimologia da palavra, tão insignificante quanto o apelido do companheiro de Robin Hood, João Pequeno[23] — que, nesse caso, deve ser o único exemplo de ironia eclesiástica pesada aplicada a uma relíquia sagrada! Como o Sudário de Turim tem 5m², certamente teria sido volumoso demais para um pano de rosto. Mesmo o carregador mais imbecil teria se espantado com o seu peso.

Há outros problemas com a hipótese de Wilson. Ele diz que, em algum momento, descobriu-se que o Mandylion era o pano maior com uma imagem estampada, e então passou a ser o *sydoine* relatado por Robert de Clari na Igreja de Santa Maria de Blachernae. Mas o inventário de relíquias da Capela de Pharos listava o Mandylion *e* um sudário liso — assim, o *sydoine* não podia ter sido o Mandylion.[24] Na verdade, De Clari menciona o Mandylion num trecho anterior sobre a Capela de Pharos.[25] Wilson argumenta que, depois do descobrimento da imagem completa, o Mandylion tornou-se o *sydoine* e um Mandylion falso foi posto em seu lugar, embora não pareça haver nenhum motivo concebível para esse elaborado subterfúgio, especialmente se o *sydoine* era visto como a menos importante das duas relíquias. Se você tem a coisa verdadeira, por que transformá-la em outra coisa?

Na verdade, o próprio Wilson acredita que o Sudário foi adorado apenas como uma cabeça, em sua reconstrução do que aconteceu ao pano entre 1204 e seu aparecimento em Lirey, 150 anos mais tarde. Ele diz que o Sudário tornou-se a infame cabeça idolatrada pelos cavaleiros templários (uma ordem fundada em 1118 e suprimida em 1312) — embora, segundo a nossa pesquisa, a imagem de Jesus no Sudário seria a última coisa que os Templários iriam querer idolatrar. Em outras palavras, Wilson preenche os anos perdidos do Sudário igualando-o a três objetos igualmente misteriosos — o Mandylion, o *sydoine* e o ídolo templário. Mas, para isso, ele tem que assumir que originalmente se acreditava que a imagem era só uma cabeça. Então, de acordo com a sua teoria, a imagem completa foi descoberta e exibida, mas então os templários pareceram esquecer que a imagem tinha um corpo, voltando a mostrá-la aos membros de sua própria ordem apenas como uma cabeça. Dependendo do argumento de Wilson, a imagem é uma cabeça ou uma figura completa. Ele quer que seja as duas coisas.

Um outro episódio na carreira do Mandylion indica que era uma simples imagem pintada. No século VIII, para pagar seus impostos, os governantes de Edessa deram-no em penhor a um tal Atanásio, membro de uma seita cristã rival, os monofisitas. Mas quando foram resgatá-lo, ele deu-lhes uma cópia que havia pintado e deu o original ao seu batistério monofisita.[26] Já que as pessoas de Edessa foram enganadas completamente por essa fraude, será que o original era uma pintura também? É importante destacar que os melhores artistas modernos não conseguiram reproduzir uma imagem convincente do Sudário; uma cópia pintada seria imediatamente percebida.

Philip McNair, um professor de italiano com interesse no Sudário, fez objeção à teoria do Mandylion. Ele sugere que, se o Mandylion tivesse sido o Sudário com apenas a parte da cabeça em exibição, então o pano teria amarelado, a imagem desbotado, e a diferença seria perceptível hoje em dia.[27] O fato é que, embora o fundo do pano tenha uma cor uniforme, a imagem da cabeça é, na verdade, mais escura que o resto.

Maus ventos

Será que existe alguma forma de se provar a história do Sudário? Um grande número de pessoas com as quais falamos ao longo da nossa pesquisa citaram o trabalho (publicado em 1976) do Dr. Max Frei, o cientista forense, como a mais importante prova da autenticidade do pano. (De fato, num dado momento a frase "E quanto ao pólen?" foi, não totalmente a sério, cogitada para ser o título deste livro.) O trabalho palinológico de Frei estava, entretanto, como esperamos mostrar, cheio de falhas sob um ponto de vista científico.

Frei identificou pólen preso às fibras do Sudário como pertencentes a espécies de plantas encontradas somente na Palestina, nas estepes anatolianas que circundam Edessa (a moderna Urfa) e perto de Constantinopla (Istambul). A partir dessa informação era razoável concluir que o pano, em alguma época de sua movimentada carreira, tinha estado em cada um daqueles três lugares — na verdade, exatamente os lugares propostos por Wilson. Isso não era uma coincidência.

Relatos do trabalho de Frei dão a impressão de que ele retirou as suas amostras do Sudário e identificou as plantas das quais elas vieram, comparando-as ao pólen catalogado do mundo todo. Então, supõe-se que ele tenha comparado as amostras identificadas à sua distribuição geográfica conhecida e, independentemente, chegado à mesma conclusão que Wilson. Mas não foi o que ocorreu.

Antes do trabalho de Frei, não havia praticamente nenhuma coleta e classificação sistemática de pólen; ele mesmo teve que criar o banco de dados com o qual comparar as suas próprias amostras. Embora um dos critérios mais importantes da investigação científica seja que os resultados devem ser verificáveis por outros, nesse caso era impossível fazê-lo.

Também não havia amostras controle às quais seus resultados pudessem ser comparados. O trabalho de Frei foi baseado na premissa de que a casca de grão de pólen é praticamente indestrutível e isso também implica que os grãos podem ser levados a grandes distâncias durante milênios. É provável que qualquer pedaço de pano antigo acabe pegando grãos de pólen extraviados de um grande número de lugares. Com isso em mente, encontrar grãos de, por exemplo, Urfa, não é relevante, a não ser que existam em tamanha proliferação no pano que estejam definitivamente acima do nível que possa chegar até lá, acidentalmente, através dos anos.

Ninguém sabe onde o pano foi tecido. Nem se sabe onde e quando ficou guardado até ser estampado com a imagem. Podia ter ficado diretamente no caminho de uma corrente de vento, quase constante, oriunda de Urfa, pelo que sabemos.

Também existem pistas sobre como o trabalho de Frei parece reforçar, convenientemente até demais, nos fundamentos de sua pesquisa, a história do Sudário reconstruída por Wilson. Depois da retirada das amostras, em 1973, parece que o trabalho de Frei foi interrompido por falta de verbas. Então, em 1976, o produtor David Rolfe começou a trabalhar no filme *The Silent Witness*, baseado num roteiro de Ian Wilson, com a teoria do Mandylion como base. Rolfe e Wilson penaram em várias partes inóspitas do Oriente Médio (enfrentando heroicamente a falta de saneamento em Urfa), buscando locações para o filme: Rolfe pagou a Frei para acompanhá-los. Foi de amostras coletadas nessa viagem que ele completou o trabalho e apresentou as suas conclusões.[28]

Realmente, Frei conseguiu relacionar o pólen encontrado no Sudário com plantas só encontradas nos três locais sugeridos por Ian Wilson, mas, por outro lado, ele *só examinou aqueles três locais*. A teoria do Mandylion preconiza que o Sudário tenha estado naqueles três lugares — e somente lá. Se, por exemplo, houvesse prova de que estivera em Toledo, a teoria inteira seria invalidada. Porém, talvez haja até pólen australiano no Sudário: Frei não o procurou. Tanto Wilson quanto Rolfe, contudo, devem ter ficado satisfeitos com o trabalho dele, que justificava a aposta de Rolfe ao pagar a viagem de Frei, e poderíamos facilmente concluir que Frei pode ter visto isso como o pagamento de um empréstimo. Talvez seus patrocinadores não tivessem ficado tão entusiasmados em convocar a sua ajuda, se soubessem que ele seria, mais tarde, o homem que, desastrosamente, autenticou os "diários de Hitler".[29]

O trabalho de Frei foi criticado por outros especialistas como sendo muito seletivo. E recebeu apoio insuficiente do Sturp — eles acharam "pouquíssimo pólen" nas amostras que tiraram.[30] Esse é um dos elementos coesivos no caso a favor da autenticidade do Sudário. Embora nunca tenha se afirmado que o trabalho de Frei estabeleceu a idade do Sudário, os sudaristas adoram o pólen porque ele pareceu fazer a tão importante ligação tanto com Jerusalém quanto com a teoria do Mandylion de Ian Wilson. Contudo, quanto mais nos aprofundamos no caso de Frei, mais ele cai por terra.

Surpreendentemente, embora ele tenha publicado as suas conclusões, o seu trabalho detalhado, mostrando como chegou a elas, permanece inédito, mesmo depois de trinta anos, apesar do fato de que disponibilizar publicamente todos os dados é normalmente um pré-requisito para se publicar um trabalho científico.[31] (Frei morreu em 1983, mas seu manuscrito é de propriedade do grupo norte-americano a favor do Sudário, a Associação Internacional de Cientistas e Estudiosos do Sudário de Turim — Association of Scientists and Scholars for the Shroud of Turin, Inc (Assist) — que também possui as fitas adesivas com as suas amostras.) Aceitar qualquer conclusão, sem ver todos os dados relevantes, simplesmente não é ciência; mas, mesmo sem isso, existem problemas sérios com o trabalho de Frei.

Ele afirma ter identificado 58 espécies específicas de plantas, baseado na sua análise visual do pólen. Outros especialistas, como o botânico Dr. Richard H. Eyde, do Instituto Smithsoniano, e o Dr. Oliver Rackham, da Corpus Christi College, da Universidade de Cambridge, mostraram que isso é *impossível* usando métodos atuais. Só é possível identificar o gênero ou família das plantas ao qual o pólen pertence, não a espécie. Eyde diz: "Isso é tão notório, que o ônus da prova recai sobre aquele que diz ter identificado uma espécie pelo seu pólen. O identificador tem que dizer que traços distinguem o grão identificado dos grãos de plantas com os quais têm pontos em comum."[32] E, como mostra Rackham, as declarações de Frei de ter identificado espécies que crescem apenas em áreas geográficas específicas são cruciais para sua tese.[33] De fato, todo o seu trabalho depende disso.

Ian Wilson argumenta que Frei *talvez* tenha criado um método novo que lhe permitiu identificar espécies, e que o segredo de sua nova técnica *talvez* esteja contido nos seus trabalhos não publicados.[34] Ou, é claro, talvez não. Talvez nunca saibamos.

Também demonstrou-se incredulidade a respeito do fato de a maioria dos grãos de pólen achados por Frei ter vindo da Palestina ou Turquia.[35] Visto que o Sudário, segundo a história que é aceita, esteve na França e Itália durante os últimos 650 anos, deveríamos esperar que a maioria do pólen viesse de espécies européias. Isso fez com que muitos tivessem sérias suspeitas a respeito do trabalho de Frei como um todo.

Mas as alegações mais graves contra ele foram feitas pelo norte-americano Joe Nickell, conhecido cético do Sudário, e o microbiólogo Walter McCrone (de quem falaremos mais adiante), um amigo de Max Frei. Ambos examinaram as suas fitas adesivas quando essas foram adquiridas pela ASSIST, em 1988, e ficaram intrigados pelo fato de que as amostras de pólen estavam no lugar errado das fitas — nas beiradas em vez de no centro. McCrone inicialmente relegou isso à "contaminação", porém, mais tarde, escreveu a Nickell: "Na época lembro de ter dito diplomaticamente que eram 'contaminação...' É muito duvidoso que estivessem presentes no Sudário e fossem coletadas por Max [Frei]. Então, o fato de que elas estejam presentes indica que a fita teve que ser puxada de volta para que elas pudessem ser introduzidas e eu não vejo nenhum bom motivo para isso exceto a fraude."[36]

Se as amostras de Frei foram adulteradas com pólen do Oriente Médio, como é que ele chegou lá? Talvez devêssemos lembrar de que no período entre a coleta das amostras do Sudário e a publicação de suas conclusões, Frei estivera em Israel e na Turquia com Ian Wilson e o produtor do filme *The Silent Witness*. Talvez tenha sido aí que ele coletou o pólen. Mas, o que quer que tenha acontecido naquela viagem, encontrar no Sudário pólen daqueles lugares em particular aparentemente forneceu a única prova que o liga à Palestina e a única evidência física que apóia a teoria do Mandylion de Wilson.

A ADORAÇÃO DOS TEMPLÁRIOS

Então, o Sudário não é outra encarnação do Mandylion. Mas onde esteve de 1204 até o seu aparecimento repentino em Lirey, no fim da década de 1350? Novamente, Wilson empenhou-se em prover as respostas. Ele acreditava que o Sudário foi levado à França pelos cruzados que saquearam Constantinopla. Para explicar o silêncio desconcertante que se seguiu a respeito do assunto, ele invoca a mais enigmática ordem militar, os cavaleiros templários.

Os templários eram, aparentemente, uma ordem de soldados-monges fundada para salvaguardar a passagem de peregrinos à Terra Santa, no começo do século XII. Eles logo se tornaram influentes e ricos, com ramificações na maioria dos países europeus, mas quanto mais o seu poder aumentava, maiores ficavam as intrigas dos seus inimigos.

Com graus variáveis de plausibilidade, eles foram apresentados como os guardiões do Santo Graal, precursores da maçonaria, protetores da linhagem de Jesus — e, mais recentemente, foram persuasivamente implicados na busca pela Arca da Aliança. Embora os historiadores se queixem de que os templários são usados até demais para tapar buracos na história, o seu histórico é tão obscuro, e os boatos que os cercam são tão extraordinários, que não é surpresa que sejam invocados por qualquer um ansioso em encontrar respostas aos mistérios mais duradouros. A Ordem dos Pobres Cavaleiros de Cristo e do Templo de Salomão — para darmos aos templários o título adequado que lhes cabe — foi fundada aproximadamente em 1118, em Jerusalém, logo após a Primeira Cruzada, por somente nove cavaleiros. Os templários logo acumularam imensa fortuna e poder político, atuando virtualmente como um Estado europeu separado, durante os séculos XII e XIII. Era uma mistura de ordem militar e monástica, onde cada membro estava comprometido por um juramento de lealdade, pobreza pessoal e celibato; e também a força de combate mais altamente treinada e temida da sua época.

Orgulhosa e autônoma, reconhecendo apenas o papa como superior, a ordem possuía terras e fortes pela Europa e operavam o primeiro sistema bancário internacional. Mas na sexta-feira, 13 de outubro de 1307, todos os cavaleiros templários na França foram capturados e aprisionados por ordens de Felipe IV, sob — mesmo para aquela época — acusações bastante sensacionalistas de heresia e práticas demoníacas. Foram torturados e extraiu-se deles confissões que confirmavam as acusações.

Durante os meses seguintes, sob as ordens do papa Clemente V, quase a mesma coisa ocorreu em outros países europeus e a ordem foi dissolvida em 1312 — segundo a maioria dos historiadores, aquele foi, com certeza, o fim. Contudo, as autoridades em outros países eram bem mais tolerantes; os cavaleiros detidos foram libertados, contanto que rejeitassem a ordem e se arrependessem de seus "crimes". Mas aqueles que insistiam que eram inocentes morreram na fogueira. Esse também foi o destino do próprio grão-mestre da ordem, Jacques de Molay.

A história conta que Felipe só queria o dinheiro dos templários, mas será que as acusações contra eles foram totalmente fabricadas? É estranho que tantos cavaleiros, mesmo dadas as horríveis circunstâncias de suas confissões, contassem histórias que coincidiam em detalhes. As acusações mais graves dirigidas contra eles eram de que eles negavam Jesus como o Cristo, cuspiam e pisavam na cruz, se entregavam a práticas ritualísticas do homossexualismo e adoravam um ídolo misterioso conhecido como "Bafomé", cuja forma exata difere dependendo da confissão, mas a qual geralmente supõe-se ser uma cabeça demoníaca.

A teoria de Ian Wilson é baseada no fato de um dos templários mais importantes hierarquicamente — o preceptor da Normandia, que foi executado com Jacques de Molay —, chamar-se Godofredo de Charny. Esse é, obviamente, o mesmo nome do primeiro dono do Sudário de Lirey — quarenta anos depois — do qual se tem registro (a variação na grafia não é importante). As especulações originais de Wilson sobre o possível parentesco dos dois Godofredos se apoiava apenas no nome semelhante — não havia provas genealógicas que indicassem uma coisa ou outra. Mas, em 1987, o genealogista e membro da BSTS, Noel Currer-Briggs, estabeleceu que havia uma relação entre as duas figuras históricas; o templário

Godofredo de Charny era o tio do Godofredo de Lirey. Nisso, Wilson estava certo.[37]

Para ele, esta relação ajudava a explicar onde o Sudário/Mandylion estava entre 1204 e a década de 1350. Se o pano estivesse nas mãos dos templários, então não é de admirar que seu paradeiro fosse desconhecido — a ordem era obcecada com o sigilo. E após a queda da ordem, a relíquia passou para as mãos da família Charny, cujo fracasso em explicar a sua proveniência pode ter sido simplesmente a relutância natural de ver o Sudário ligado aos desgraçados templários.

Existe, é claro, uma objeção imediata à teoria de Wilson. Na sua ânsia de descobrir um paradeiro pré-1350 para o Sudário, ele parece tê-lo ligado inevitavelmente com Bafomé, a cabeça demoníaca idolatrada pelos templários. Nós acabamos chegando às nossas próprias conclusões sobre a Ordem e suas crenças mais tarde, mas para Wilson, com os seus bem conhecidos pontos de vista católicos romanos, isso é uma conexão surpreendente.

Vamos nos abster da descrença por um momento: como foi que o Sudário chegou à França depois da pilhagem de Constantinopla em 1204? Os templários não estiveram envolvidos em nenhuma ação por lá, durante a Quarta Cruzada. Trabalhando com base nas idéias de Wilson, Currer-Briggs sugeriu que podia ter chegado à Europa através dos bons ofícios da antiga imperatriz de Constantinopla, Margarida Maria da Hungria.[38]

Ela vinha de uma nobre família franca que tinha parentesco com alguns dos líderes da Cruzada e era a viúva de Isaac II, o imperador bizantino deposto. Foi a sua deposição (por motivos irrelevantes aqui) que levou diretamente à pilhagem de Constantinopla. Um mês após a queda da cidade, Margarida Maria casou-se com um dos líderes da Cruzada, Bonifácio de Montferrat — com quem foi para a Grécia —, então, após a sua morte, ainda com um outro marido, mudou-se para a Hungria. Currer-Briggs crê que foi a Elizabeth Taylor do mundo bizantino que tirou o Sudário/Mandylion da cidade saqueada, entregando-o possivelmente aos Templários como garantia de empréstimo.

Uma retrospectiva engenhosa, mas é uma teoria sobre um item que pode não ter nem existido, ou que podia estar sendo guardado deliberadamente em sigilo; então continua sendo especulação. E, do começo ao fim do desenrolar dessas teorias históricas elaboradas, sempre temos que levar em conta que, pelos motivos mencionados antes, o Mandylion não podia ter sido o Sudário.

A IMAGEM DA IMAGINAÇÃO

Na ausência de quaisquer provas definitivas da existência do Sudário antes das exibições de Lirey, vários pesquisadores, em vez disso, se voltaram para pistas indiretas.

Por exemplo, muitos dos que acreditam na autenticidade do Sudário dizem que porque o homem no Sudário coincide com a imagem de Jesus na arte cristã antes do século XIV, isso deve ser prova suficiente da autenticidade do pano. De fato, antes do século VI Jesus fora descrito de formas variadas — às vezes, aparecia sem barba, por exemplo — mas o repentino consenso quanto à imagem não prova por si só que o Sudário havia surgido e inspirado toda a arte dali em diante. É claro, se o Sudário for uma fraude, pode ter sido baseado em tradições artísticas estabelecidas, especialmente se o falsificador tinha um olho aguçado para detalhes e era um meticuloso mestre da falsificação.

Alguns pesquisadores, todavia, afirmam ter encontrado características específicas no próprio Sudário que demonstram que ele influenciou artistas antes de Lirey. O francês Paul Vignon, um dos sindonólogos mais célebres, afirmou que algumas das características do rosto do homem no Sudário combinam com retratos de Jesus que datam dos tempos bizantinos, as quais agora são conhecidas como as "marcas de Vignon". A mais famosa delas é em forma de

"V", apontando para baixo, entre as sobrancelhas, a qual Vignon acreditava que combinava exatamente com a tradição na iconografia antiga de mostrar Jesus com o que parece nitidamente um franzir do cenho. Vignon declarou ter isolado vinte marcas semelhantes, as quais conseguiu casar com aquelas de primitivas pinturas cristãs. Nenhum ícone possuía todas elas — uma pintura siciliana do século XII tinha, no máximo, 14 — mas foi suficiente para convencer Vignon de que o Sudário de Turim já estava por aí desde, pelo menos, o século VIII.

As marcas identificadas por Vignon não são exclusivas a retratos de Jesus em ícones bizantinos: por exemplo, o "V" nas testas de santos e até mesmo da Virgem Maria. Mais importante ainda, a maioria das marcas de Vignon somente pode ser vista em negativos fotográficos do Sudário — então, como é que os antigos artistas poderiam tê-las visto?

Existem outras dificuldades neste ponto: como estávamos para descobrir às nossas próprias expensas, não existe realmente ninguém tão cego como aqueles que não querem ver e, em nenhum momento, esse provérbio é tão verdadeiro quanto quando ele é aplicado aos sudaristas. Eles se agarraram ao trabalho de Vignon com grande excitação, considerando-o mais outra prova da autenticidade do Sudário. Mas uma avaliação objetiva desse trabalho não é tão conclusiva assim. Eles apontam, por exemplo, para a semelhança de uma sobrancelha — e, é claro, a do franzido em "V" — entre a imagem do Sudário e ícones anteriores. Mas, no que concerne a detalhes óbvios, os ícones anteriores apresentam uma diferença marcante do Sudário. Por exemplo, eles retratam a forma do rosto de Jesus bem desde a longa e fina (como a do Sudário) até a cheia e redonda. Por que será que coisas tão diminutas se tornaram parte de uma tradição, quando o mesmo não ocorreu com as coisas mais importantes?

A inspeção minuciosa do pano prosseguiu: depois de Vignon veio Alan Whanger, professor de Psiquiatria da Universidade de Duke, na Carolina do Norte. Usando um aparelho para sobrepor uma imagem à outra, que desenvolveu especialmente com este propósito, ele comparou o rosto do homem do Sudário a várias pinturas de Jesus anteriores ao século XVIII. Concluiu que elas combinavam com tamanha precisão que as pinturas deviam ter sido copiadas fielmente a partir do Sudário.[39]

Os critérios de Whanger foram os "pontos de congruência", como aqueles usados pelas forças policiais norte-americanas para avaliar se duas fotos são da mesma pessoa ou não. Ele alegou que alguns de seus exemplos de fato mostravam mais pontos de congruência que os exigidos pela polícia e pelo FBI para identificar alguém. O problema com esse tipo de trabalho — como íamos descobrir por nós mesmos — é que é muito subjetivo e rapidamente se torna um tipo de teste dos borrões de tinta de Rorschach. O outro problema é que detalhes tão diminutos tendem a se misturar com a trama do tecido (estamos, de novo, falando por experiência própria). E, é claro, para que qualquer uma dessas observações seja válida, elas têm que ser aplicáveis à imagem vista a olho nu e não fazendo uso do negativo.

Novamente, a subjetividade correu solta no trabalho de Whanger. Uma de suas mais congruentes comparações (que combinavam com a imagem do Sudário) é a do Cristo numa moeda bizantina do reinado do imperador Justiniano. Ele encontrou nada menos que 145 pontos de congruência nesse caso — com certeza um feito sobre-humano, pois a imagem na moeda tem somente 9mm de altura (menor que a cabeça da rainha na moeda de 5 pences). Mas se Whanger mostrou poderes praticamente paranormais de observação, então o que dizer dos poderes do suposto copiador bizantino, que trabalhou como escravo sem os benefícios do microscópio computadorizado e de lentes de contato superpoderosas? E mesmo se esse gênio desconhecido de desenhista tivesse o conhecimento técnico para fazer tal coisa, por que teria precisado, quando uma cópia mais imprecisa teria bastado?

Talvez não seja de admirar que as declarações de Whanger tenham se defrontado com algum ceticismo dos estudiosos mais objetivos do Sudário. Como Ian Wilson brincou, durante uma palestra à BSTS em abril de 1991, "tudo isso (as afirmações de Whanger) vindo de um psiquiatra...!"

Whanger, que trabalha estreitamente com a mulher, Mary, também ressuscitou as provas botânicas das origens do Sudário. Isso não tem nada a ver com a busca por pólen — os Whanger alegam que é possível ver estampas de pétalas e folhas na imagem do Sudário, as quais vieram de buquês de flores que foram depositados sobre o corpo. Os Whanger, estudando cuidadosamente ampliações das fotografias de Enrie de 1931, declararam ter identificado centenas dessas imagens no Sudário, a maioria delas próximas à cabeça, mas também "muitas outras, inclusive vários buquês se estendendo para baixo até a altura da cintura". Eles prosseguiram para identificar não menos que 28 espécies de plantas dessas imagens de pétalas, e — para a grande satisfação deles — descobriram que todas elas crescem em Israel atualmente. De fato, uma espécie — uma variedade de zigofilo — cresce exclusivamente em Israel, na Jordânia e no Sinai.[40]

Ao comparar a hipótese dos Whanger com o livro e o *site* deles, ficamos, francamente, sem saber do que estavam falando. Por exemplo, mostram-nos o retrato de um crisântemo e nos pedem para achá-lo na ampliação da imagem. Esse deve ser o estereograma do tipo encontrado nos livros da série "Olho mágico" mais sem graça que já existiu: borrões indistintos parecem rodopiar diante dos olhos, sem fazer sentido algum. Talvez aceitássemos que flores podem ter sido depositadas sobre a mortalha, mas aqui estão nos pedindo para "ver" todo o tipo de objetos — um verdadeiro hipermercado de coisas como um prego, um martelo, uma vassoura, uma corda, um dado, a Coroa de Espinhos e uma vara na qual está presa uma esponja... (É claro que todos eles aparecem na história do Novo Testamento — surpreendentemente, exceto a vassoura.) Além da natureza altamente subjetiva desses achados, parece muito curioso que os discípulos decidiram amortalhar Jesus com toda essa ferragem, especialmente os instrumentos de tortura. Até mesmo colegas sudaristas tiveram a dignidade de ficar profundamente constrangidos com as afirmações dos Whanger.[41]

Surpreendentemente — na verdade, incrivelmente — o trabalho dos Whanger recebeu o apoio de dois acadêmicos israelitas, o Dr. Avinoam Danin, do Departamento de Evolução, Sistemática e Ecologia no Instituto de Ciências da Vida Alexander Silberman, e o Dr. Uri Baruch, da Autoridade de Antiguidades em Jerusalém. Danin e Baruch conseguiram até mesmo associar o trabalho deles e o dos Whanger às afirmações de Max Frei, baseadas em amostras de pólen.

Danin e Baruch — que mais tarde colaboraram com Alan e Mary Whanger no livro *Flora of the Shroud of Turin* (1999) — misturaram as afirmações dos Whanger de serem capazes de ver imagens de plantas no Sudário com a análise de pólen de Frei, usando as amostras que Frei coletou em 1973. A principal alegação deles é que conseguiram achar duas plantas que combinavam, a *Gundelia tournefortii* e a *Syrian bean caper*, as quais são encontradas crescendo juntas apenas em Israel e isso, achavam eles, provava que o Sudário estivera alguma vez naquela região. A mais importante é a *Gundelia tournefortii* — um tipo de arbusto espinhento que vem de uma família de plantas (a *Asteraceae*) que inclui o girassol — já que eles afirmavam ter identificado tanto o seu pólen nas amostras de Frei *e* uma imagem de sua flor no próprio Sudário. (O zigofilo — *Zygophyllum dumosum* — foi identificado somente pela suposta imagem de suas folhas no Sudário.)[42]

Os métodos de Danin e Baruch são questionáveis — por exemplo, Danin fez algumas das observações usando binóculos durante a exposição de 1988 (além de examinar ampliações de várias fotografias de Secondo Pia em diante). Como Frei, nenhum dos dois é palinólogo — e, como aconteceu com Frei, especialistas nesse campo duvidam que seja possível fazer o que Danin e Baruch afirmam ter feito.

Vaughn M. Bryant, do Laboratório de Palinologia da Universidade A&M do Texas, com mais de trinta anos de experiência em palinologia, sendo os últimos dez anos na área forense, declarou que os dados deles "não são convincentes" e, como Richard Eyde no caso de Frei, afirma que o exame visual de um grão de pólen sob o microscópio, especialmente quando está fixado numa fita adesiva, é uma forma extremamente precária de identificá-lo como originário de uma espécie específica de planta.[43] Pior ainda, Bryant questiona que seja possível distinguir a *Gundelia tournefortii* das outras 19 mil espécies da família *Asteraceae* através do exame sob microscópio apenas, dizendo:

> Se o pólen da *Gundelia tournefortii* estivesse associado com provas num caso forense, eu não me sentiria muito à vontade para afirmar, sob juramento, que poderia, com segurança, distingui-lo do pólen das outras espécies. Se os autores deste livro novo podem fazer isso e conseguem identificar esse táxon de pólen ao nível de espécie, como afirmam, então deveriam fornecer provas convincentes e uma lista das técnicas e critérios que utilizaram para isso.[44]

O PARADOXO ATORMENTADOR

Outros pesquisadores procuraram características que fossem *diferentes* das convenções artísticas, argumentando que essas é que comprovariam que a imagem do Sudário era genuína. Uma dessas características é a nudez do homem do Sudário e a forma incomum e anormal como suas mãos estão cruzadas. Wilson menciona exemplos para corroborar esse aspecto, como uma ilustração em um manuscrito do final do século XII em Budapeste — conhecido como o Codex Pray — e uma tapeçaria enviada ao papa Celestino II aproximadamente na mesma época: ambas mostram as mãos de Jesus cruzadas como no Sudário e a primeira também o retrata totalmente nu.[45]

O problema com esse argumento é que também existem pinturas mostrando outras pessoas além de Jesus com as mesmas características. Numa igreja em Berze-la-Ville, no sudoeste da França, por exemplo, um mural que data de 1100 mostra São Vicente nu, numa pose exatamente igual àquela no Sudário.[46] Usando a lógica dos sudaristas, isso prova que o homem no Sudário é, na verdade, São Vicente.

O fato de que os que acreditam na autenticidade do Sudário tenham que recorrer a tais minúcias e argumentos absurdos enfatiza o problema essencial. Não existem provas documentais da existência do Sudário, na melhor das hipóteses, antes da década de 1350, mas há referências isoladas — como as de De Clari — a objetos que podem ter sido o Sudário, se exagerarmos os fatos um pouco. Tampouco existem descrições indiscutíveis, por escrito, ou representações visuais de qualquer coisa que possa ser o Sudário de Turim dos nossos dias.

Se o Sudário existiu antes do século XIV, teria sido a maior coisa de todas no que se refere à cristandade, e hoje em dia não teríamos a menor dúvida sobre a sua existência. Mas os seus defensores modernos têm que tatear e raspar em volta procurando migalhas que possam ou não ser relevantes e discriminar, das centenas de milhares de ícones e relíquias cristãs, os poucos que possuam alguma semelhança com a imagem do Sudário.

Por exemplo, um dos itens preferidos de Ian Wilson e outros sudaristas é uma ilustração do Codex Pray que mencionamos anteriormente — de um mosteiro beneditino húngaro na década de 1190 — que mostra o corpo de Jesus sendo preparado para o sepultamento por José de Arimatéia e outros discípulos homens. O corpo é mostrado numa pose semelhante à do homem no Sudário, especialmente as mãos cruzadas. Abaixo dessa cena, com Maria Madalena e as mulheres, está um anjo que segura um pano, supostamente um sudário, no qual o corpo está para ser envolvido. O pano possui três pontos misteriosos, os quais, argumentam Ian Wilson e outros, representam as três "marcas de atiçador", que podem ser vistas no atual Sudário de Turim.[47] Mas como é que aquele ilustrador em particular sabia todos esses detalhes quando ninguém mais parecia saber na época? E por que iria querer insinuar tal conhecimento colocando três pontos no pano? Por que simplesmente não retratar o Sudário como tal e ficar por isso mesmo? Existe um outro problema para os sudaristas: segundo a teoria de Wilson, esta é precisamente a época em que o Sudário supostamente era o Mandylion, dobrado no tamanho de um pano de rosto.

Todas essas provas, especialmente confrontadas com a datação por carbono-14, são mera especulação — em alguns casos alimentadas pelo desespero dos defensores em provar que o pano é autêntico. Nenhuma delas mostra que o pano que chamamos de Sudário de Turim existiu antes da época indicada pela datação por carbono-14 — na realidade, antes da década de 1350.

Talvez houvesse uma série de "Santos Sudários"; o nosso Sudário de Turim sendo apenas mais uma fila... mas qualquer que tenha sido o enredo histórico para o surgimento de uma falsificação (e logo estaremos tocando neste assunto), não há dúvida de que a época era certamente propícia para isso.

Embora não haja nenhum relato anterior de um sudário com uma imagem estampada que tivesse alguma vez sido exibido para peregrinos, já existia uma longa tradição de panos estampados com o rosto de Jesus. Além do Mandylion, houve também a Verônica.

Novamente, embora estranhamente tenha sido omitida do Novo Testamento, a história da sua criação esteve amplamente presente na tradição cristã primitiva e é parte das Estações Católicas da Via-Sacra. Foi dito que no Calvário, quando Jesus caiu sob o peso da cruz, uma mulher piedosa saiu da multidão e enxugou o suor do rosto dele com o seu lenço. Então, viu que o rosto de Jesus estava estampado no lenço. O nome da mulher era Verônica.

Um pano, que se diz ser o mesmo, e que se chama o Véu de Verônica, era mantido em Roma desde, pelo menos, o século XII. Foi visto pouquíssimas vezes em público, mas uma dessas raras ocasiões foi exatamente uns poucos anos antes da primeira aparição do Sudário de Lirey — o Ano Santo de 1350 — quando foi exibido a um público extasiado de peregrinos. Foi o assunto da Europa inteira.

Mas era apenas o rosto de Jesus. Tente imaginar como a cristandade crédula iria reagir diante de um pano com a imagem do corpo todo; uma que o mostrasse crucificado, a ponto de se tornar Deus através da glória final da Ressurreição. Como é que os inescrupulosos e gananciosos poderiam resistir à tamanha tentação? E nós acreditamos que todas as provas apontam para tal fraude — ou uma série delas — sendo perpetrada.

Mas é aí que reside o paradoxo essencial do Sudário. Apoiados somente nas provas históricas, não deveríamos ter a menor hesitação em rejeitá-lo, por ser uma falsificação do século XIV. Mas apoiados somente nas provas científicas — ao menos em sua aparência superficial —, temos que admitir que existe algo realmente estranho e inexplicável a respeito da imagem. Que argumentos sobre o processo de formação da imagem os defensores da autenticidade do Sudário apresentam para justificar as suas crenças? E, se o Sudário não é a mortalha de Jesus, como é que a imagem foi criada?

CAPÍTULO 3

TEORIAS

"O dilema não é o de escolher a partir de uma variedade de mecanismos de transferência, mas sim de que não se propôs nenhum processo tecnologicamente viável que satisfaça a todas as características da imagem existente."

Lawrence Schwalbe e Raymond N. Rogers,
Cientistas do Sturp, 1982[1]

Se o Sudário de Turim é autêntico, como a imagem foi criada? E, inversamente, se é uma falsificação, que processo pode ter sido usado na sua confecção? Essas são perguntas que têm intrigado milhares de pessoas desde que os seus minuciosos detalhes foram revelados em 1898.

Surpreendentemente, porém, poucos sudaristas consideram a imagem literalmente um milagre. É claro, se assim o fosse, todos os esforços empregados nos estudos científicos não teriam sentido, já que, por definição, os milagres estão fora da área de atuação da ciência. Se Deus pode levar qualquer coisa a cabo, simplesmente através de um ato de Vontade Divina, ele facilmente poderia ter feito com que uma imagem de Jesus crucificado aparecesse espontaneamente num pedaço de linho francês medieval, ou lançado a mortalha verdadeira através de uma distorção temporal da Jerusalém do século I à Lirey do século XIV, criando, desse modo, uma ponte sobre 1.300 anos e distorcendo os resultados da datação por carbono-14.

Imagens semelhantes foram relatadas por fiéis através dos anos. A relíquia mais sagrada do catolicismo mexicano é a imagem de Nossa Senhora de Guadalupe. É um pano com a imagem da Virgem Maria, que dizem ter aparecido no manto de um índio que se deparou com ela em 1531 (convenientemente para a Igreja, ela apareceu completa com traços e roupas índias e pediu aos nativos que se convertessem à religião dos seus novos senhores). Embora se saiba que pintaram por cima da imagem original, ainda existe algum mistério sobre a imagem embaixo da tinta (existe, nos Estados Unidos, um projeto de pesquisa da Imagem de Guadalupe). Embora os argumentos estejam fora do escopo deste livro, muitos apontam para esta relíquia como um exemplo claro da impressão miraculosa. E, se pode acontecer no caso deste pano, por que não no caso do Sudário de Turim? Ainda assim, ninguém sentiu necessidade de seguir o rastro desse item em particular até a vida terrena da Virgem Maria.

Parte da atração que o Sudário exerce sobre os crentes é que ele é, aparentemente, algo entre um objeto miraculoso e mundano, uma lembrança deixada por Jesus que agora está aberta ao escrutínio do século XXI. Mais de um escritor sugeriu que isso é proposital, um enigma criado por Deus para levar a era ateísta da ciência de volta ao caminho certo. Por que, perguntam eles, o Sudário revelaria características que só poderiam ser observadas na nossa era tecnológica, quando a fotografia e a análise de imagens por computador estivessem disponíveis? Um importante pesquisador, enquanto defendia uma abordagem estritamente científica do enigma, declarou até mesmo que o Sudário tinha sido protegido pelo Divino durante a sua longa vida com apenas esse propósito.[2]

Rotular o Sudário de "milagre" é talvez uma garantia contra falhas — ou apenas uma desculpa — para aqueles que desejam ignorar a datação por carbono-14, mas aqueles que se dedicam à sua investigação e a defender as leis da ciência não ficarão satisfeitos com uma saída fácil.

IMAGENS PARANORMAIS

Alguns vêem a origem da imagem no Sudário como paranormal, em vez de miraculosa. Eles sugerem que não são as forças divinas, mas sim as sobrenaturais, que podem estar em atividade. O parapsicólogo mexicano César Tort levantou a possibilidade de que a imagem seja uma "fotografia mental". Existem provas — controversas, mas não facilmente rejeitadas — de que alguns médiuns conseguem criar imagens reconhecíveis em filme apenas com o poder do pensamento. O caso mais famoso é o de Ted Serios, um mensageiro de hotel alcoólatra de Chicago, cujas habilidades foram estudadas intensamente em meados dos anos 1960 pelo eminente pesquisador Jule Eisenbud. Se existir, a habilidade da mente de afetar os produtos químicos sensíveis do filme fotográfico seria, aparentemente, uma variante natural da psicocinese — a alteração do estado de um objeto físico pela influência mental apenas — como demonstrada mais popularmente por Uri Geller.[3]

Tort aponta para um fenômeno semelhante, o de imagens aparecendo espontaneamente nas paredes e assoalhos de prédios. Ele menciona um caso bem documentado dos anos 1920, quando a imagem do falecido Dean John Liddell apareceu numa parede da catedral de Oxford. Essas imagens são geralmente de pessoas de santidade especial, mas nem sempre. Num caso em Bélmez de la Moraleda, na Espanha, que foi investigado pelo professor parapsicólogo Hans Bender, antigo mentor de Elmar Gruber, co-autor de *A conspiração Jesus*, rostos maliciosos, demoníacos, apareciam regularmente nas paredes e assoalhos de uma casa há mais de vinte anos.

O ponto de partida de César Tort foi o paradoxo entre as provas históricas e científicas que já mencionamos: a imagem no Sudário é mais consistente com uma crucificação verdadeira (e por isso, para a maioria das pessoas, com o primeiro século) do que com uma falsificação artística medieval, mas a datação pelo carbono-14 e a história documentada demonstram que é medieval. Como é que, perguntou Tort, um pano do século XIV podia mostrar uma imagem do primeiro século? Então, ele especulou que era uma fotografia mental projetada sobre o pano pelas mentes coletivas de peregrinos que vieram meditar junto a um pano (então liso) que acreditavam ter envolvido o seu Senhor ressuscitado.

Tort admitiu a objeção principal a essa possibilidade: mesmo se suspendêssemos a descrença a respeito da existência da "fotografia da mente", esperaríamos que a fotografia se ajustasse às crenças e expectativas daqueles que, inconscientemente, a criaram. Para a mente medieval, haveria pregos nas palmas das mãos (não nos pulsos), Jesus pareceria mais jovem e certamente não estaria nu como neste caso. Para explicar isso, Tort teve que invocar um outro fenômeno paranormal — a retrocognição — no qual o passado pode ser fisicamente percebido.

Os prós e contras desses fenômenos estão fora do escopo deste livro, mas no caso da hipótese de Tort, basta dizer que ninguém nunca relatou nenhum dos dois efeitos atuando na escala necessária para fazer a imagem no Sudário, e o uso das duas incógnitas — a fotografia mental e a retrocognição — é simplesmente levar a credulidade longe demais. Nenhum dos dois explica por que uma imagem negativa foi projetada, ou por que as manchas de sangue são tão diferentes do resto da imagem. É uma tentativa caracterizada pela audácia e mente aberta de reconciliar os elementos contraditórios do Sudário, mas acaba criando mais perguntas que respostas.

FOGO DO CÉU

Uma das teorias preferidas dos sudaristas científicos é que a imagem não é um milagre em si, mas que é o subproduto de um — a Ressurreição. Essa é a teoria do "clarão nuclear", defendida pelo co-fundador do Sturp, John Jackson (um físico da Força Aérea norte-americana), e adotada entusiasticamente por muitos outros.[4] Eles sugeriram que, como a imagem aparenta ter sido estampada pelo fogo, foi causada, numa fração de segundo, por uma emissão de intensa energia radioativa vinda do corpo de Jesus durante o seu processo de regeneração. Desde a datação por carbono-14, os defensores da autenticidade se entregaram entusiasmados a essa teoria: eles afirmam que, se o Sudário tivesse sido exposto a uma explosão radioativa, a quantidade de carbono-14 radioativo teria aumentado e o Sudário iria parecer muito mais jovem do que realmente é.

Nós ouvimos variações dessa teoria de quase todo sudarista com que falamos — e parece loucura. Achamos assombroso essa teoria ser levada adiante por um físico formado e apoiada por outros cientistas, já que deveria ser óbvio para qualquer um, com até mesmo o conhecimento mais elementar da natureza da radiação, que essa hipótese viola as mesmas leis da física que invoca.

Para que a teoria do "clarão nuclear" seja válida, a energia liberada teria que ser tão grande que teria destruído não só o próprio pano, mas também grande parte de Jerusalém. Mas mesmo se aceitarmos, em nome do debate, que o fenômeno foi, de alguma forma, controlado pela vontade divina, ainda existem objeções fundamentais a serem consideradas.

Tal processo nunca poderia ter estampado o tipo de imagem que vemos no Sudário de Turim. Toda radiação — nuclear, termal ou eletromagnética (que inclui a luz) — se espalha a partir da fonte em todas as direções e, portanto, teria chamuscado todas as partes do pano igualmente. Mesmo se o pano estivesse em contato direto com o corpo, o melhor que se poderia esperar era uma silhueta humana queimada, sem feições e de igual intensidade — com certeza não a imagem detalhada e reconhecível do Sudário. Se o pano estivesse depositado solto sobre o corpo, deveríamos ser capazes de ver os lados e o alto da cabeça. Mas eles não estão lá.

É como segurar uma chapa de filme fotográfico a poucos centímetros de uma lâmpada e esperar ver uma imagem da própria lâmpada quando o filme for revelado: tudo o que veríamos seria uma névoa onde a luz atingiu uniformemente o filme. A luz que emana de qualquer fonte é conhecida como incoerente, com os raios se espalhando igualmente a partir do ponto de origem. Sem algum mecanismo para transformá-la em luz coerente — na qual os raios passam a viajar na mesma direção, em direção a um ponto específico — não se consegue capturar nenhuma imagem. Podemos ver a lâmpada porque o olho tem esse mecanismo, a sua lente; assim como a máquina fotográfica. Essas leis se aplicam a qualquer tipo de radiação.

Para produzir a imagem no Sudário, a radiação teria que ter viajado diretamente para cima, perpendicularmente ao corpo, e também diretamente para baixo para produzir a imagem de trás; e em nenhuma outra direção. Isso infringe as leis da física. Mas, mesmo se a radiação se comportasse dessa forma, nunca poderia ter reproduzido com detalhes tão minuciosos o homem do Sudário. A radiação só consegue fazer uma imagem se for bloqueada por alguma coisa, criando assim uma sombra. Tipos diferentes de radiação são bloqueados por materiais diferentes; a luz visível não passa através do corpo humano, enquanto que os raios X passam através da pele e órgãos internos, mas não através do osso. Se a teoria do "flash nuclear" estivesse certa, deveríamos estar vendo o mesmo efeito que um raio X — um esqueleto — não um corpo externo detalhado. Os defensores desse ponto de vista propuseram que os dedos parecem ser os de um esqueleto, mas, nesse caso, por que será que o resto do corpo tem uma aparência natural? Pode-se argumentar que as mãos têm aquele aspecto devido à descamação — a drenagem de sangue das mãos durante o processo de crucificação.

Alguns livros sobre o Sudário reproduzem imagens criadas como conseqüência da explosão da bomba atômica em Hiroshima — por exemplo, a "sombra" da torneira de uma válvula manual delineada na parede de um tanque de gás próximo — e tentam traçar um paralelo com a imagem do Sudário.[5] Na verdade, não existe semelhança alguma entre as duas coisas. Essas imagens são literalmente sombras — a torneira se encontrava entre a fonte da radiação e a parede, bloqueando ou alterando a sua passagem. No caso do Sudário, a teoria é que a fonte de radiação estava dentro do corpo. Estão querendo que acreditemos que foi bloqueada apenas pela pele e cabelo, os quais então reproduziu fielmente.

A única forma pela qual uma imagem reconhecível pode resultar de um corpo tridimensional, usando qualquer forma de radiação, é se a radiação for refletida por sua superfície, não irradiando através dela. A fonte teria que estar do lado de fora do corpo. Veja este exemplo: imagine que você fez um modelo de vidro da cabeça humana com uma lâmpada luminosa no centro. Ligue a luz e o que você vê? Somente a forma luminosa da cabeça: não seria possível distinguir as feições. Agora imagine um busto sólido iluminado por uma fonte externa, refletindo a luz. Tudo nele seria claramente visível. Mesmo assim, só conseguimos distinguir o busto porque os nossos olhos estão focalizando os raios de luz; um pano revestido de substâncias químicas sensíveis à luz e suspenso em frente ao busto nunca capturaria a imagem.

Além disso — como mostrou Peter Freeland, membro da BSTS —, o processo teria queimado, ou ao menos caramelizado, qualquer sangue no pano.

Finalmente, no último trabalho que escreveu antes de sua morte, em março de 2005, Raymond Rogers, do Sturp, jogou ainda mais água fria na teoria da radiação. A sua rejeição era baseada nos testes em fibras coletadas do pano, que não mostravam nenhum dos efeitos que tamanha explosão de radiação deveria ter causado na estrutura e componentes da fibra.[6]

Então, a popular teoria do "clarão nuclear" é a menos sustentável de todas e mereceria até menos atenção que a hipótese da fotografia mental de César Tort, não fosse pelo fato de que continua sendo levada a sério nos círculos sudaristas: por exemplo, um trabalho foi apresentado sobre o assunto no Simpósio de Roma em 1993. Muitos sudaristas não-cientistas a aceitam como a explicação mais provável, ou, ao menos, como uma séria candidata. Mas os cientistas sudaristas também tendem a se apegar a essa teoria, o que certamente revela muito mais sobre o seu desespero do que sobre a fé na ciência. A teoria está tão cheia de furos quanto o Sudário teria ficado se tivesse sido exposto a tal processo.

Sangue e suor

Existe uma segunda categoria de teorias para explicar a formação da imagem: processos naturais raros, reações químicas entre o corpo de Jesus e o pano do Sudário.

A primeira dessas idéias foi a teoria "vaporigráfica" de Paul Vignon, apresentada nos primeiros anos do século XX. Ele especulou que o pano estava impregnado com óleos aromáticos que continham mirra e aloé, os quais reagiram com o gás amônia expelido pelo corpo. (Os corpos de pessoas que morrem depois de tortura prolongada ficam cobertos de suor com um teor alto, incomum, de uréia, na qual a amônia é abundante.) Vignon realizou algumas experiências com essas substâncias e, depois de várias tentativas e erros, conseguiu produzir manchas vagamente parecidas com as do Sudário, mas nada nem próximo dos detalhes da imagem verdadeira.

Recentemente, Elmar Gruber e Holger Kersten voltaram a essa hipótese e, em suas experiências, descritas em seu livro *A conspiração Jesus*, eles aplicaram calor concentrado ao corpo de Kersten, que depois foi embebido numa mistura de aloé e mirra. Fizeram isso para testar a sua idéia de que Jesus ainda estava vivo quando o envolveram no Sudário. Eles conseguiram obter imagens, mas tiveram que admitir, por causa da distorção resultante, que "não era possível que a imagem original tivesse sido formada desse modo". Apesar do fracasso do experimento, eles ainda acreditam que algum processo semelhante deve ter sido responsável pela formação da imagem no Sudário de Turim.

Desde as experiências de Vignon, foram sugeridos muitos outros agentes que pudessem causar tal reação, incluindo um extrato da erva-saboeira (*Saponaria officinalis L.*) usada na limpeza de tecidos nos tempos romanos, um extrato do terebinto (*Pistacia terebinthus*), semelhante à terebintina e até sal comum. Felizmente, não é necessário discutir todas elas individualmente, já que todas têm uma falha comum.

Qualquer reação química teria atravessado o pano quando o vapor se infiltrou, enquanto que a imagem do Sudário só existe num lado. (Ninguém sabia disso na época de Vignon.) E, para produzir uma imagem com uma gradação de tons tão perfeita, o gás teria tido que viajar em linhas paralelas e diminuir em densidade quanto mais se afastasse do corpo. Gases não se comportam assim: difundem-se em todas as direções. O melhor que conseguiríamos ver seria a silhueta de um homem, com um tom uniforme.

Para lidar com alguns desses problemas, Rodney Hoare propôs o que chamou de "correção termográfica". Como já vimos, essa idéia também foi a base da hipótese de Gruber e Kersten. Observando que todas as reações químicas precisam de alguma intensidade de calor, ele argumentou que talvez Jesus, na verdade, estivesse vivo na sepultura e mais quente que o ambiente onde se encontrava: a partir daí ele veio com a idéia de que a Ressurreição era, na verdade, simplesmente, sair do estado de coma, o que o levou a propor idéias extraordinárias sobre a "mensagem" do Sudário.[7]

Hoare argumenta que, se o corpo estivesse quente, a parte interna do pano estaria mais quente que a externa, o que explicaria o porquê de só um lado estar escurecido. O tecido mais próximo da pele estaria mais quente do que aquele mais afastado, daí a gradação de tons da imagem. Ambos os argumentos, entretanto, não conseguem ser convincentes: a queda na temperatura teria que ter sido, mais uma vez — por uma coincidência espantosa —, ideal, para produzir a forma humana reconhecível. A imagem das costas também apresenta um problema. Se as costas do homem estivessem pressionadas contra o pano, isso teria segurado o calor, ou, pelo menos, pressionado o pano para mais perto do corpo, fazendo com que a imagem das costas ficasse visivelmente mais escura que a da frente. Mesmo assim, tanto a imagem das costas como a da frente têm a mesma densidade. Críticos também mostraram que, se o homem estivesse vivo, o pano ao redor do nariz e da boca teria ficado distorcido — e, da mesma maneira, a imagem — onde tivesse sido aspirado enquanto ele respirava.

Uma objeção grave, que se aplica a todas as teorias químicas, foi levantada pelo Sturp. Se a imagem é composta de subprodutos da reação original, deveria (como acontece com os pigmentos) ter mudado de cor próximo às áreas que foram queimadas no incêndio de 1532. (O Sturp também fez uma busca específica dos subprodutos químicos anunciados pela teoria de Vignon e não teve êxito.)

Qualquer processo envolvendo vapor saindo do corpo dependeria de fatores como a textura do corpo em qualquer lugar deste. Por exemplo, pela teoria de Vignon, o corpo inteiro teria que estar encharcado uniformemente em suor impregnado de uréia; de outro modo, a intensidade da imagem iria variar. A pele até poderia estar, mas os pêlos da barba e o cabelo não perspiram — e mesmo se estivessem embebidos em suor, ainda assim teriam ficado no caminho. O vapor também poderia emanar do cabelo e da pele em diferentes quantidades, então as imagens do rosto e da barba deveriam ser muito diferentes uma da outra. Mas não são.

As teorias do vapor químico também não conseguem explicar a falta de distorção da imagem. Tentativas para reproduzir a imagem colocando um pano sobre um modelo coberto com tinta resultaram em uma imagem distorcida e nada realista quando o pano era então colocado sobre superfície lisa. O mesmo aconteceria a uma imagem criada por qualquer reação química.

Nenhuma dessas teorias explica a presença do sangue. Se é sangue mesmo, deve ter passado para o pano através do contato com ele; no entanto, sabemos que a imagem do corpo foi, ao menos em parte, o resultado de ação a uma certa distância. (Este ponto altamente importante será discutido detalhadamente adiante.) Então, um segundo processo, igualmente raro, teria que ser invocado, e as chances de que dois fenômenos assim ocorram juntos são mínimas. Nesse ponto os defensores da autenticidade do Sudário costumam dizer: "Mas é de Jesus que estamos falando — podia ter acontecido qualquer coisa." Talvez seja verdade, mas então eles não têm o direito de citar leis científicas conhecidas como provas. Não se pode ter as duas coisas.

Um caso mencionado para corroborar a teoria do "processo natural" apareceu em 1986, em um hospício em Thornton, Lancashire, no Reino Unido. Cinco anos antes, um paciente identificado apenas como "Les" morreu lá de câncer do pâncreas. Quando removeram os lençóis de sua cama, as enfermeiras encontraram uma mancha no colchão, que formava o contorno claro das costas do corpo do infeliz: ombros, costas, nádegas e parte superior das pernas, e, o mais assombroso, o braço e a mão esquerdos sobre os quais ele estava deitado. Uma imagem tênue, distorcida, de parte do seu rosto também podia ser vista. Surpreendentemente, a imagem se formara no colchão atravessando o pijama do paciente e o lençol da cama (que foram queimados, como era usual, antes da descoberta da imagem; entretanto, a coberta estampada do colchão foi mantida). Embora o caso tenha ocorrido cinco anos antes de ter sido trazido à atenção de peritos médicos e forenses, o professor James Cameron, do

Hospital de Londres, que estudara os detalhes médicos da imagem do Sudário, conseguiu provar que a imagem se devia à ação de enzimas presentes nos fluidos alcalinos. Por causa da condição do pâncreas do paciente, elas entraram em sua urina e, devido à sua incontinência, se acumularam nos vãos criados pelo seu corpo.[8]

O caso motivou um rebuliço no mundo do Sudário, mas, na verdade, os paralelos entre esse caso e o da relíquia eram apenas superficiais. A imagem de Les era claramente feita por contato, e foi distorcida pelo peso do seu corpo no colchão. A diferença entre as duas imagens é a que existe entre um rosto olhando por uma janela para você a poucos metros de distância e um espremido contra o vidro.

Se os dois casos fossem o mesmo fenômeno, as costas da imagem do Sudário deveriam, ao menos, exibir provas semelhantes de contato. Mas não exibem. A imagem de Thornton mostra apenas o contorno e as cavidades do corpo onde o líquido se acumulou, enquanto que o Sudário mostra todas as áreas igualmente. Se a imagem no Sudário fosse causada por ação enzimática parecida, o fluido teria que ter atravessado o vão entre o corpo e o pano, onde ele não estava de fato em contato com a carne do homem.

As duas imagens nem mesmo se parecem e não é possível aplicar a teoria enzimática ao Sudário. O caso, é claro, demonstra que os fluidos corpóreos humanos podem criar imagens que não saem com lavagem — no caso Thornton, nem com alvejante conseguiram remover a imagem.

Um outro paralelo intrigante, desta vez vindo do mundo das plantas, é o do "efeito Volckringer". Ele foi descrito em 1942 por Jean Volckringer, um químico que, como Pierre Barbet, também trabalhava no Hospital São José em Paris. Ele descobriu que, quando plantas são mantidas prensadas entre folhas de papel em coleções botânicas, às vezes, aparecem imagens negativas nas folhas com as quais as plantas mantêm contato direto, ocasionalmente até mesmo no papel embaixo dessas folhas. Como a imagem no Sudário, elas são negativos em tom sépia e mostram partes da planta que não estão em contato direto com o papel. Elas podem levar anos — às vezes até mesmo décadas — para aparecer, ainda assim, as imagens têm que ter sido "capturadas" o mais cedo possível, já que elas mostram o exemplar do jeito que era quando foi colocado entre as folhas, mesmo tendo murchado depois. O efeito também acontece sem exposição à luz.

A causa do efeito Volckringer permanece desconhecida, como também a sua relação com a imagem no Sudário. Certamente, ele representa o único paralelo encontrado na natureza e, assim mesmo, em uma escala muito menor e não envolvendo tecido humano, mas sim vegetal. A "ação a distância" nesse caso também envolve distâncias bem menores, e plantas prensadas são, é claro, muito mais planas que o corpo humano, assim ajudando a criar uma imagem sem distorções. É difícil entender como a imagem no Sudário poderia ser criada pelo mesmo processo. E, embora o tempo que as imagens de Volckringer levam para surgir possa explicar por que não houve menção nos Evangelhos de nenhuma imagem na mortalha vazia, também não fornece nenhum motivo para que o pano tenha sido guardado e tratado como um tesouro em primeiro lugar — especialmente pelos judeus, que consideravam as mortalhas tão sujas ao ponto de não tocá-las.

Esse fenômeno inspirou um trabalho original do Dr. Allan Mills, presidente honorário da BSTS, professor de Ciência Planetária na Universidade de Leicester. Ele sugeriu que as imagens de Volckringer se deviam ao efeito dos radicais livres, átomos instáveis que são liberados por algumas substâncias e os quais, depois de vagarem soltos durante um breve período de tempo, juntam-se com outras moléculas, causando uma reação. Ele acha que as plantas liberam radicais livres e estes reagem com a lignina, um polímero presente em plantas e produtos de origem vegetal, como o papel. As suas experiências demonstraram que a lignina era especialmente sensível aos efeitos dos radicais livres. E como também está presente no linho, ele propôs que a imagem no Sudário foi causada pelo que ele chama de Polimerização Catalisada de Radicais Livres — correntes estáveis de ar quente erguendo-se do corpo que carregam consigo radicais livres, que então permeiam o pano. (Ele discorda com Hoare sobre o calor necessariamente indicando vida; sugere que o calor de um corpo vivo produziria correntes que são turbulentas demais para criar uma imagem nítida.)

Contudo, quando Mills deu uma palestra sobre esse efeito na BSTS, em outubro de 1991, admitiu que sua teoria não podia explicar a imagem das costas. E, ao discutir outro aspecto de sua pesquisa, também disse: "Eu interrompi a experiência quando percebi que não ia dar certo numa sepultura." Já que um número crescente de pessoas sugere um estúdio de algum tipo como sendo o local de origem do Sudário de Turim, para que o seu trabalho tivesse um mínimo de validade, Mills deveria, ao menos, ter considerado essa possibilidade.

Todos os problemas discutidos anteriormente provam que, sozinho, nenhum processo químico conhecido poderia criar a imagem do Sudário, ao menos sem exigir condições altamente controladas e/ou coincidentes. Então, ficamos com apenas uma categoria possível de explicação: falsificação. Mas, mesmo isso, é quase tão problemático. Mesmo colocando de lado os argumentos estilísticos discutidos no Capítulo 1 — o realismo não-medieval, a excelência anatômica, o efeito de negativo etc. — ainda existem enormes dificuldades.

A ARTE DA FALSIFICAÇÃO

A maioria dos experimentos conduzidos pela equipe do Sturp foi projetada para detectar pigmentos artificiais — tintas ou pigmentos — na imagem. Os resultados foram negativos, exceto sob o ponto de vista de um dos membros da equipe, o Dr. Walter McCrone. Ele angariou muita publicidade nos meses após os exames do Sudário quando declarou que não somente identificara a tinta que formou a imagem, mas que também decifrara o método usado pelo falsificador. (A qualificação aqui usada, "que formou a imagem", é importante: é inquestionável que existem vestígios microscópicos de pigmento no Sudário. Sabe-se que ele teve contato com cópias pintadas, que eram freqüentemente estendidas sobre ele para que as "santificasse".)

Walter McCrone era um microanalista de sua própria empresa de pesquisa, a Walter C. McCrone Associates Inc., sediada em Chicago. O seu método de identificar substâncias era estudá-las sob alta ampliação e, às vezes, complementar os estudos com testes químicos. Ele fez trabalho forense em muitos casos criminais, e comerciantes de artes o consultavam a respeito da autenticidade de seus *objetos*. McCrone, uma pessoa de personalidade independente, até mesmo áspera, parecia gostar de controvérsias e publicidade.

O caso que estabeleceu a sua reputação internacional e o trouxe à atenção do mundo do Sudário foi quando desmascarou a fraude do "Mapa de Vinlândia". Em Barcelona, em 1957, um comerciante norte-americano de livros antigos encontrou um mapa, aparentemente datado do século XV e copiado de um mapa viking anterior, que mostrava partes da América do Norte. Durante anos, houve especulações de que duas sagas nórdicas do século X, que contavam a respeito do descobrimento e colonização de uma terra desconhecida a oeste, estavam de fato descrevendo a América. Isso significava que os vikings tinham vencido Colombo em mais de quinhentos anos — e esta descoberta em Barcelona parecia comprovar isso afinal. À primeira vista, o mapa parecia genuíno: os seus furos de cupim combinavam com os de dois livros provenientes do século XV, indicando que algum dia o mapa estivera entre os dois (prática comum naquela época).

A Universidade de Yale comprou o mapa em 1965, mas, depois que alguns historiadores expressaram dúvidas sobre a sua autenticidade, eles resolveram envolver Walter McCrone. Ele retirou partículas da tinta e as examinou sob um microscópio eletrônico. As suas conclusões, anunciadas em 1974, eram que a tinta continha uma substância — anatase (dióxido de titânio) — que só foi inventada na década de 1920. O mapa, portanto, era uma falsificação.[9] O caso deu a McCrone publicidade internacional e foi isso que levou Ian Wilson a abordá-lo quanto à possibilidade de empregar suas técnicas no Sudário.

Ironicamente, há pouco tempo, levantaram-se dúvidas graves a respeito do seu desmascaramento do Mapa de Vinlândia.[10] Em 1987, físicos da Universidade da Califórnia examinaram o mapa usando uma técnica comprovada para analisar substâncias químicas, a Emissão de Raios X Induzida por Partículas, e descobriram que a tinta continha apenas quantidades mínimas de titânio — mais de mil vezes menos do que McCrone declarara —, geralmente encontrado na tinta medieval. Enfim, parece que o Mapa de Vinlândia é mesmo genuíno, mas (talvez previsivelmente) o achado foi quase que completamente ignorado pelo mundo arqueológico, embora, antes das declarações de McCrone, descobertas arqueológicas na Terra Nova comprovassem que os vikings realmente descobriram o Novo Mundo.

Esse caso é interessante pela visão que oferece do caráter de McCrone. Ele considerou errados os resultados dos cientistas da Universidade da Califórnia. Contrariamente à suposta imparcialidade científica, ele pareceu considerar os achados deles um ataque pessoal e escreveu à equipe californiana que o trabalho deles era "o primeiro tiro numa declaração de guerra".[11]

Apesar da sua especialização, o interesse de McCrone no Sudário centrou-se inicialmente na possibilidade da datação por carbono-14, e foi com essa finalidade que primeiro começou a trabalhar com o Sturp. Contudo, em 1977, ele abordou independentemente o rei Umberto II, para tentar conseguir autorização para os testes, o que efetivamente contrariou tanto os guardiões na Catedral de Turim como o próprio Sturp — e, como resultado, ele foi afastado quando os testes foram realizados.[12]

Depois dos testes realizados pelo Sturp, em 1978, ele teve acesso às amostras de fios que foram levadas aos Estados Unidos, examinando-as primeiramente com um microscópio convencional, antes de empregar o bem mais potente microscópio eletrônico. As suas conclusões foram extremamente provocativas e profundamente desagradáveis aos defensores da autenticidade: ele afirmou que tinha encontrado um pigmento artificial — tinta — nos fios tirados do Sudário. E, como esperado, embora seu trabalho fosse questionado por toda a equipe do Sturp e pelos cientistas italianos presentes nos testes, ele angariou mais publicidade que todos eles juntos.[13]

As suas conclusões finais foram de que as amostras continham um pigmento conhecido como Vermelho Veneziano, feito triturando-se óxido de ferro até se tornar pó. Ele afirmou que o pigmento sozinho era responsável pela imagem no Sudário. O pigmento triturado teria sido misturado com um meio líquido para aplicação; os seus testes químicos revelaram a presença de uma proteína, o colágeno, que ele deduziu ser o tal meio. Para reforçar essas observações, ele conseguiu que um artista, Walter Sanford, reproduzisse o rosto do Sudário usando os mesmos materiais, com resultados razoavelmente bons, embora nada próximos da qualidade do trabalho original. Mas os achados de McCrone foram bons o bastante para convencer David Sox, na época secretário-geral da BSTS — e até aquele momento um defensor da autenticidade do Sudário —, de que a imagem era pintada. Como resultado de sua súbita conversão ao lado que negava a autenticidade, Sox deixou a BSTS, nas palavras de Ian Wilson, "no meio de um frenesi de publicidade".[14] Mas, como estávamos para descobrir por nós mesmos, Sox não foi o primeiro nem o último a cair em desgraça daquela organização supostamente neutra.

A disputa entre McCrone e o resto do Sturp levanta duas perguntas: a origem das partículas de óxido de ferro nos fios e se elas foram ou não responsáveis pela criação da imagem.[15]

Óxido de ferro — ferrugem comum — é uma das substâncias mais comuns na terra. Está presente na poeira, então, não é surpresa que tenha sido achado no Sudário. Mas desde a antiguidade pintores o transformam em pó, utilizando-o como pigmento; a opinião de McCrone era de que as partículas tinham a forma e o tamanho que indicavam terem sido trituradas e estarem presentes numa concentração grande demais para uma contaminação acidental.

Não foi a presença do óxido de ferro contestada pelos cientistas do Sturp (especialmente o biofísico John Heller e o químico Alan Adler), mas a crença de McCrone de que este material criara a imagem, que levou à divergência entre eles. Então eles o testaram sem recorrer ao microscópio para ver se estava presente em quantidade suficiente para explicar a imagem. A análise por fluorescência de raios X, durante os testes em 1978, revelou traços de ferro, mas não havia uma diferença detectável, em termos de densidade, entre as áreas com ou sem imagem — embora houvesse mais nas manchas de sangue.[16]

Sugeriram-se várias possibilidades para explicar o óxido de ferro; podia ter vindo do sangue, espalhando-se pelo pano por causa dos anos sendo dobrado e desdobrado. Por outro lado, poderia ser um subproduto da própria manufatura de linho (provavelmente a explicação mais plausível),[17] ou poderia ter sido causado pela contaminação atmosférica. Em vista dessas objeções, o Sturp se recusou a incluir os dois trabalhos de McCrone no seu relatório final. A seletividade deles levanta algumas questões interessantes a respeito da própria posição da equipe.

Os testes que McCrone usara para detectar a proteína foram criticados com base no fato de que eles produzem resultados falso-positivos quando empregados em celulose, um componente do linho. Testes alternativos foram tentados por Adler. Eles não conseguiram achar proteína na área da imagem do corpo; embora, novamente, a tenham encontrado nas áreas do sangue.[18]

Muitas críticas severas foram dirigidas ao método e às conclusões de McCrone. Cinicamente, alguns apontaram que, de todos os membros da equipe do Sturp, ele foi o único que se beneficiou financeiramente com os testes — devido à publicidade despertada para a sua empresa de pesquisas. Outros observaram que seus trabalhos foram publicados somente em sua própria revista científica, *The Microscope*, enquanto outros membros do Sturp resolveram publicar os seus em periódicos independentes, sob o escrutínio de outros cientistas, satisfazendo assim um critério importante da respeitabilidade científica: todos os trabalhos têm que ser examinados, e os resultados, confirmados por um painel de especialistas antes de serem aceitos para publicação. McCrone disse que publicou em sua própria revista apenas para garantir a necessária alta qualidade das reproduções coloridas de suas microfotografias.

De todas as pessoas, temos que admitir um pouco de solidariedade por McCrone. Mesmo antes que suas descobertas estivessem completas, ele teve que enfrentar uma série de críticas dos cientistas italianos que só faltaram insultá-lo.[19] Mesmo assim, temos que admitir que seu trabalho está aberto a um sério questionamento. Para começar, McCrone apresentou cifras mostrando o número de partículas de óxido de ferro presentes nas áreas da imagem em contraste com o número das partículas nas áreas sem imagem.[20] Elas pareciam indicar que havia muito mais óxido de ferro na imagem que no resto do pano, corroborando a idéia de que isso era resultado da falsificação da imagem.

Contudo, ele não fez distinção entre as partículas provenientes da imagem do corpo e as provenientes do sangue, tendo concluído que a diferença se devia simplesmente à quantidade de pigmento empregado. Ainda assim, é simplificar demais: o sangue tem muitas outras características diferentes, a maioria das quais não pode ser explicada desse modo.

Quando John Heller mostrou que o número de partículas de óxido de ferro mencionadas por McCrone, mesmo na área da imagem, era tão baixo que uma imagem feita por elas seria tênue demais para ser vista, a resposta de McCrone foi que, naquele caso, "deve haver mais".[21] Ian Wilson também questionou os dados publicados por McCrone, afirmando que eles pareciam contradizer as próprias conclusões deste último, ao dizer que havia menos óxido de ferro nos fios da imagem do sangue do que nos da imagem do corpo. McCrone admitiu que os números apontados como precisos de partículas que ele fornecera anteriormente eram, na verdade, estimativas.[22]

A conclusão mais sensata é a de que McCrone estava errado. De qualquer forma, existem argumentos válidos e lógicos contra o Sudário ser uma pintura. Por exemplo, o incêndio de 1532 teria feito pequenas rachaduras na pintura e o encharcamento subseqüente ao qual o pano foi submetido teria causado danos que poderiam ser comparados aos danos em outras pinturas. O tempo mostrou que a imagem, diferentemente de qualquer pintura conhecida, não foi modificada nem pelo fogo nem pela água.

Depois de McCrone, a principal figura a defender a idéia de o Sudário ser uma pintura, é o norte-americano Joe Nickell. Ele é detetive particular e membro do Comitê para a Investigação Científica de Alegações do Paranormal — Committee for the Scientific Investigation of Claims of the Paranormal (CSICOP) —, um grupo científico que pressiona e faz campanha contra a crença em qualquer forma de fenômenos paranormais. Em 1983, ele publicou o livro *Inquest on the Shroud of Turin* (revisado em 1987), no qual propôs seu próprio método para reproduzir a imagem do Sudário.[23]

Nickell mergulhou um pano em água quente e depois o pressionou contra um baixo-relevo. Quando seco, o pano estava ajustado firmemente sobre os contornos do baixo-relevo. Ele então esfregou o pano com pigmento em pó do tipo sugerido por McCrone (embora antes de ter lido sobre a hipótese de McCrone ele tenha tentado mirra em pó e aloés). Ele disse que o resultado é uma imagem que parece muito com a do homem no Sudário. Teve um efeito de negativo parecido, mas não parecia tridimensional.

É preciso que se diga que os resultados de Nickell — como aqueles de Walter Sanford sob a direção de McCrone —, embora mais reconhecíveis em negativo, não são nem de perto tão impressionantes como o Sudário, apesar de ambas as tentativas terem sido levadas a cabo por pintores dos nossos tempos, tentando, deliberadamente, criar uma imagem negativa. Embora estivessem bem mais familiarizados com negativos que qualquer pintor medieval, o hipotético falsificador conseguiu superá-los.

A sugestão de Nickell é criticada por ser muito complexa para qualquer suposto pintor medieval e por não ter nenhum paralelo com a arte da época. César Tort também argumenta que Nickell cita o trabalho de McCrone para corroborar o seu. Na verdade, afora a ligação com o pigmento de óxido de ferro, o método McCrone é totalmente incompatível com o de Nickell — McCrone acreditava que tinha encontrado provas de que o pigmento tivesse sido aplicado ao pano na forma de pintura *líquida*.[24]

Embora eles reproduzam algumas das características da imagem no Sudário, nem o método de McCrone nem o de Nickell — nem de qualquer outra técnica sugerida — são satisfatórios, e os dois pesquisadores são forçados a negar ou fazer pouco da importância de alguns aspectos do Sudário, como o efeito de negativo.

Além da pintura, outras técnicas foram sugeridas. Uma idéia é que o efeito de queimado tenha sido criado aquecendo-se uma estátua de tamanho natural e envolvendo-a com o pano. Mas o resultado final é, novamente, uma imagem distorcida e inchada. Outros sugeriram que a imagem era resultado do uso de técnica de impressão manual, empregando cor de barro e amarelo ocre, ou que foi desenhada com giz vermelho. Nenhuma delas funciona — embora as duas últimas não evoquem técnicas medievais, mas da Renascença.

Para sermos justos, achamos que os defensores da autenticidade do Sudário (que têm a maioria da literatura sudarista ao seu lado) sempre foram muito apressados em rejeitar tais idéias. Por exemplo, uma vez sugeriu-se que o efeito de queimado se devesse a algo como "tinta invisível" — suco de limão ou algo parecido —, que parece claro quando aplicado, mas escurece quando aquecido. Essa teoria foi rejeitada por um motivo lógico: por ser impossível pintar uma imagem tão grande e detalhada com tinta invisível. A sugestão de que algumas das características podiam ser explicadas por algum tipo de técnica de impressão utilizando-se um molde foi rejeitada pois o Sturp tinha especificamente procurado tintas, mas não encontrara nenhuma.

No entanto, ninguém (que saibamos) nunca colocou essas duas idéias juntas e percebeu que se pode imprimir com tinta invisível. Não que achemos que esse foi o método usado pelo criador do Sudário — mesmo que, como veremos, a idéia da tinta invisível tenha o seu mérito; mas só mostra como deveríamos ser cautelosos quanto a aceitarmos, sem questionar, os argumentos dos que crêem na autenticidade do Sudário.

O PONTO CRUCIAL DO ASSUNTO

Nós investigamos todas as teorias, tanto a favor como contra — inclusive algumas bizarras demais para serem mencionadas —, e, sob o nosso ponto de vista, nenhuma forneceu uma explicação sem lacunas. Percebemos, no entanto, que os mesmos problemas apareciam de tempos em tempos, quer estivéssemos examinando o material a favor, quer contra.

O problema mais significativo era a falta de distorção da imagem. Nenhum processo apresentado para explicar a sua criação — fosse o contato com o corpo, o aquecimento de um baixo-relevo ou até mesmo a teoria do flash nuclear — conseguiu criar uma imagem totalmente sem distorções. E por que vemos somente a parte da frente e a de trás do corpo, e não o topo da cabeça ou os lados?

A conclusão da qual não se pode desviar é a de que o Sudário nunca foi colocado em volta de um corpo, vivo ou morto. *Seja como for que a imagem se formou, o pano tinha que estar perfeitamente esticado neste momento.* Os que crêem na autenticidade do Sudário já reconheceram isso há bastante tempo, mas obstinadamente deram pouca importância. Para explicá-lo, argumentaram que o Sudário devia estar apoiado por algo em cada parte do corpo. A idéia mais popular é a de que o corpo estava cercado de blocos de especiarias, que iriam ser usadas mais tarde, quando os ritos apropriados pudessem ser levados a cabo, depois do *Shabbat*, o dia semanal de descanso; e então, o Sudário foi esticado por sobre os blocos e mantido estendido.[25] Mas isso só funcionaria se sobre uma das metades do pano fosse deitado o corpo, com os blocos ao seu redor, puxando-se, então, a outra metade por sobre a parte da frente do corpo. Dada a pressa, mencionada pelos Evangelhos, que cercou o sepultamento de Jesus (por causa da aproximação iminente do sabá), por que escolher preparativos tão complicados?

Uma outra versão, proposta por Rodney Hoare,[26] de que o corpo estava em um sarcófago de pedra sem tampa e que o pano estava estendido por sobre a parte de cima, é ainda mais absurda. Supostamente ainda estaria sob o corpo — em contato direto com ele; assim mesmo não existe diferença na qualidade, cor, intensidade ou "foco", entre as imagens da frente e de trás.

O absurdo dessas sugestões só serve para mostrar-nos que a fé, com freqüência, move até mesmo a montanha do bom senso com tremenda facilidade. Se o pano tivesse sido apoiado por alguma coisa para ficar estendido sobre o corpo, haveria problemas imensos quanto às manchas de sangue. Diferentemente da imagem do corpo, elas foram causadas por algum tipo de substância — sangue verdadeiro ou falso — acrescentada, e não poderiam ter sido transferidas de forma alguma por sobre o vazio entre o corpo e o pano esticado.

Mesmo assim, as manchas de sangue são evidentemente o mais perfeito de todos os detalhes anatômicos. Elas só poderiam ter se formado no pano por contato direto.

Em nossa leitura da pesquisa anterior, repetidamente ficávamos voltando à diferença entre as imagens do corpo e do sangue. A teoria do flash nuclear, por exemplo, poderia explicar a aparência de queimado da imagem do corpo, mas as temperaturas necessárias provavelmente teriam destruído o sangue todo (e a carne também) num raio de vários quilômetros, sem falar do sangue no pano. E nenhuma das teorias a respeito de reações químicas explica como o sangue chegou lá.

Alguns teóricos, como já vimos, tentam invocar dois processos raros agindo ao mesmo tempo, como os dois fenômenos paranormais de Tort. Mas os processos não são apenas diferentes, como mencionado por aqueles que os propõem, eles *se excluem mutuamente*. Qualquer processo que possa explicar a formação da imagem do corpo impediria, na verdade, a formação da imagem do sangue e vice-versa. Essas anomalias só poderiam ser reconciliadas se alguém as utilizasse deliberadamente para falsificar o Sudário.

Outros aspectos estranhos a respeito das manchas de sangue reforçam a idéia de uma falsificação, muitos dos quais foram sugeridos no final dos anos 1970 pelo membro da BSTS, Peter Freeland — mas foram deliberadamente ignorados pelos que acreditam na autenticidade do Sudário.[27] As manchas de sangue são simplesmente perfeitas demais. Sim, elas se colocam exatamente como seria esperado, dada a natureza das feridas, mas em que condições será que o sangue estava quando a imagem foi formada? Se o sangue tinha coagulado, então dificilmente teria sido transferido para o pano. Por outro lado, se estava líquido, teria se infiltrado no pano e escorrido ao longo das fibras. E certamente não estaria tão nitidamente definido da forma que tem impressionado — e intrigado — os cientistas forenses.

Como era de se esperar, os defensores da autenticidade têm uma resposta preparada. Eles sugerem que o corpo foi envolvido no

Sudário no exato momento em que o sangue tinha a consistência certa; não coagulado demais para grudar no pano, nem tão líquido para que perdesse a sua definição. Mas nós sabemos que o sangue se infiltrou no pano; então, devia estar razoavelmente líquido. E o argumento deles assume que todo o sangue, de todas as feridas, tenha alcançado exatamente a mesma consistência ao mesmo tempo. Mas mesmo se o corpo tivesse sido envolvido no Sudário imediatamente depois de ter sido removido da cruz, algum sangue já estaria totalmente coagulado, algum semicoagulado e algum ainda razoavelmente líquido. Afinal de contas, segundo os relatos dos Evangelhos, as várias feridas foram causadas em diferentes momentos.

As feridas da Coroa de Espinhos foram feitas pela manhã, como também as marcas das chibatadas (que mostram sinais de sangue). As feridas dos pregos, obviamente feitas quando Jesus foi posto na cruz, teriam continuado a sangrar durante o dia e o ângulo dos fios de sangue confirma isso. A última ferida foi a maior de todas, causada nas costelas pelo golpe de lança do centurião; o sangue ali estava tão líquido que escorreu para a parte de trás, aparentemente quando o corpo estava deitado no Sudário.

Mesmo assim, todas essas marcas de sangue, independentemente das suas condições, parecem exatamente iguais no Sudário. E o caso contra a autenticidade delas pesa ainda mais com um exame mais detalhado das feridas no couro cabeludo, como sugeriu Peter Freeland: sim, elas são particularmente impressionantes à primeira vista, dificilmente os borrões grosseiros que esperaríamos de um pintor. O sangue brota de feridas do tamanho de alfinetes, e se acumula até formar gotas maiores. E o sangue da maior ferida na testa manchou até mesmo as rugas do cenho sobre o qual escorreu. Médicos confirmaram que sangue de verdade se comporta exatamente assim quando escorre de ferimentos verdadeiros daquele tamanho, naquela parte do corpo.

Porém, como todo leitor de livros policiais sabe, o sangue não escorre dos ferimentos de um morto. Aqui, no entanto, parece que sangue fresco está brotando enquanto observamos. Esse aspecto, convenientemente ignorado com tanta freqüência, é vital para a história. Ainda assim, existe algo terrivelmente errado com o sangue no couro cabeludo. Aqueles fios de sangue "perfeitos", particularmente na parte de trás da cabeça, são *visíveis através do cabelo*. Isso é claramente impossível. Sangue escorrendo de pequenas feridas no couro cabeludo se misturaria com o cabelo e as manchas perderiam a definição; apenas seríamos capazes de ver um borrão de sangue. Mas, em vez disso, vemos no Sudário diminutas feridas individuais na cabeça. Igualmente intrigante é o fato de que alguns dos fios de sangue parecem se estender bem além do rosto.

Quem quer que tenha feito isso não era um artista comum. Todavia, foi — ao menos quanto aos fios de sangue — perfeccionista demais. Pois, uma vez criada esta fantástica imagem, as considerações estéticas prevaleceram sobre a precisão.

Há outras anomalias no que se refere ao fluxo de sangue. As marcas de açoite, como apontou Joe Nickell, têm consideravelmente menos sangue do que deveriam ter.[28] Anthony Harris, autor de *The Sacred Virgin and the Holy Whore*, salienta a mesma coisa, mas faz uma observação muito mais importante: essas feridas não se sobrepõem, sugerindo que foram cuidadosamente posicionadas ou por motivos estéticos ou efeito dramático.[29]

Há um problema parecido com o fluxo de sangue do pulso. Enquanto essa ferida é famosa como exemplo da exatidão anatômica da imagem — não só por ser no pulso, mas também por causa do ângulo no qual o sangue flui braço abaixo —, presta-se muito menos atenção ao fato de que a sua perfeição não ajuda a corroborar a autenticidade do Sudário. Um físico australiano, Dr. Victor Webster, indicou a Ian Wilson, em 1978, que a parte de trás do pulso teria ficado imprensada contra a madeira da cruz e o sangue saindo deste ponto estaria bem borrado.[30] Mas será que o sangue jorrou da ferida reaberta quando o corpo foi retirado da cruz? Não é possível que os defensores da autenticidade defendam duas explicações diferentes — eles já argumentaram que a mudança no ângulo do fluxo demonstra que, quando o sangue escorreu braço abaixo, o homem estava pregado na cruz.

No seu livro de 1988, *The Blood and the Shroud*, Wilson explica isso argumentando que as representações tradicionais da crucificação estão erradas e que as vítimas eram realmente crucificadas com o corpo *de frente* para a cruz.[31] Talvez fossem mesmo, mas o ponto interessante é que Wilson só traz o assunto à baila para resolver um problema grave com o Sudário. E, um aspecto muito importante, nenhum outro sudarista concorda com esse método de crucificação — eles lidam com a anomalia ignorando-a propositalmente.

Então, há o problema da imagem traseira. Ela tem a mesma intensidade da dianteira. Se fosse autêntica, a parte de trás teria que ter estado em contato direto com o pano e a imagem deveria mostra alguma distorção, como no caso do hospício em Lancashire. Mas não mostra. E se isso se devesse a algum tipo de reação química, a imagem de trás deveria ser mais escura que a da frente, já que o corpo teria exercido mais pressão no pano e teria assim acumulado quaisquer vapores responsáveis pela imagem. Mas é exatamente do mesmo tom que o da imagem da frente. E algumas teorias — como a de Allan Mills — sequer levam em conta a imagem traseira.

Como já vimos, várias teorias foram apresentadas para descartar a datação por carbono-14, reabrindo a possibilidade de que o Sudário pudesse ser genuíno. Contudo, a datação por carbono-14 não é necessária para mostrar que a imagem é uma falsificação — uma falsificação brilhante, temos que admitir, mas uma falsificação. As pistas mais fortes de que ela foi feita por um homem são:

- A falta de quaisquer referências pré-século XIV a um Santo Sudário com uma imagem e as falhas nas teorias apresentadas para explicar essa omissão, como a hipótese do Mandylion.
- A falta de qualquer menção a tal objeto tanto no Novo Testamento como nos registros cristãos primitivos.

- O fato de que o Sudário estava certamente estendido quando a imagem se formou, senão esta estaria distorcida. Isso se aplica tanto à imagem da frente como à de trás. *O Sudário nunca envolveu um corpo.*
- O fato de que dois processos separados e igualmente raros são necessários para se criar a imagem do corpo e do sangue.
- As anomalias nos fluxos de sangue. Eles são quase perfeitos, mas não tanto.

Quando examinamos as provas do Sudário, em 1988, o seu mistério parecia mais intrigante que nunca. Tudo apontava para o fato de que era uma falsificação — a datação por carbono-14, a evidência histórica, as anomalias reveladoras na posição em que o pano estava e as manchas de sangue. Mesmo assim, não é uma pintura. Não podíamos ignorar o trabalho do Sturp e dos outros cientistas. E enquanto a maioria dos outros sudaristas sofre influência de sua própria predisposição religiosa, este não era o nosso caso. Nem somos conhecidos como céticos quanto aos assuntos paranormais (os quais incluem os chamados "milagres"); simplificando, não tínhamos nenhum interesse subjetivo, nem em uma direção, nem em outra.

Ficávamos retornando aos dados. O realismo absoluto da imagem e a sua excelência anatômica estão totalmente em desacordo com o que seria esperado de um falsificador medieval. Foi a teoria do "flash nuclear" que nos ajudou a seguir um determinado caminho ao fazer-nos perceber dois fatores importantes. O primeiro era que, se a imagem foi realmente criada a partir de um corpo humano, qualquer que fosse a energia usada — radiação nuclear, raios ou simplesmente luz normal — teve que ser refletida pelo corpo, não emitida dele. O segundo era de que a energia deve ter sido dirigida ou focada de alguma forma; de outra maneira, não haveria uma imagem reconhecível.

Ao resumir os resultados dos testes de 1978, Lawrence Schwalbe, cientista do Sturp, escreveu: "(...) a eliminação de todos os métodos conhecidos não prova que um pintor ou falsificador engenhoso não tivesse pensado em algum método que desconhecemos."[32] Essas palavras se revelaram proféticas no que diz respeito ao nosso trabalho, embora descrever o falsificador hipotético como alguém "engenhoso" era, como descobrimos, usar definitivamente uma definição muito branda! Mesmo naquele estágio inicial, percebemos que, mesmo se o Sudário fosse obra de um pintor, ainda estava longe de ser uma simples falsificação descartada tão rapidamente por difamadores como Teddy Hall. Quem quer que o tivesse criado, possuía conhecimento muito adiante do seu tempo, e tinha empregado um método tão eficiente, que continua a confundir até mesmo a nata dos cientistas do século XXI. Claramente esse não era um pintor comum — e sequer uma pessoa comum.

Nos meses que se seguiram ao anúncio dos resultados da datação por carbono-14, iríamos descobrir que o criador do Sudário de Turim era muito mais que um pintor brilhante. De formas, até então, sequer conjecturadas, ele possuía uma das mentes mais extraordinárias que o mundo já conheceu.

CAPÍTULO 4

CORRESPONDENTES

"O Sudário continua sendo um objeto digno de contemplação, e a identidade do autor, desconhecido e brilhante, é o maior mistério que resta."

Professor Paul Damon, do laboratório de radiocarbono do Arizona[1]

Até agora lidamos tão objetivamente como pudemos com os dados históricos e científicos por trás do Sudário e com todas as teorias apresentadas que explicam a imagem. Mas esta história também é inevitavelmente a nossa própria e é aqui que ela realmente começa.

Os resultados da datação por carbono-14 foram anunciados em 13 de outubro de 1988. E em dois meses, Lynn estava para começar um relacionamento de idas e voltas de dois anos com Ian Wilson. Durante esse tempo pediram que ela servisse de consultora para uma exposição de imagens do mundo do paranormal na Royal Photographic Society em Bath, intitulada *The Unexplained* — o inexplicado. Amanda Nevill, que administrava a sociedade, e Lynn passaram muitas horas discutindo o acervo da exposição, e suas conversas freqüentemente acabavam se desviando para outros assuntos. Elas concordavam que a datação por carbono-14 tornara o Sudário mais fascinante, não menos; mas Lynn não estava de acordo com a idéia inesperada de Amanda, de que a imagem no Sudário deveria ser incluída na exposição. Nesse momento, Lynn sentiu como se a coisa a estivesse invadindo — com a presença de Wilson em sua vida e pensamentos, parecia que para onde quer que ela olhasse, o Sudário também estava lá. No começo, mostrou-se inflexível: não queria que a imagem fizesse parte da exposição.

Contudo, Lynn — ainda mostrando um pouco de contrariedade — logo concordou não apenas com a sua inclusão, mas com que fosse a peça de destaque de todo o salão. É claro que o pano permaneceu quieto em seu ataúde sagrado em Turim, mas Wilson conseguiu que a RPS tomasse emprestada uma transparência em tamanho real. Amanda mandou construir uma caixa de luz semelhante para exibir a réplica do Sudário. E, como a imagem possui 4m de comprimento, a caixa custou aproximadamente 900 libras esterlinas (e foi, mais tarde, comprada pelo Museu Britânico, onde a transparência foi exibida na exposição *Fake: the Art of Deception*, alguns meses depois).

Um negativo em tamanho natural da imagem foi afixado numa parede adjacente, para que os visitantes pudessem examinar os detalhes depois de ver o objeto "real" na caixa. Foi um enorme sucesso. Durante os primeiros dias da exposição, com freqüência Lynn percorria nervosamente o salão como uma galinha tomando conta dos ovos, e muitos visitantes vinham até ela e conversavam sobre as peças exibidas. A réplica do Sudário, no seu lugar de honra, era o que primeiro os visitantes viam ao entrar no salão e, como a exposição ocorreu tão pouco tempo depois da "desgraça" da datação por carbono-14, era o assunto favorito.

Uns poucos visitantes expressaram suas dúvidas a respeito da datação por carbono-14, dizendo que a imagem era obviamente miraculosa e que os cientistas podiam estar errados. Inclinando a cabeça, Lynn só podia concordar parcialmente, já que tinha opinião formada a respeito da arrogância dos cientistas. Mas vários visitantes com os quais falou lhe contaram, um tanto vagamente, que "ouviram em algum lugar" ou "leram em algum lugar" que o Sudário tinha sido falsificado por Leonardo da Vinci, ou pela "equipe do seu ateliê". Foi um fenômeno estranho: muitas pessoas pareciam saber que Leonardo estava ligado ao Sudário, mas não conseguiam se lembrar de onde viera a informação. Uma pessoa que sabia, no entanto, era a vizinha de Lynn, Helen Moss, que disse que se lembrava muito bem de que seus professores na Escola Judaica em Leeds lhe *ensinaram* que o Mestre falsificara o Sudário.

Clive veio à abertura da exposição e a outras atividades ligadas a ela. Para ambos, a onda de visitantes opinando sobre Leonardo e o Sudário pouco significava naqueles primeiros dias. Contudo, ambos refletimos que fazia sentido que praticamente o único homem esperto o bastante para ter perpetrado essa fraude assombrosa pudesse, na verdade, tê-lo feito.

A exposição obteve um pouco de publicidade e Lynn apareceu no rádio e na televisão fazendo comentários sobre as peças. Tendo participado tantas vezes dos programas de Clive Bull e Michael van Straten, na rádio LBC de Londres, ela se sentia à vontade atrás do microfone. John Sugar, do Serviço Mundial da BBC, foi um dos entrevistadores que veio a Bath e, depois de gravar rapidamente a exposição em vídeo, eles tiveram um longo debate sobre o Sudário. Como resultado do seu entusiasmo crescente pelo assunto, Lynn foi convidada por ele para aparecer num programa especificamente para discutir o Sudário pós-datação por carbono-14. Mal imaginávamos o que o destino tinha reservado para nós, graças — talvez — àquele programa. "Talvez", pois, ao mesmo tempo, Lynn também já tinha expressado os mesmos pontos de vista na LBC, e investigações subseqüentes não conseguiram determinar qual dos dois programas iniciou os eventos que se seguiram.

Através dos anos, como qualquer pessoa que tenha aparecido algumas vezes no rádio e na televisão — e especialmente alguém que lidava com o paranormal —, ela recebeu uma boa quantidade de cartas excêntricas. Algumas delas eram óbvias: escritas em três cores diferentes e com pedacinhos de papel recortados; enquanto outras pareciam perfeitamente sãs até chegar a uma frase característica como, por exemplo, a suspeita de uma inteligência alienígena se escondendo dentro do aparelho de televisão.

Pouco tempo depois de participar desses dois programas, Lynn recebeu uma carta de um completo estranho. Para começar, ela ficou mais assustada pelo fato de essa correspondência estar endereçada à sua casa, do que, efetivamente, pelo seu conteúdo. Ela ficou furiosa: cabeças iriam rolar na LBC ou na BBC! Mas os funcionários de ambas negaram enfaticamente que tivessem revelado detalhes pessoais dela a algum ouvinte.

A carta era intrigante. Assinada simplesmente "Giovanni", tratava de Leonardo e o Sudário, mas levava a história muito mais longe, para dentro dos domínios do que parecia ser fantasia. No rádio, Lynn tinha dito simplesmente que o Mestre podia ter se envolvido na fraude, mas este homem afirmava ter informação privilegiada de que Leonardo tinha sido o responsável. Giovanni disse que ela devia ler *O Santo Graal e a linhagem sagrada*, de Michael Baigent, Richard Leigh e Henry Lincoln, como base para a história de Leonardo e o Sudário, e que entraria em contato de novo.

Temos que admitir que, após ler o livro, não ficamos sabendo mais sobre Leonardo e o Sudário do que já sabíamos, embora ele figurasse na história como o grão-mestre de uma sociedade secreta. A única referência desses autores ao Sudário de Turim se encontra em seu segundo livro, *A herança messiânica*, quando eles contemplam um fenômeno estranho entre seus leitores:

> Havia (...) inúmeras pessoas que, quase inexplicavelmente, insistiam em nos confrontar com o Sudário de Turim. "E o que acham do Sudário de Turim?", perguntavam-nos repetidamente. Ou, "como é que o Sudário de Turim afeta a tese de vocês?". Era extraordinária a freqüência com que esse *non sequitur* ocorria.[2]

Claramente, havia uma sensação de que os eventos e teorias esboçadas em *O Santo Graal e a linhagem sagrada* tinham alguma relação com o Sudário, embora ninguém soubesse exatamente o que era. É claro que, mais tarde, identificamos a ligação...

O nosso homem misterioso, Giovanni, tinha feito alegações assombrosas sobre Leonardo e o Sudário. Quando primeiro lemos a carta dele, houve, é claro, algumas risadas nervosas. Porém, havia também uma sensação diferente de que aquilo tudo que ele dissera iria realmente fazer as engrenagens se moverem. Como já tínhamos deduzido a partir dos pontos de vista dos visitantes da exposição, as alegações de Giovanni, de que Leonardo falsificara o Sudário, dificilmente podiam ser consideradas novidade. Parece que havia um boato circulando no inconsciente coletivo a esse respeito. Mas Giovanni possuía detalhes muito mais impressionantes para preencher esta história. Ele ofereceu informações extraordinárias que, embora aparentemente ultrajantes, nos deram o que pensar.

Ele disse que Leonardo pusera a imagem do seu próprio rosto no Sudário. Aquele rosto sereno, estreito e barbado, que todos acreditavam ser o do próprio Jesus era, na verdade, o de Leonardo da Vinci, cometendo um sacrilégio em forma de piada para a posteridade. Se isso não fosse o bastante por si só, ele foi bem mais além, bem mais. Afirmou que o corpo no Sudário, do pescoço para baixo na frente e todo ele atrás, era de um homem crucificado de verdade, uma vítima do século XV da herança do primeiro século da desumanidade do homem com o homem (ou com Deus, dependendo do seu ponto de vista da natureza de Jesus). Mas Giovanni não tinha informações sobre a pergunta central: será que Leonardo tinha, de fato, torturado alguém até a morte dessa forma horrível, em consideração à precisão histórica, ou tinha usado um corpo já morto?

Ainda havia mais. O nosso informante também nos contou que Leonardo não criara a imagem do Sudário por pintura ou qualquer outra técnica conhecida como, por exemplo, o *brass rubbing*. Ele disse que a técnica representava a maior e mais audaciosa inovação do Mestre, já que a imagem fora criada usando "produtos químicos e luz, um tipo de impressão alquímica". Em outras palavras, a imagem no Sudário é, na verdade, uma *montagem fotográfica* de Leonardo da Vinci junto com alguma vítima infeliz de crucificação, cujas contusões, uma a uma, foram registradas para a posteridade por uma máquina fotográfica do século XV!

Ao menos, ele não sugeriu que o homem do Sudário era um alienígena vindo da constelação de Órion, mas sentimos que o que ele alegava era tão absurdo que pertencia a essa categoria. Além disso, por que o anonimato, identificando-se simplesmente como "Giovanni"? Naquela altura nós guardamos a carta num arquivo intitulado "Doidos e Excêntricos", onde sentimos que merecia ficar.

Seja como for, as palavras dele continuaram nos incomodando. A idéia de que a imagem no Sudário fosse algum tipo de fotografia fazia sentido — afinal, o aspecto mais inexplicável do Sudário é que ele se *comportava* como uma fotografia.

Quem quer que Giovanni fosse, logo ficaria evidente para nós que ele fizera comentários que deveríamos levar a sério. Como já víramos, vários visitantes da exposição expressaram a idéia de que Leonardo estaria envolvido na falsificação do Sudário; e Giovanni tinha levado a idéia mais além. Embora nunca tenhamos chegado a alguma conclusão a respeito dele e seus verdadeiros motivos, e até hoje nos mostremos consideravelmente céticos ao que tenha a ver com ele, somos-lhe gratos por suas dicas, que nos forneceram atalhos valiosos para a pesquisa que culminou neste livro.

O ROSTO DO MESTRE

Houve um outro momento especial, um outro tipo de dica, do qual nos relembramos com um certo assombro e muita afeição. Caminhando atordoada através da exposição, alguns dias depois de ter recebido a primeira carta de Giovanni, Lynn convidou Abigail, a filha de Amanda Nevill, na época com sete anos, para se juntar a nós. Uma criança inteligente e ativa, ela foi uma companhia agradável e fez comentários bem mais pertinentes sobre as peças em exibição do que a maioria dos visitantes adultos juntos. Depois de uma curva, nos vimos cara a cara com o negativo em tamanho natural do homem no Sudário na parede. Lynn pensou que talvez a imagem de uma tortura física tão grande não fosse apropriada para uma criança — tendo pontos de vista típicos do catarismo quanto a imagens do martírio — e tentou levá-la para longe dali. Mas Abigail inclinou a cabeça para um lado e fitou a imagem solenemente.

"Por que a cabeça dele é tão pequena? Não combina.", ela perguntou imediatamente. Lynn olhou para a imagem e se sentiu fraca. Subitamente este parecia ser o momento crítico na história das Roupas Novas do Imperador. "Não *se encaixa*", Abigail anunciou enfaticamente, com um certo desagrado quanto ao trabalho aparentemente descuidado. Então perdeu o interesse. Mas Lynn não. De alguma forma conseguiu mudar o rumo da conversa e guardou os comentários de Abigail para si por algum tempo. Mas, por dentro, estava exultante a respeito do que claramente era uma descoberta altamente significativa — uma revolução. Se você deseja a verdade, pergunte a uma criança.

Essa descoberta pareceu reforçar os comentários de Giovanni quanto à imagem no Sudário ser uma montagem. Se Leonardo tivesse sobreposto seu próprio rosto sobre o corpo de outra pessoa, talvez não os tivesse, é claro, combinado perfeitamente. (A essa altura não tínhamos a menor idéia de como essa técnica era difícil: mais tarde, quando tentamos reproduzi-la, tivemos uma prova dos problemas pelos quais passou.)

Clive também estava perplexo com os comentários de Abigail e com a velocidade com que tantas coisas estavam se encaixando. De qualquer forma, se algum dia fôssemos apresentar algo parecido com um caso coerente a respeito desse ponto de vista radical, nós tínhamos uma longa jornada pela frente.

Continuamos com nossas vidas, embora Lynn admita que ia sorrateiramente à biblioteca para pesquisar sobre Leonardo. Ela realmente queria saber como ele se parecia: para seu azar, seus longos anos de aprendizado não lhe tinham dado sequer a mais vaga imagem mental do mestre florentino. Ela tinha que ter certeza: afinal, se ele era gordo e careca, seria um candidato improvável para o rosto magro e barbudo do homem do Sudário! Lynn se lembra claramente de ter aspirado profundamente quando ia abrir um livro básico de história da arte, folheando-o rapidamente, e lá estava ele: com o rosto fino, com a barba, lindo.

Algumas semanas depois, Lynn entrou numa loja para comprar um cartão de aniversário e ficou perplexa ao ver, pelo canto do olho, a imagem vívida de Leonardo em uma pilha de cartões. Intrigada acerca do motivo pelo qual alguém ia querê-los — talvez os velhos mestres tivessem virado moda de repente e ela nada soubesse a respeito —, ela foi verificar. Na verdade, o que ela estava vendo era uma reprodução do retrato do homem do Sudário, feito em 1935 por Ariel Aggemian. No verso do cartão-postal estava escrito com toda a confiança: "Você tem nas mãos um quadro com... o Rosto Sagrado de Jesus... tirado do Santo Sudário de Turim." Lynn certamente não tinha como criticar a última parte da afirmativa, mas quanto à primeira, a sua reação inicial foi, até mesmo àquela altura, um veemente: "Não mesmo."

Nós logo marcamos um almoço e Lynn me mostrou um livro de referência sobre Leonardo e o cartão-postal. Ela não precisou explicar a intenção por trás daquele espetáculo improvisado de ilustrações — Clive enxergou por si mesmo.

Um padrão estava surgindo nitidamente, mas, mesmo assim, tínhamos que avançar com muito cuidado. Precisávamos da corroboração de alguém que não estivesse associado de forma alguma com o mundo dos sudaristas, nem mostrasse interesse por ele. Naquela época, Lynn trabalhava como escritora *freelance* para uma revista feminina e, naquela tarde, eles estavam organizando uma sessão fotográfica para as páginas sobre moda. Ela levou o retrato de Leonardo e o cartão-postal ao camarim das modelos, sabendo que qualquer um ligado a revistas femininas está acostumado a que lhe façam perguntas esquisitas, seja sobre os seus hábitos pessoais mais íntimos, seja sobre o que acha do rímel mais recente. Então, Lynn simplesmente mostrou as duas fotos e perguntou: "O que é que você acha?"

A resposta foi instantânea e extremamente gratificante. Das quinze modelos que vieram e se foram durante aquela tarde (Lynn conseguia fazer o seu trabalho vez ou outra!), onze delas disseram, sem pensar: "É a mesma pessoa." Duas disseram algo do tipo "Não sei o que você quer que eu diga... além do fato de que é a mesma pessoa". Uma disse que não sabia o que Lynn pretendia e que estava ocupada e a última disse que reconheceu o homem do Sudário porque era católica e esperava que Lynn não fosse dizer nada desagradável a respeito. Se ela está lendo este livro, o que duvidamos, pedimos desculpas.

Essa pesquisa de opinião oficiosa dificilmente podia ser considerada uma prova, embora seja verdade que o olho humano é um juiz melhor que quase qualquer outro equipamento de monitoramento, visualização ou comparação, da máquina fotográfica ao computador. Lynn teve cuidado para não dar às modelos nenhuma indicação quanto ao tipo de reação que estava buscando. Lamentamos não ter registrado os detalhes que elas forneceram para futura referência, mas, mesmo assim, aquele episódio certamente contribuiu para o entusiasmo crescente que sentíamos quanto a investigar Leonardo e o Sudário mais profundamente. E podem apostar que nós sorrimos quando, meses depois, Rodney Hoare e Michael Clift, da BSTS, disseram, respectivamente: "Não consigo ver a semelhança" e "O homem no Sudário não parece nada com Leonardo."

Por outro lado, mesmo outros defensores da autenticidade do Sudário não têm dificuldade para perceber a semelhança. Um dos momentos mais inestimáveis em nossa carreira veio em 2001, durante a filmagem de um documentário sobre o nosso trabalho para o canal National Geographic. O programa também incluiu uma matéria sobre o escultor italiano Luigi Mattei, especialista em esculturas em tamanho natural, que acredita firmemente serem de Jesus, com base na imagem do homem no Sudário. Enquanto era filmado, Mattei declarou espontaneamente que, com freqüência, costumava comentar sobre a semelhança notável entre a imagem de Jesus no Sudário e Leonardo da Vinci...[3]

Sião revelado

Em alguns meses, recebemos um total de treze cartas de Giovanni, que nos forneceram muitas informações acerca de Leonardo e o Sudário, cuja maioria provamos ser precisa através de pesquisa independente e nossas próprias experiências. Para resumir, estes eram os seus pontos principais:

Leonardo falsificou o Sudário em 1492. Foi uma montagem: ele pôs a imagem de seu próprio rosto no pano junto com o corpo de um homem que fora realmente crucificado. Não era uma pintura: foi uma imagem projetada "fixada" no pano através do uso de produtos químicos e luz; em outras palavras, era uma técnica fotográfica.

O mestre falsificou o Sudário por dois motivos principais. Primeiro, porque o papa Inocêncio VIII encarregou-o de fazê-lo, como um cínico esforço publicitário. Mas o motivo pelo qual ele executou o trabalho com tamanha concentração, audácia e genialidade, foi porque aquilo representava para ele a oportunidade suprema de atacar os alicerces da cristandade de dentro da própria Igreja (e talvez ele gostasse da idéia de gerações de peregrinos rezando diante de sua própria imagem). Ele a encheu de pistas sutis que, se fossem decifradas, seriam profundamente ofensivas ao *establishment*. Todavia, Giovanni disse que Leonardo nunca foi pago pelo seu trabalho no Sudário de Turim porque, a olho nu, era decepcionante! Podemos dizer que Leonardo, finalmente, cobrou a sua recompensa.

Todas essas informações nos foram dadas como sendo fatos. Mas será que existiam provas para apoiá-las?

Já vimos que a primeira carta de Giovanni recomendava insistentemente que Lynn lesse *O Santo Graal e a linhagem sagrada*, de Michael Baigent, Richard Leigh e Henry Lincoln. Na verdade, essa recomendação foi desnecessária, pois ela finalmente conseguira lê-lo um pouco antes. Quando ela era editora assistente do *Unexplained* anos antes, esta publicação semanal lançou uma breve série sobre o livro, mas naquela época o livro não despertou o seu interesse e, como ela não editou a série, deixou de lê-lo.

O destino pode ser muito espirituoso: a história do livro era parecida com a nossa, até um certo ponto, e acabou servindo de base para grande parte da nossa pesquisa. *O Santo Graal e a linhagem sagrada* começa com o mistério de Rennes-le-Château, um vilarejo distante em Languedoc, no sul da França, perto da fronteira espanhola. Nos últimos anos do século XIX, o padre do vilarejo, François Bérenger Saunière, começou a reformar a igreja e teria encontrado alguns documentos em uma pilastra. Os pergaminhos estavam codificados e pareciam indicar o envolvimento da aristocracia local em algum tipo de conspiração. O que quer que Saunière tenha encontrado além dos pergaminhos, parece que tinha muito valor, pois, subitamente, ele ficou tremendamente rico, atraindo a nata da alta sociedade parisiense à sua paróquia — embora, novamente, só possamos imaginar que atração era aquela. Saunière reconstruiu a igreja para acolher muitos ornamentos extremamente bizarros, inclusive um demônio de gesso guardando a entrada, sobre a qual havia uma placa que dizia: "Este é um lugar terrível."[4]

O padre morreu em 22 de janeiro de 1917.[5] O seu corpo foi colocado em posição sentada e muitos dos que o vinham prantear, inclusive alguns de tão longe quanto Paris, que pareciam ter conhecimento prévio do dia dessa morte, desfilaram por ele e cada um arrancou um pompom vermelho de suas roupas. Disseram que o padre que fora chamado para ouvir a última confissão de Saunière fugiu horrorizado e o padre de Rennes foi para a sepultura sem absolvição.

Nos anos 1970, Henry Lincoln pesquisara essa história para três programas de televisão da BBC,[6] e descobrira possíveis ligações com outros grupos obscuros na história, inclusive os cavaleiros templários. Alguns anos mais tarde, ele e seus colegas, Baigent e Leigh, participaram juntos do projeto de um livro cuja intenção era pesquisar um pouco mais essa história estranha. A coisa toda acabou se tornando algo parecido com a caixa de Pandora, levando-os, ao final, através de um labirinto de sociedades secretas e controvérsias, culminando com *O Santo Graal e a linhagem sagrada*, um best-seller internacional.

A pesquisa deles os levou a revelar a existência de uma organização sombria chamada "O Priorado de Sião", que supostamente existia desde o século XI. Os membros do Priorado, inclusive o então grão-mestre, Pierre Plantard de Saint-Clair, se fizeram conhecer aos três autores e ajudaram em sua pesquisa, que rapidamente aumentou o seu escopo até que o mistério original fosse quase esquecido. O objetivo confesso do Priorado era, os autores concordavam, preservar a linhagem de Jesus e Maria Madalena, que eles acreditavam terem sido casados. Eles afirmavam que Jesus não morrera na cruz, mas talvez tenha vivido por muitos anos mais, e que Madalena levara os filhos deles para o sul da França, onde viveu uma vida longa. Os descendentes deles se tornaram a dinastia merovíngia dos reis francos. É uma história estranha, irresistível — mas, é claro, herética — e recebeu muitas críticas e insultos claros. (Ian Wilson sempre introduz o prefixo "notório" ou "infame" quando é forçado a discutir *O Santo Graal e a linhagem sagrada*.)

O Priorado de Sião se gabava de que, durante séculos, teve grandes nomes no posto de Grão-Mestre.[7] De fato, alguns deles foram mulheres, pois o Priorado sempre foi uma sociedade secreta que dava oportunidades iguais. Entre os grão-mestres, homens citados nos documentos da organização conhecidos com os "Dossiês secretos", estavam Sir Isaac Newton, Victor Hugo e Leonardo da Vinci. Aparentemente, Leonardo assumiu a liderança de 1510 até a sua morte, em 1519, período no qual era convidado de Francisco I no seu *château* em Amboise, no Vale do Loire.

Como muitos outros leitores de *O Santo Graal e a linhagem sagrada*, sentimos pontadas de ceticismo a respeito de algumas das coisas alegadas, embora achássemos que a estrutura lógica do livro era bastante convincente. Superficialmente, parecia muito bom para ser verdade que o Priorado tivesse como seus grão-mestres alguns dos mais famosos nomes da história; outros incluíam Claude Debussy e Jean Cocteau, por exemplo. Contudo, nos últimos anos, pessoas menos célebres assumiram esse papel elevado, inclusive Pierre Plantard de Saint-Clair.

Giovanni também alegava que tinha ocupado uma posição importante numa facção dissidente do Priorado de Sião, afirmando que a sua facção era de puristas que acreditavam que a organização moderna tinha se afastado demais dos seus objetivos e crenças originais.[8]

Muitos críticos de *O Santo Graal e a linhagem sagrada* deram ênfase à confiança depositada pelo livro em fontes freqüentemente misteriosas — e que, conseqüentemente, não podiam ser verificadas. Embora primeiramente ficássemos tentados a tomar partido dos críticos, logo a nossa própria situação se tornou, até certo ponto, parecida com a daqueles três autores, e ficamos mais humildes. Como descobrimos da maneira mais difícil, uma fonte misteriosa não significa necessariamente uma fonte fictícia, embora nunca faltem críticos que digam o contrário.

Que provas há da existência do Priorado de Sião? As opiniões variam entre dois extremos. A primeira é de que as alegações feitas pela organização — especificamente, de que existem desde o século XI e que são os guardiões de segredos muito mais antigos — são literalmente verdadeiras. O outro extremo é de que é uma fraude completa, e de que foi inventado nos anos 1950.

O meio-termo é de que o Priorado é um grupo moderno que está alegando uma longa história por motivos conhecidos apenas por eles. Alguns escritores de assuntos esotéricos expressaram ceticismo acerca do fato de o Priorado ter permanecido desconhecido durante tanto tempo — até mesmo as sociedades políticas, religiosas e ocultas mais secretas acabam se tornando conhecidas. O escritor e especialista norte-americano, Robert Anton Wilson, chegou à conclusão de que o Priorado tem origem no século XX, ou talvez no final do século XIX, e foi criado como um tipo de brincadeira elaborada.[9] Um ponto de vista semelhante parece prevalecer nos círculos esotéricos de hoje.

Há um problema fundamental aqui: provar a existência de uma sociedade secreta é como tentar provar uma negativa universal. Obviamente, a sociedade secreta de maior sucesso é aquela sobre a qual ninguém nada sabe; e parece que quando lidamos com o Priorado, no mínimo, nos confrontamos com mestres antigos na arte de confundir, ocultar fatos e enganar. Ainda assim, no caso deles, existem provas — se bem que indiretas — que sustentam certas alegações do Priorado.

Nas continuações deste livro, *A revelação dos templários* e *Os guardiães da linhagem de Cristo*, nós exploramos as maquinações extraordinárias do Priorado de Sião em maiores detalhes e chegamos a conclusões mais consistentes a seu respeito. Descobrimos que o Priorado de Sião é, como os seus críticos alegavam, uma invenção moderna, datando de 1956 apenas. Mas isso não quer dizer que é meramente um tipo de brincadeira elaborada: o Priorado atual provê uma fachada para uma rede de grupos esotéricos inter-relacionados, que se gabam de ter um pedigree muito antigo. Eles incluem a Ordem dos Martinistas, um sistema da maçonaria oculta chamado o Rito Escocês Retificado, e os "Ritos Egípcios" da maçonaria, os

Ritos de Mênfis e Misraïn, que foram unificados em 1899, sob o grande Papus ocultista (Gérard Encausse).[10]

Essas sociedades, todas fundadas nos séculos XVIII ou XIX, remontam ao mesmo sistema maçônico chamado de Estrita Observância, que certamente existiu na década de 1740, mas o qual — em controvérsia — afirmava ser o herdeiro dos Cavaleiros Templários Medievais. Então, na verdade, o Priorado de Sião moderno pertence a uma tradição que remonta, pelo menos, à metade do século XVIII. Mas será que realmente, através da Estrita Observância, ele tem raízes nos templários do século XII?

Descobrimos que havia realmente elos em comum, sendo que o mais importante é, de longe, o fato de que compartilham a "tradição joanita", que enfatiza especialmente a importância de João Batista — que é o mínimo que se pode dizer. De fato, aprendemos que os joanitas realmente acreditavam que ele era superior a Jesus. Eles também compartilham um envolvimento comum na alquimia e heresia oculta.

Descobrimos que esse elo joanita não era apenas compartilhado pela rede moderna de sociedades às quais nós conectamos o Priorado de Sião, mas era também uma parte importante das crenças dos Cavaleiros Templários originais. Não só eles especificamente reverenciavam João Batista, mas os seus ritos secretos — pelos quais foram perseguidos — incluíam a veneração de uma cabeça barbuda cortada (João Batista foi, é claro, decapitado.)

Então, enquanto as alegações históricas do moderno Priorado de Sião — da forma que se encontram pormenorizadas nos "Dossiês secretos", uma série de documentos enigmáticos depositados na Biblioteca Nacional de Paris entre 1964 e 1967 — não deveriam ser interpretadas literalmente, elas parecem incorporar uma tradição esotérica e herética que já existe há muito tempo.

O Priorado de Sião alega que Leonardo era um deles, o que significa que, se ele tivesse sido membro de um dos grupos joanitas na rede deles, é possível que algum conhecimento interno do seu envolvimento na falsificação do Sudário pudesse ter chegado até o presente — e até Giovanni.

Em todas as treze cartas de Giovanni, uma frase apareceu mais que qualquer outra: "Pois Aqueles que Têm Olhos, Vejam". Descobrimos que essa não só era uma versão de uma conhecida citação bíblica, "Quem tem ouvidos, ouça" (Mat. 11:15), mas também um adágio alquímico. Estavam nos dizendo para olhar além da superfície, para aceitar textos fora do padrão, e não respostas rápidas. Logo percebemos que, no que dizia respeito ao trabalho do Priorado, estávamos lidando com pessoas que tinham — e ainda têm — as mentes mais perspicazes, e com uma organização tão inteligente quanto "herética".

Por um lado, esses pedaços de informação de uma fonte anônima não eram nem um pouco mais importantes que, por exemplo, receber respostas às definições das palavras cruzadas (sem que sempre se soubessem as próprias definições) pelo correio. Havia algo meio perturbador, porém, quanto a ser escolhido por um estranho conhecedor de alguns segredos históricos e religiosos bem sombrios, que decidira desabafar. Por algum tempo, Lynn correu o risco de ficar paranóica; ouvir inesperadamente uma voz italiana de homem atrás dela a fazia sobressaltar-se — ela deu muitos saltos durante a temporada turística em Londres — e ela não ficava muito entusiasmada ao ouvir a sua caixa de correio abrir e fechar. Ela não tinha exatamente medo das cartas de Giovanni — na verdade, elas freqüentemente a encantavam —, mas se perguntava para onde aquilo tudo estava levando.

UM JOGO QUE NÃO É PARA CRIANÇA

Então, em março de 1991, nos encontramos com Giovanni. De alguma forma, ele descobrira o telefone de casa de Lynn, embora este não estivesse no catálogo, e, para a sua completa surpresa, a contactou. Encontramos com ele em um bar no Hotel Cumberland, próximo a Marble Arch, no centro de Londres, e durante três horas tivemos uma conversa longa e sinuosa enquanto bebíamos.

Giovanni não foi uma decepção, embora pudesse ser dito que ele era muito bom para ser verdade. Parecido com um Tom Conti amarrotado, com um terno de grife feito de tecido amassado e cabelos e barba negros começando a ficar grisalhos, ele era um italiano de meia-idade e altura mediana. Falar com Giovanni era como falar com a rainha: não havia conversa fiada. Depois de oferecer-nos uma garrafa de um excelente Muscadet, ele se lançou de imediato, mesmo que excentricamente, no que o nosso amigo Craig Oakley iria descrever mais tarde como "conversa da pesada".

Se acaso achávamos que ele estava honrado com a nossa atenção, logo perderíamos essa ilusão. Giovanni parecia não estar interessado em nós, como revelou ao perguntar repetidamente por Ian Wilson. Estranhamente, ao mesmo tempo que sabia que Lynn não tinha mais contato com ele, também parecia pensar que isso era apenas uma situação temporária. Sempre que trazia à baila o assunto de Ian Wilson, ele observava o rosto e os gestos de Lynn cuidadosamente, tendo ficado particularmente satisfeito — ou, ao menos, pareceu assim — quando ela corou. Começamos a compreender que o interesse primordial de Giovanni não era em nós, mas em Wilson, e que o motivo pelo qual ele vinha nos fornecendo toda a informação sobre Leonardo e o Sudário era na esperança de que ela chegasse a Wilson.

Depois de alguns silêncios longos e trocas de olhares entre nós, Clive perguntou a Giovanni se esse era ou não o caso. Com uma risadinha maliciosa, o nosso contato italiano admitiu que era sim. Nós perguntamos por que ele não tinha abordado Wilson diretamente.

Para a nossa surpresa, ele disse de imediato que "nós" já tentáramos uma vez, mas não tivéramos sucesso, e agora Wilson estava desconfiado de qualquer abordagem assim. Quando perguntamos por que Wilson era tão importante, Giovanni disse com um pouco de desdém que ele era o mais conhecido pesquisador do Sudário (e rindo acrescentou "até agora") no Reino Unido e, talvez, no Ocidente, e que ele era bem menos a favor da autenticidade do que sua postura pública fazia as pessoas crerem. Nós estávamos francamente céticos.

Ele prosseguiu dizendo que, como tinha nitidamente fracassado em chegar a Ian Wilson, tanto diretamente (seja lá o que queria dizer com isso) quanto por meio de Lynn, nos escolheu para promover o que ele chamava de "a verdade" acerca do Sudário. Dito desse modo, não soava nada lisonjeiro e a coisa toda estava, percebemos, cheirando mal. Nós lhe dissemos claramente que se fôssemos levar a história de Leonardo adiante, o faríamos com a mente aberta e, em nenhum momento, concordaríamos em agir meramente como porta-vozes dele ou de quem quer que estivesse representando.

Quando Giovanni se viu face a face com esse primeiro sinal de desafio, o tom da conversa mudou. Ele visivelmente relaxou e começou a nos perguntar o que pensávamos sobre *O Santo Graal e a linhagem sagrada* em termos que sugeriam que ele sabia algo que os autores do livro não sabiam. Perguntou-nos o que pensávamos acerca das provas da existência do Priorado de Sião e, quando dissemos educadamente que pareciam intrigantes, mas pouco conclusivas, ele riu.

A conversa então se deslocou para sociedades secretas em geral, e nós expressamos o nosso ponto de vista de que teorias da conspiração eram divertidas, mas a loucura vem desse lado. Giovanni deu de ombros e murmurou que, vindas de nós, essas opiniões soavam estranhas, levando-se em conta apenas quantos membros de tais organizações nós conhecíamos de fato. Enquanto estávamos atordoados nas nossas cadeiras, ele recitou o nome de vários de nossos conhecidos, o grau deles em grupos como os movimentos alquímicos, os templários, os maçons e o próprio Priorado. Foi particularmente assustador ouvi-lo citar os nomes de um consultor e de um diretor editoriais com quem Lynn trabalhara como, respectivamente, um companheiro e um mestre alquimista. Embora nessa época estivéssemos em estado de negação completa, o que foi realmente frustrante quanto a essas alegações aparentemente malucas foi a facilidade com que mais tarde descobrimos que ao menos uma delas era verdade. Por exemplo, acabamos sabendo que o diretor não só escreve sob pseudônimo a respeito de alquimia, mas também mora perto de Rennes-le-Château — e pouco depois disso Lynn voltou a trabalhar com ele. Não conseguimos descobrir se o consultor era membro do Priorado, mas confirmamos que pertencia a uma ordem esotérica.

Giovanni disse que decidira se encontrar conosco porque, no que lhe dizia respeito pessoalmente, "as coisas estavam ficando quentes" e achava prudente voltar para a Itália. Embora se recusasse a falar mais a respeito, parecia sugerir que o seu contato conosco tornara sua partida um tanto urgente. Quase como um aparte, ele nos pediu para destruir suas cartas, pois podiam levar até ele. Um silêncio expressivo seguiu-se. Nós concordamos, mas, vergonhosamente, não nos livramos de fato do arquivo Giovanni até que certas circunstâncias sinalizassem fortemente que essa linha de conduta seria sensata...

Enquanto recolhia a sua capa de chuva amarrotada, disse, de um modo descontraído demais: "Isto não é um jogo, sabem, para crianças. Vocês vão ser objeto de atenção indesejada e não apenas daqueles que adoram o rosto de Leonardo sem saber disso."

Ele virou-se para ir embora e, no momento perfeito, disse: "Por que todos os nossos grão-mestres são sempre conhecidos como João? Leonardo era, é claro, um Giovanni. Isso não é pouca coisa, é a chave. Pensem a respeito."

Quando ficamos sentados ali durante alguns momentos e percebemos que não tínhamos voltado a ser abóboras novamente, finalmente começamos a relaxar. Simplesmente não sabíamos o que pensar de Giovanni e sua obsessão por sociedades secretas.

ACONTECIMENTOS SINISTROS

Nas semanas e meses seguintes, só tínhamos começado a aceitar a idéia de que Giovanni era um caso perdido, ainda que a nossa pesquisa independente já tivesse confirmado muitas de suas alegações aparentemente malucas. Então, os acontecimentos, alguns dos quais já perturbadores, começaram a formar um padrão.

Já houvera um incidente preocupante que podia ter tido alguma conexão com algo que era um sinal de "atenção indesejada", embora tentássemos empurrá-lo, e suas implicações, para o fundo de nossas mentes. Em junho de 1990, Ian Wilson e Lynn ainda estavam se encontrando até que houve um silêncio repentino e final. Um amigo ligou para ele para perguntar por que ele não estava mais saindo com ela. Wilson respondeu misteriosamente que ele "soubera de alguma coisa". É claro que isso pode ter sido alguma fofoca acerca de Lynn que não tivesse nenhuma relação com outra coisa que não fosse a sua personalidade, mas em vista do que estava para acontecer — as tentativas de desacreditar o nosso trabalho — era certamente provocador. Mais tarde, descobrimos que fora uma carta anônima que parecia, pelo que sabíamos, ligar Lynn a alguma subcultura satânica. Tamanho foi o impacto da carta que, algum tempo depois, Wilson escreveu a Clive, avisando-o enfaticamente que "se você tem algum respeito pessoal pelos valores cristãos, você fará um favor a si mesmo se não trilhar o caminho pelo qual Lynn está conduzindo você... Flertar com a 'Teoria Leonardo' era uma mera distraçãozinha para ela, num jogo que era muito mais sinistro". Apesar da nossa repetida insistência para que nos dissesse do que Lynn fora acusada, ele se negou firmemente a falar "por motivos legais".[11] Disseram-nos que ele então telefonou a pelo menos um importante sudarista britânico, para insinuar que ela estava envolvida em práticas ocultas satanistas.[12]

Pouco depois do nosso encontro com Giovanni, em março de 1991, quando a nossa pesquisa já estava bastante avançada, Lynn estava andando perto de Hampstead Village, no norte de Londres, com o seu amigo Peter. Eles estavam examinando galerias de arte e vitrines, e, portanto, andando a esmo pelo lugar. No começo acharam que estavam imaginando coisas, mas parecia que havia um homem seguindo-os. Sempre que se voltavam para trás, lá estava ele, virando-se repentinamente para olhar uma vitrine; quando eles atravessavam a rua, ele também o fazia. Sempre que ficavam algum tempo dentro de uma loja ou galeria, ele ficava observando-os, aparentemente conferindo se ainda estavam lá, ou talvez se tinham ido embora usando uma outra saída. A coisa estranha é que ele não tinha o menor talento para isso, era óbvio demais. No fim, eles se voltaram para ele e o encararam: o homem entrou rapidamente numa pizzaria. Mas quando Lynn e Peter passaram por ela e olharam para dentro, ele estava sentado perto da janela espiando por cima do seu jornal: quando os viu olhando para ele, virou o rosto para o outro lado. Até hoje Lynn consegue descrevê-lo perfeitamente.

Ambos tivemos uma experiência parecida num bar de vinhos perto da Portland Street, no centro de Londres, onde costumávamos nos encontrar regularmente para almoçar, para discutirmos a nossa pesquisa. Um homem diferente sentou-se na sombra atrás de nós e estava claramente escutando o que estávamos falando, até que fizemos sinais um ao outro e, é claro, mudamos de assunto. Era tudo óbvio demais, mas, sendo tipicamente britânicos, achávamos impossível confrontar aquele homem. Quando saímos, ele nos seguiu, e quando nos separamos, ele seguiu Lynn, através de cada departamento da loja Marks and Spencer, na Oxford Street, onde ela entrou de propósito. Ela só se livrou dele quando foi a última a entrar num ônibus cheio, deixando-o na fila do ponto de ônibus. Lynn olhou para ver se ele pegava um táxi e dizia "siga aquele ônibus", mas ele deu de ombros e desapareceu na multidão. Quem quer que estivesse por trás disso, queria que soubéssemos que estava no nosso rastro.

Houve muitas ocasiões em que sentimos como se estivéssemos sendo seguidos, mas foram bem menos óbvias que os episódios que acabamos de descrever. Pouco depois disso Lynn recebeu telefonemas de vários conhecidos, verificando se ela se mudara. Aparentemente as cartas deles tinham sido devolvidas, com "endereço desconhecido" estampado nelas. Ao informar-se com o centro de distribuição do correio, Lynn descobriu que eles receberam duas cartas endereçadas a ela com "foi embora" escrito nelas, concluíram que ela se mudara e devolveram toda a sua correspondência daí em diante. Ela nunca chegou ao fundo disso, mas foi uma experiência meio arrepiante.

Houve vários incidentes parecidos, nenhum deles agregando alguma coisa por si mesmos. Mas então, num sábado em julho de 1992, aconteceu o mais impressionante deles. Por causa do estilo de vida de escritor, Lynn passa quase o tempo todo em casa. Contudo, neste dia em particular, estávamos visitando a Igreja de Notre-Dame de France perto de Leicester Square, com os nossos amigos Craig Oakley e Tony Pritchett. Enquanto estávamos fora, houve uma tentativa de arrombamento no apartamento de Lynn, a única em seus nove anos morando lá. Curiosamente, o pretenso arrombador fez sua tentativa bem à vista, em uma rua apinhada de gente, em plena luz do dia de uma tarde de sábado, talvez simplesmente porque foi o único momento que ele soube que Lynn estaria fora. O jardineiro do vizinho correu atrás dele e chamou-se a polícia, que logo ficou desconfiada com a esquisitice aparente deste crime tão público. Perguntaram se Lynn tinha algum inimigo, porque havia muito mais casas fechadas na rua dela que teriam sido bem mais fáceis de arrombar. Para abrir o caminho até o apartamento dela, era preciso atravessar um jardim — o que podia ser visto claramente da rua — e havia somente uma entrada, sem saída para uma fuga rápida. Era como se tivesse escolhido Lynn intencionalmente.

Foi depois desse incidente que Lynn destruiu as cartas de Giovanni, e sentiu-se bem aliviada com isso.

Talvez o mais preocupante desses incidentes foi o que aconteceu no Simpósio de Roma, na comunidade sudarista internacional, em junho de 1993. Embora — por motivos óbvios — nós não estivéssemos presentes, uns dias depois que acabou, Clive recebeu uma carta da esposa de um dos diretores da BSTS, gabando-se que "todos os seus truques tinham falhado", e acusando-o de ter armado algum tipo de campanha contra Ian Wilson. Nós já sabíamos que não devíamos levar tão a sério essa pessoa que nos enviou a carta, mas, depois de fazer uma pesquisa entre outros que estiveram no evento, pudemos confirmar que, pouco antes do simpósio, as cartas foram enviadas a várias pessoas importantes na comunidade sudarista internacional, fazendo alegações sobre Ian Wilson — e aparentemente assinadas por Clive. Apesar dos nossos esforços, não conseguimos obter cópias das cartas e nunca descobrimos a natureza exata das alegações.

Clive não enviara as tais cartas e não tínhamos o menor conhecimento delas antes do simpósio. Contudo, a intenção do falsificador foi óbvia e bem-sucedida. Os sudaristas se enfileiraram ao redor de Ian Wilson e nós literalmente viramos pessoas indesejáveis. Várias trocas de correspondências, anteriormente cordiais, pararam abruptamente. O lado grave disso foi o efeito que teve na nossa pesquisa, já que o acesso à literatura obscura tornou-se mais difícil. Isso, ao que parece, foi a intenção do falsificador, além de nos desacreditar aos olhos dos sudaristas.

Individualmente, nenhum desses incidentes é particularmente importante. Afinal, coisas estranhas ocorrem em cidades grandes hoje em dia e estávamos conscientes de que poderíamos ser acusados de paranóia. Entretanto, juntos, esses eventos pareciam apontar para algum tipo de esforço combinado para nos atormentar e intimidar, e também para nos desacreditar e ao nosso trabalho nos círculos sudaristas.

Pode-se pensar que essas foram ações de alguns dos sudaristas mais fanáticos, mas este tipo de campanha vigorosa não é do estilo deles (trocas rancorosas de cartas é o mais longe que eles normalmente vão) e vários dos incidentes anteriores ocorreram antes que eles nos conhecessem.

Por outro lado, nós não fomos os únicos estudiosos da Síndone a passar por situações estranhas, para não dizer sinistras. Holger Kersten, em *A conspiração Jesus*, revela que os da BSTS estão bem acostumados a esse tipo de atenção. Ele descreve como, durante uma visita a Londres, em janeiro de 1989, quando estava procurando provas contra a datação por carbono-14, foi avisado pelo então secretário para ter cuidado com as suas investigações, pois poderia acabar enforcado embaixo da Ponte Brackfriars, como o "Banqueiro de Deus".*

Enfatizou que a BSTS tivera uma experiência perturbadora quando houve tentativas de aproximação feitas por parte de uma organização neotemplária, em 1979. Ian Wilson tentara investigá-los e conseguiu uma informante, só para recuar quando essa mulher desapareceu total e misteriosamente.[13] Nós nos lembramos das palavras de Giovanni sobre como eles tentaram influenciar Ian Wilson — talvez estivesse se referindo a este episódio.

Nós soubemos do interesse dos templários dos dias de hoje, quando fomos abordados por um dos membros fundadores da BSTS, que não só alegou que possuía um dos títulos de nobreza mais altos da Casa de Habsburgo, mas também declarou que era um templário ativo. Depois de mostrar um interesse expressivo em nós e no nosso trabalho (que, naquele ponto, não estava muito avançado ainda), ele afastou-se de nós e não foi visto em mais nenhuma reunião da BSTS desde então.

Os templários não eram os únicos candidatos a responsáveis pela pequena e estranha campanha contra nós. Se Giovanni fazia, de fato, parte de um grupo cismático do Priorado de Sião — ou o que quer

*Apelido de Roberto Calvi, que era membro de uma loja maçônica e tinha ligações com a Máfia. Diretor e protagonista da quebra do Banco Ambrosiano em 1982, foi encontrado morto sob a ponte londrina de Blackfriars. (*N. da T.*)

que estivesse por trás dele —, e se ele tivesse nos revelado alguns dos segredos deles, então talvez estivéssemos sob o escrutínio deles. Como estávamos para descobrir (veja o Capítulo 6), o Sudário de Turim sempre foi um objeto de grande fascínio para o Priorado e, talvez, quanto mais próximo se chega da verdade, menos se gosta dela.

Pode ser que não seja com o Priorado que tenhamos de ter cuidado. Existem, afinal, outros grupos paramentados interessados em manter o mistério do Sudário. No entanto, acabamos percebendo que, uma vez que se entenda a mensagem verdadeira da imagem, haverá muito mais em jogo do que umas poucas reputações acadêmicas. Aprendemos que descobrir a identidade e o propósito do criador do Sudário equivale a abrir a caixa de Pandora, porque dentro do mistério do pano encontra-se um outro segredo, infinitamente mais importante.

CAPÍTULO 5

"O Irmão Italiano de Fausto"

"Leonardo formou (...) uma doutrina tão herética, que ele não dependia mais de (...) nenhuma religião (...)"

Vite (As vidas dos artistas), de Giorgio Vasari, 1550
(esta frase foi retirada das edições subseqüentes)

Conspirações, reais ou imaginárias, podem parecer divertidas, até mesmo meio românticas, mas logo percebemos que elas são um pouco mais que simples distração. Lá estávamos nós, um analista de sistemas ponderado e uma jornalista teimosa, envolvidos na investigação sobre o Sudário, e a nossa pesquisa logo tornou-se o foco de nossas vidas.

Nós mal podíamos ignorar a direção que nos foi apontada, não só por Giovanni, mas também pela jovem Abigail e pelos vários visitantes da exposição em Bath: especificamente, que o Sudário fora criado por Leonardo da Vinci e que ele usara a si mesmo, ao menos uma parte, como modelo. Desde aquela época tem havido muitos comentários fazendo pouco caso da nossa misteriosa fonte de informação. Os sudaristas disseram que o nosso trabalho "não tinha nenhum valor", só porque admitimos que nos baseávamos na dica de um informante. No entanto, ninguém nunca critica a polícia, por exemplo, por fazer o mesmo, se isso resulta na solução do caso. O efeito da dica de um informante é fazê-los buscar provas admissíveis. Achamos que essa analogia é particularmente relevante neste caso.

Ao contrário de tantos outros sudaristas, não éramos céticos quanto à datação por carbono-14 (embora tivéssemos que admitir que ela podia, às vezes, ser inexata) e acreditávamos que fosse simplesmente tão válida como qualquer outra pesquisa científica sobre o Sudário, incluindo o trabalho do Sturp nos anos 1970. Os resultados da datação por carbono-14 nos revelaram o período da história no qual deveríamos estar nos concentrando e, imediatamente, percebemos que não só esse período incluía o auge das relíquias falsas, mas também podia cobrir a época de Leonardo da Vinci.

É claro que o período central identificado pela datação por carbono-14 — 1260-1390 — é um pouco anterior à época de Leonardo (1452-1519). Mas Teddy Hall dissera que aceitaria qualquer data até o ano de 1500, quando Leonardo tinha 48 anos de idade. De qualquer forma, o falsificador, entre todas as pessoas, saberia que, para falsificar uma relíquia antiga, não se utiliza um pano novo. Ele pode ter usado um pedaço de linho velho. É irônico que os sudaristas que criticaram o nosso trabalho tenham realmente usado a datação por carbono-14 contra nós — alegando que os seus resultados colocam a falsificação fora dos limites da vida de Leonardo! Às vezes, a lógica deles é, francamente, incrível.

Certamente a teoria de Leonardo fazia muito mais sentido para nós, embora parecesse haver um problema com a cronologia. Como já vimos, a maioria da literatura histórica segue indicações sobre o pano até a década de 1350 e Leonardo só nasceu em 1452. Todavia, a história dos primeiros dias do Sudário, antes que ganhasse a reputação de relíquia, é extremamente imprecisa e existem algumas teorias de que o Sudário de Lirey foi substituído por um modelo novo e melhor. Estávamos para descobrir que existem provas persuasivas de que essa substituição de fato ocorreu (veja o Capítulo 6).

Teríamos sido insensíveis e mal-agradecidos se tivéssemos menosprezado todos os comentários úteis que encontramos em nosso caminho quanto ao papel de Leonardo na falsificação do Sudário, e daí foi natural para nós começarmos a pesquisar esse indivíduo extraordinário e enigmático.

O CANDIDATO PERFEITO

Leonardo é o perfeito, talvez o único, candidato a ser o criador do Sudário. Pierre Barbet tentou demonstrar a improbabilidade de a imagem ser o trabalho de um homem, resumindo os atributos que seriam necessários ao perpetrador: "Se esta é a obra de um falsificador, ele tem que ter sido um supergênio como anatomista, fisiologista e artista, um gênio de qualidade tão excepcional que deveria ter sido feito sob encomenda."[1]

Mencionar Leonardo como o autor do Sudário já se mostra, há bastante tempo, irresistível para os sindonólogos de mente aberta, pois, visto que é, obviamente, uma falsificação, algum gênio deve estar por trás dele. O falsificador tem que ter sido alguém de talentos espetaculares e cujo método neste caso era extraordinário e tão avançado, que ainda recusa ceder seus segredos aos peritos em arte e cientistas. Ele tinha que ser um inovador, alguém que pensava muito além da metodologia óbvia e convencional, e também um pesquisador que desenvolvia experimentos práticos que de fato testou o método de crucificação, por exemplo. Pelo mesmo motivo, esse falsificador tinha que ter um conhecimento prático de anatomia. Leonardo, como Peter Brent e David Rolfe escreveram no seu livro *The Silent Witness*, era "o único homem com a mistura de habilidade artística, engenhosidade técnica e visão psicológica que poderia, plausivelmente, ter falsificado um ícone tão poderoso".[2]

É claro que, para a maioria dos que crêem na autenticidade do Sudário, a idéia de que ele tenha sido criado por mãos humanas é um absurdo. Mesmo assim, o nome de Leonardo aparece repetidas vezes na literatura. Ian Wilson contemplou a possibilidade de o criador do Sudário ter sido "um Leonardo desconhecido no seu tempo".[3] Noel Currer-Briggs declarou que o seu suposto "conhecimento de anatomia humana rivaliza com o de Leonardo da Vinci(...)".[4] A grande questão é: será possível que alguém tão brilhante tenha permanecido desconhecido à história?

Às vezes, o nome de Leonardo é mencionado pelo lobby pró-autenticidade, mas apenas para agraciá-lo com elogios discretos. Recentemente, o pesquisador alemão Holger Kersten escreveu: "Mesmo um gênio que possuísse habilidades e talentos maiores que os de Leonardo da Vinci teria sido incapaz de uma proeza tão magistral."[5]

A regularidade com que o nome de Leonardo é mencionado nesse contexto é um indicador seguro de que esses escritores percebem não só que ele é o melhor candidato para ter sido o falsificador — ele é, virtualmente, o *único* candidato. Na verdade, uma vez que se perceba que existem ótimos motivos para se acreditar que o Sudário de Lirey não seja o Sudário de Turim de hoje em dia, a identidade do criador deste último se torna óbvia. Acrescentemos a isso a semelhança extraordinária entre o rosto do próprio Leonardo e o do homem no Sudário e a coincidência começa a parecer exagerada.

Outros propuseram Leonardo como o gênio por trás do Sudário. A mais antiga foi Noemi Gabrielli, membro da comissão secreta do arcebispo de Turim de 1969-1973 (veja o Capítulo 1) e ex-diretora da galeria de arte de Piemonte.[6] Para sermos bem exatos, ela achava que um artista da escola de Leonardo era o responsável, pois identificou uma semelhança no sombreado do rosto do homem no Sudário a uma técnica inventada por Leonardo e utilizada por seus alunos. E chegou até mesmo a ponto de fazer uma comparação com o rosto do Redentor na *Última Ceia* de Leonardo. Quanto ao método, ela sugeriu que, em vez de pintado ou desenhado diretamente no Sudário, a figura foi o resultado de impressão manual, primeiramente pintada em cor de barro e amarelo ocre num pano separado e que foi então pressionado contra o Sudário com um bloco acolchoado, uma técnica utilizada no começo da era da impressão. Os que acreditavam na autenticidade do Sudário não deram muita atenção às idéias de Noemi Gabrielli, pondo-as de lado sem se incomodar em tentar analisar o mérito delas, freqüentemente com comentários extremamente condescendentes e menosprezo discretamente velado quanto à sua competência e até sua saúde mental. Contudo, embora sejamos amplamente solidários com ela no que se refere ao tratamento abusivo que recebeu dos defensores da autenticidade do Sudário, as sugestões dela não conseguiram justificar as características da imagem isoladas mais tarde pelo Sturp.

Gabrielli, como outros antes dela, não percebeu a semelhança entre o Mestre e o homem no Sudário. Pelo que sabemos, o primeiro a fazer isso foi Anthony Harris, em seu livro de 1988, *The Sacred Virgin and the Holy Whore*. A sua teoria de que o Sudário era um auto-retrato engenhoso é apenas uma pequena parte do livro, que é uma investigação da igreja secreta de Maria Madalena que floresceu na França. O fato de que ele fez a ligação que estivera literalmente na cara dos pesquisadores é um mérito seu, mas, infelizmente, ele não consegue explicar como Leonardo cometeu esse ato perigoso e blasfemo. Ele acredita que a imagem foi criada utilizando-se giz vermelho — uma técnica na qual Leonardo era mestre — ou possivelmente um pigmento em pó *à la* Walter McCrone; nenhuma dessas técnicas funciona. E, sem nos convencer, ele argumenta que Leonardo desenhou a si mesmo enquanto olhava para um espelho, equilibrando-se na ponta dos pés para criar o efeito de um corpo estendido.[7]

Finalmente, soubemos que, por uma coincidência notável, um grupo de pesquisa italiano, o Projeto Luce, chegara exatamente à mesma conclusão que a nossa, na mesma época em que estávamos pesquisando o assunto. Em março de 1993, a revista *Oggi* publicou uma entrevista com a fundadora e presidente do grupo, Maria Consolata Corti, estampando a manchete "Clamor! O homem no Santo Sudário é Leonardo!". Corti e seus co-pesquisadores perceberam as semelhanças fantásticas entre Leonardo e o homem do Sudário, e o trabalho deles os convencera de que a imagem era, de fato, um auto-retrato. Eles acreditam que Leonardo fora incumbido do trabalho pelo sultão turco de Constantinopla, Bajezid, embora ofereçam muito poucas provas para apoiar essa idéia. Tampouco têm resposta de como possa tê-lo feito. Eles especulam que a imagem foi criada utilizando-se sangue, suor e outros fluidos corporais, mas não conseguem dizer exatamente como foram empregados. Corti também sugere que Leonardo fez experimentos com a câmara escura — do que falaremos mais tarde — e contempla o fato de que a imagem pode ter sido "o primeiro experimento com negativo fotográfico", no sentido de que ele tentou criar esse efeito através da pintura.

Esse é um exemplo estranho de um fenômeno bem conhecido, de quando uma idéia semelhante surge ao mesmo tempo em dois lugares que não têm nenhuma ligação. O artigo da *Oggi* apareceu exatamente três dias antes de um artigo semelhante sobre o nosso trabalho, no *Evening Standard*, de Londres.

O momento — e o fato de ambos os artigos serem ilustrados com fotografias de, respectivamente, Maria Corti e Lynn Picknett, segurando ampliações do rosto do homem do Sudário/Leonardo — fizeram subir o nível de paranóia entre os sudaristas, especialmente do francês CIELT, que considerou o fato como prova de alguma forma de conspiração, aparentemente baseado no fato de serem, em ambos os casos, pontos de vista defendidos por mulheres!

DENTRO DA MENTE DE UM GÊNIO

Na busca da identidade do falsificador, estávamos procurando alguém capaz de criar uma técnica tão avançada e sem paralelos, que o século XXI ainda a teria que decifrar. Esse gênio desconhecido deve ter tido um grande conhecimento de anatomia e uma obsessão pela perfeição, que ia além da mera necessidade de satisfazer o público pouco exigente da sua época.

As idéias avançadas e invenções de Leonardo — máquinas voadoras, carros blindados, roupas de mergulho e lentes de contato, apenas para citar algumas — são bastante conhecidas para que precisemos entrar em pormenores. Curiosamente, no entanto, a bicicleta de Leonardo, uma de suas previsões mais assombrosas, é relativamente desconhecida.[8]

Cinqüenta anos após a morte do mestre, o escultor Pompeo Leoni, horrorizado pela forma como se permitiu que os manuscritos e documentos de Leonardo se espalhassem, comprou tudo o que sobrou e fez o possível para recuperar o resto, arrumando e catalogando o que recolheu. Folhas soltas foram coladas em um álbum que agora é conhecido como o "Códice Atlântico". Os versos dessas folhas ficaram, portanto, ocultos por quase quatrocentos anos. Na década de 1960, as folhas foram cuidadosamente descoladas para que se pudesse ver o que havia no verso. Uma delas revelou desenhos grosseiros (nos dois sentidos da palavra) feitos por um dos jovens alunos de Leonardo, incluindo alguns esboços obscenos dirigidos ao seu jovem servo Salai (e presumivelmente ao próprio Leonardo), um esboço nada lisonjeiro de um menino — e, em um canto, feito pela mesma mão, uma bicicleta. Está claro que isso foi inspirado na vida real.

Alguns eruditos ficaram tão estupefatos com o desenho tão claramente moderno daquele instrumento, que se recusaram a aceitá-lo, afirmando que era um complemento moderno posto ali por brincadeira (apesar da história conhecida do Códice), até que um trabalho de investigação histórica mostrou que o esboço da bicicleta, de fato, datava da época de Leonardo. A prova é de que o sistema de transmissão por corrente aparece em um de seus cadernos (o "Códice Madri"), datando do mesmo período, aproximadamente 1493. O aluno deve ter copiado uma das invenções de Leonardo. O desenho é quase idêntico ao das bicicletas modernas, com duas rodas do mesmo tamanho e pedais ligados a uma corrente para conduzir a roda de trás. A coisa mais assombrosa é a forma como prediz, em uma só tentativa, todos os passos importantes na evolução da bicicleta.

A primeira bicicleta moderna foi inventada em 1817 e era impelida pelos pés do ciclista, algo parecido com um patinete. Ela evoluiu com o tempo: acrescentaram-lhe pedais que eram usados para girar a roda diretamente — uma volta dos pedais causava uma revolução da roda, daí as rodas dianteiras enormes do velocípede antigo. Ela era lenta e usá-la exigia muito esforço. Finalmente, pouco antes de 1900, a corrente e o mecanismo de engrenagem foram acrescentados, permitindo que a roda fosse girada várias vezes para cada giro dos pedais, como acontece nas bicicletas de hoje. Essa evolução lenta, envolvendo várias fábricas, empreendedores e inventores, levou cerca de oitenta anos, e, ainda assim, Leonardo chegou lá em um pulo, anos antes. Vocês podem discordar, mas o conceito de viajar de bicicleta era mais original que o de voar.

Leonardo também foi um anatomista pioneiro, sendo um dos primeiros a dissecar cadáveres na tentativa de descobrir como o corpo humano funcionava. O seu perfeccionismo foi resumido por um autor: "Leonardo passava horas, dias e até semanas estudando o músculo de um animal que aparecia no fundo de uma pintura, para que o desenho ficasse perfeito."[9]

Se Leonardo tivesse sido incumbido de pintar uma crucificação, ele, sem dúvida, teria pesquisado a anatomia da posição física e as horríveis mudanças fisiológicas que resultam desse modo particular de execução. Ele teria descoberto, entre outras coisas, a posição adequada para enfiar os pregos com o martelo nos pulsos e tornozelos. E, muito importante, embora nunca tenha pintado uma crucificação, existem indícios em seus cadernos de que ele, de fato, estudou os seus requisitos anatômicos. Uma anotação que intriga os biógrafos há bastante tempo, datada de 1489 ou 1490, refere-se a um espécime que Leonardo tomara emprestado: "(...) o osso no qual Gian Giacomo de Bellinzona penetrou e do qual facilmente extraiu o prego..."[10]

Pareceu-nos bastante plausível que a imagem no Sudário fosse de alguma forma um auto-retrato: não só Giovanni o afirmara, mas o recente trabalho de computador na *Monalisa* demonstrou que Leonardo não era contra o uso de sua própria imagem em trabalhos que eram supostamente retratos de outras pessoas. Além disso, apesar da cegueira intencional por parte dos diretores da BSTS, a imagem do Sudário *parece*, obviamente, com ele, como a nossa pesquisa de opinião e Luigi Mattei demonstraram. Houve alusão de que ele também usou algum tipo de técnica fotográfica básica para criar essa sua obra-prima misteriosa para a posteridade. Ademais, nos disseram que ele fora motivado por uma aversão profunda pela Igreja, que em parte se originou das suas atividades alquimistas e mágicas secretas, e parte pela sua própria natureza anticristã. De alguma forma tínhamos que conseguir provas persuasivas de tudo isso. Tínhamos que mostrar, como nas histórias policiais clássicas, que Leonardo tinha "motivo, meio e oportunidade" para criar a falsificação das falsificações de relíquias.

UM MODO DE PENSAR MÁGICO

Para começar, não havia provas reconhecidas de que Leonardo estava envolvido com mágica, alquimia ou qualquer organização secreta. Ele não parecia, à primeira vista, entusiasta de assuntos como as ciências divinatórias, que são normalmente (embora, com freqüência, erroneamente) ligadas ao assunto mágica. Mesmo assim, o seu nome estava incluído nos "Dossiês Secretos" do Priorado de Sião como um dos seus grão-mestres e, embora não exista prova concreta da autenticidade desses documentos, o fato sugeria que Leonardo era conhecido nos círculos "heréticos" como fazendo parte deles. Também nos deparamos com um pôster rosacrucianista do século XIX retratando Leonardo como "o Guardião do Graal", José de Arimatéia. Novamente, isso não prova coisa alguma, exceto que ele tinha reputação como ocultista nos círculos esotéricos. Também houve relatos de que a falecida historiadora, Dame Frances Yates (1899-1981), descreveu Leonardo como tendo um "modo de pensar rosa-cruz"[11] — o que foi bastante corajoso, partindo de uma acadêmica.

O movimento rosa-cruz, que era intimamente ligado com a alquimia e o desenvolvimento da maçonaria, não se tornou conhecido até 1614, quando começaram a aparecer documentos vindos da Alemanha que falavam de uma irmandade de magos.[12] Afirmava-se que a ordem descendia de um homem chamado Christian Rosenkreutz, que vivera até os 106 anos de idade e fora enterrado numa tumba extraordinária em 1484. Os rosa-cruzes, dizia-se, eram alquimistas e mágicos, cabalistas e hermetistas. Comentaristas modernos afirmam que nunca houve um Christian Rosenkreutz e que toda a linhagem antiga era invenção, talvez uma metáfora. Alguns acreditam que os rosa-cruzes são precursores imediatos dos maçons modernos.[13]

"Rosenkreutz" significa "cruz rosa", um símbolo alquímico poderoso que deve muito pouco à cristandade,[14] e não é desconhecido à simbologia do Priorado de Sião.[15] E, com as suas raízes na alquimia, não há motivos para não ser conhecido na época de Leonardo. Supostamente, os próprios rosa-cruzes tiveram um precursor — que pode ou não terem sido os cavaleiros templários — e essa outra ordem ou organização deve ter sido conhecida dos hermetistas e esotéricos quando Leonardo era vivo.

Todavia, talvez não fosse bem isso que Frances Yates tinha em mente. Ter tido um "modo de pensar rosacrucianista" obviamente sugere "heresia", sugere um amplo e variado conhecimento esotérico e um intelecto questionador e ousado. Em resumo, Leonardo.

Curiosamente, os trabalhos dos rosa-cruzes revelam que eles atribuem alguma importância à imagem no Sudário. Em um livro deles de 1593, existe um diagrama intitulado "Arca de Noé"[16] (veja a ilustração), que mostra uma figura nua e barbuda sobreposta numa planta da Arca, que está dividida em compartimentos com associações astrológicas. A figura é muito parecida com a imagem no Sudário.

Menos óbvia é a figura que se repete nos diagramas complexos do grande rosa-cruz inglês (e grão-mestre do Priorado, se acreditarmos nos "Dossiês Secretos") Robert Fludd (1547-1640). Aparentemente representando Adão, o primeiro homem, a figura está deitada de costas, com os joelhos levantados e as mãos sobre a virilha. Essa posição é exatamente a mesma que aquela reconstruída pela artista Isabel Piczek (veja o Capítulo 7).

Frances Yates, em seu *Giordano Bruno e a tradição hermética*, também refletiu: "Será que não era dentro da perspectiva de um mago que uma personalidade como Leonardo era capaz de coordenar os seus estudos matemáticos e mecânicos com o seu trabalho de artista?"[17]

Dada a inclinação de Leonardo e seu espaço e tempo na história, teria sido muito estranho se ele não tivesse interesse em experimentos esotéricos e alquímicos. Como veremos, para o pensador informado e questionador do seu tempo e espaço não havia nenhum problema em ser ambos: um cientista e um adepto da mágica, por um lado, negando Jesus como Deus e, por outro, invocando arcanjos e arquétipos antigos. Não havia discrepância em ser cínico quanto à religião aceita pela maioria e também se atirar de coração, mente e alma em cerimônias que tinham o propósito de levá-lo ao contato profundo e ousado com o terrível mundo do "Abismo" — o qual pode ser considerado, hoje em dia, como um dos campos mais íntimos e inexplorados da mente inconsciente.

Um problema que muitas pessoas têm agora em associar Leonardo com mágica é a noção de que a Renascença era essencialmente uma revolução "científica", onde mágica e rituais não tinham lugar. Na verdade, essa visão está totalmente errada.

O começo da Renascença italiana foi uma explosão de arte, ciência e cultura que, de fato, obliterou a escuridão intelectual e a timidez castradora da Idade Média. Novas técnicas foram desenvolvidas nos campos da arte e da arquitetura, descobrimentos foram feitos, novas idéias investigadas e avidamente discutidas.

Um grande número de livres-pensadores em potencial tinham sido imobilizados em suas trajetórias pelo poder implacável e proibitivo da Igreja, como coelhos surpreendidos pelos faróis de veículos em movimento, só para contribuir com suas próprias mortes através do terror de seguir em frente. No tempo de Leonardo não era incomum, para aquele que se atrevesse a estudar além dos limites do escopo de conhecimento da Igreja, tornar-se hóspede da Inquisição.

O que havia por trás dessa explosão de pensamento e questionamento era nada menos que uma mudança repentina e dramática no conceito do homem dele mesmo e de seu lugar no mundo — mesmo assim, as causas dessa mudança súbita não foram satisfatoriamente explicadas pelas autoridades dominantes. A invenção da imprensa foi um fator importante na disseminação de novas idéias: não foi, no entanto, por si mesma uma causa. Tradicionalmente, as origens da Renascença remontam à queda do Império Bizantino — devido ao poder militar dos turcos, em 1453 — o que resultou numa enxurrada de obras clássicas na Europa: contudo, essa é uma visão simplista.

Frances Yates mostrou em seus livros que a maior influência no desabrochar intelectual da Renascença foi um aumento repentino de interesse em idéias que agora são chamadas de "ocultistas".

Para nós, essa idéia parece incongruente, ao menos à primeira vista. Tendemos a pensar sobre a Renascença como o começo da era da ciência — o próprio Leonardo é citado como "o primeiro cientista", o que é, para a mente moderna, simplesmente a antítese da mágica e do oculto. Mas, em grande parte, essa atitude é o resultado da forma que a nossa cultura se desenvolveu. Para compreender a Renascença, primeiramente temos que abandonar a nossa tendência de colocar o conhecimento em compartimentos, e de olhar com desprezo para aqueles compartimentos que estão além do nosso próprio conhecimento.

A verdadeira essência da típica mente renascentista era que nada estava confinado a compartimentos isolados: tudo era parte de um acúmulo de conhecimento. Hoje, consideramos a ciência e as artes como duas atividades separadas e irreconciliáveis, e o nosso sistema de educação é moldado a partir dessa idéia, mas na época de Leonardo isso estava muito longe de ser verdade. Os artistas eram filósofos, poetas, engenheiros, músicos, cientistas — e ocultistas. Na verdade, os mecânicos eram vistos como afetos a um ramo da mágica: as duas atividades eram relacionadas com a compreensão e utilização das leis da natureza.[18]

Foi apenas mais tarde, na segunda metade do século XVI, que houve uma cisão entre os vários ramos do conhecimento, transformando-se em um abismo impossível de ser cruzado. A nova liberdade de pensamento levara ao questionamento dos dogmas da Igreja antigamente inquestionáveis, o que culminou com a Reforma (muitas das figuras importantes do ocultismo renascentista, como Heinrich Cornelius Agrippa (1486-1535), estavam intimamente associadas ao movimento da Reforma).[19] A Igreja Católica revidou com a Contra-reforma, apelando para a ajuda da Inquisição e dos monarcas católicos leais — como os da Espanha — e a Europa foi engolida por um furacão de guerra e violência que levou os ocultistas à clandestinidade. Para sobreviver, os eruditos tiveram que renegar as suas raízes. Mesmo assim a diferença ficou só na aparência durante muitos anos. Isaac Newton (1642-1727) devotou mais da sua vida às buscas alquímicas que ao estudo da ótica e gravidade ou à invenção do cálculo infinitesimal. Gottfried Wilhelm Leibniz (1646-1716), matemático e filósofo alemão, era um rosa-cruz que viu na maravilha matemática apenas um primeiro passo em um sistema que mais tarde seria empregado em assuntos tanto espirituais como mundanos. Mesmo o arqui-racionalista René Descartes (1596-1650) flertou com o rosacrucianismo.[20]

Yates argumenta persuasivamente que a dívida devida pelo pensamento científico moderno ao oculto é subestimada. Para usar apenas um de seus exemplos: com freqüência nos dizem que um dos grandes triunfos da ciência sobre a superstição foi o descobrimento de que a Terra não era o centro do sistema solar mas que orbitava em torno do Sol. Entretanto, quando Nicolau Copérnico (1473-1543) desenvolveu a sua teoria heliocêntrica, ela primeiro ganhou terreno entre os filósofos herméticos, já que harmonizava com um de seus princípios fundamentais, que dizia que o Sol detém o poder mágico essencial mais importante. O próprio Copérnico cita a principal obra hermética, o *Asclepius*, na introdução de sua tese, e achou o seu mais fiel defensor em Giordano Bruno, o maior dos hermetistas do século XVI. Yates questiona se a teoria heliocêntrica teria tido ou não a mesma aceitação sem o endosso entusiástico dos ocultistas.[21]

Ela vê o "segredo" evasivo das origens da Renascença num despertar do interesse nas idéias do ocultismo e o que elas ensinavam sobre a natureza do homem. Em vez de relacioná-la à agonia do Império Bizantino, ela vê o ímpeto se originando de um local mais próximo, na perseguição crescente aos judeus espanhóis.[22] Eles eram, fazia muito tempo, os guardiões de vários sistemas místicos e mágicos, o mais importante dos quais era a Cabala, uma tradição esotérica extremamente complexa que afirmava representar as leis secretas do universo. Sob intensa pressão, eles começaram a migrar, levando suas idéias consigo. As coisas chegaram a um ponto crítico em 1492, quando todos os judeus foram violentamente expulsos da Espanha, o que teve como efeito imediato fazer com que a cabala, ao menos, se tornasse conhecida a uma nova audiência cristã. Na verdade, foi a versão cristianizada da cabala que se tornou a base do novo e dinâmico ocultismo.

Dois outros fatores importantes entraram em ação neste momento: o neoplatonismo e o hermetismo, ambos passando por um período de renovação. O neoplatonismo era uma evolução da filosofia clássica de Platão, que a maioria dos historiadores vê como uma filosofia essencialmente racionalista, protocientífica. Mas não era assim: ela ensinava que o homem é parcialmente ser divino — prisioneiro em um mundo imperfeito, que pode, teoricamente, fortalecer a sua divindade através do domínio das leis do ocultismo.

O hermetismo é a filosofia baseada nas obras que se acredita terem sido escritas pelo mago egípcio Hermes Trismegisto, o *Asclepius* e o *Corpus Hermeticum*. A primeira já era conhecida na Europa durante a Idade Média, mas a última só se tornou conhecida quando foi redescoberta e traduzida para o latim por um florentino, Marsílio Ficino (1433-1499), na metade do século XV. Então, em 1486, um outro italiano, Pico della Mirandola (1463-1494), publicou um tratado sobre a cabala. Ele fora educado por judeus espanhóis, inclusive uma figura misteriosa chamada Flavius Mithradates, que, sabe-se agora, alterou os textos cabalistas para torná-los mais aceitáveis aos cristãos. Juntos, os três sistemas — o neoplatonismo, o hermetismo e a cabala — estavam para transformar o espírito daquela época.

Durante a Idade Média, a Igreja, a única provedora da verdade, ensinara que o homem era uma criatura fraca e desgraçada, nascida do pecado original e dependente apenas da misericórdia de Deus para mantê-lo e — se tivesse sorte — salvá-lo das chamas do inferno. O paraíso medieval era definido, não pela presença do prazer, mas sim pela ausência da dor. Contrastando com esse quadro, não havia nada que inspirasse ninguém a ampliar suas perspectivas, era inútil desenvolver uma mente saudável e indagadora. Mas a filosofia hermética elevava a alma do homem, ensinando que cada indivíduo é um deus em potencial. Dizia que todos podem acionar essa divindade pessoal se pudessem recuperar o conhecimento secreto que fora passado através da história, de adepto para adepto.

De repente, qualquer coisa parecia possível: os grilhões se soltaram. O mundo se tornou um lugar fascinante para ser investigado sem temor algum e, dentro dos limites das leis da natureza, dominado. As glórias da Renascença eram nada menos que uma onda de auto-estima coletiva devido à idéia típica do ocultismo do homem como um ser divino, vindo ao mundo — como escreveria mais tarde o poeta inglês do século XVIII, William Wordsworth: "trilhando nuvens de glória".

É claro que as idéias do ocultismo eram conhecidas antes dessa época: os alquimistas, em particular, tinham uma rede secreta bem desenvolvida. Mas, de repente, jovens estudantes entusiasmados se apoderaram delas, pois viam nelas um fim à esterilidade intelectual da época, e os primórdios do retorno à liberdade excitante do mundo clássico.

Foi na Itália que a nova filosofia hermética tomou forma, e também foi lá que a Renascença começou. Isso porque, ironicamente, a autoridade do papa era mais fraca ali do que em qualquer outro lugar. Os Estados italianos viam nele um rival político e buscavam manter o poder da Igreja num mínimo por esse motivo. Da Itália, a nova era se espalhou pela Europa até que a Igreja percebesse que fora muito leniente, e tentasse arrastar o mundo de volta à Idade Média. Mas onde quer que o novo espírito fosse, ele florescia na pintura, arquitetura e literatura, embora suas raízes estivessem fincadas na nova filosofia do ocultismo, para usar as palavras de Frances Yates. Ela seguiu uma linha direta de transmissão e desenvolvimento desde a Itália da metade do século XV, através das obras do mágico alemão Agrippa, do grande profeta hermético Giordano Bruno e do mago elisabetano, o Dr. John Dee, no final do século XVI, até as origens do movimento rosa-cruz, no começo do século XVII e além.

A filosofia do ocultismo enfatiza todas as manifestações da Renascença e não deve ser nunca separada delas, pois é no pensamento oculto que, com freqüência, reside o simbolismo obscuro delas. Uma das ferramentas chave da mágica hermética é o talismã — Ficino era obcecado por ele. Embora com freqüência considerado sinônimo de amuleto, o talismã é, de fato, muito mais. O seu propósito era atrair para si certos tipos de poder mágico, e então canalizá-los. Muitas pinturas e esculturas renascentistas podem ser vistas como talismãs — *Primavera*, de Botticelli (1444-1510), por exemplo, é um talismã para Vênus.[23] Um século mais tarde, em Amsterdã, Rembrandt (1606-1669) incorporava elementos da cabala nas suas pinturas.[24]

Curiosamente, considerando a nossa pesquisa, foi em Florença que os três elementos, o neoplatonismo, hermetismo e cabalismo surgiram, em conjunto, com mais força e criatividade. E o catalisador dessa transmutação intelectual explosiva foi ninguém menos que Lourenço de Médici (1450-1492), soberano de Florença e, mais importante ainda, o mecenas de Andrea del Verrocchio (1436-1488) — que, como veremos, foi um grande estimulador dos anos de formação de Leonardo.[25]

Tão ansiosa estava essa corte para fazer de Florença um centro de cultura e erudição, que o avô de Lourenço, Cosimo, enviara agentes para percorrer o Mediterrâneo procurando manuscritos perdidos. O maior prêmio que trouxeram de volta foi o *Corpus Hermeticum*, que Cosimo se apressou em traduzir. Tão grande foi a honra concedida a esse trabalho, que ordenaram a Marsílio Ficino que largasse a sua tradução das obras completas de Platão e, em vez disso, se concentrasse em traduzir o *Corpus Hermeticum*.

Ficino também escreveu e traduziu muitas das obras clássicas do ocultismo renascentista, como a *Orphica*, uma coleção de hinos a deuses pagãos, e *De triplica vita*, seu tratado sobre mágica astral e talismãs, e foi o tutor e mentor de Lourenço, e mais tarde o tutor de seus filhos. Pico della Mirandola, o defensor da cabala cristã, escreveu o seu famoso tratado em Florença, após Lourenço oferecer-lhe proteção da Inquisição. E, surpreendente para aquela época, a Florença de Lourenço tolerava os judeus: na verdade, com freqüência intercedia pessoalmente para impedir a perseguição a eles em outros Estados italianos, fazendo de Florença o refúgio ideal para os que fugiam das atenções do inquisidor espanhol, general Torquemada.

Não deveríamos nos surpreender de descobrir que Lourenço também estava ativamente interessado no ocultismo. De acordo com a historiadora Dra. Judith Hook: "Os seus escritos demonstram uma familiaridade considerável com os poetas latinos (...) um domínio da literatura hermética, teoria médica e arquitetônica contemporâneas, e um interesse em mágica e astrologia (...)"[26]

Florença tinha obsessão por grupos e sociedades — associações, comitês, conselhos, grupos religiosos etc. Havia uma rede de organizações religiosas secretas (embora ninguém hoje em dia saiba por que existiam), chamadas "Companhias da Noite". Uma sociedade especialmente ligada aos Médici era a "Confraternidade dos Magos", o núcleo dos filósofos neoplatônicos. Lorenzo, assim como o seu pai e avô, era o seu presidente. Ostensivamente ortodoxa, ela, contudo, tornou-se mais como uma loja maçônica moderna sob Lorenzo, e aqueles que aspiravam à influência ansiavam ser admitidos.[27]

Essa, então, era a Florença à qual Leonardo ficaria apaixonadamente ligado, um centro de fervente discussão sobre o ocultismo. É inconcebível que Leonardo, que tinha interesse em tudo, tivesse ignorado essas novas e excitantes possibilidades.

AS SOMBRAS MAIS ESCURAS

Era um mundo, entretanto, que não deve ter sido imediatamente acolhedor para alguém como Leonardo. Justiça seja feita, ele deveria ter sido submetido à tortura dezenas de vezes por suas "heresias". Mesmo ignorando as crenças radicais de Leonardo, temos que levar em conta os seus outros hábitos, que facilmente o teriam qualificado para os cuidados dedicados da Inquisição.

Leonardo era canhoto; era um vegetariano ferrenho; dissecava cadáveres; buscava a companhia de alquimistas e adeptos da necromancia; trabalhava aos domingos e somente assistia à missa quando na corte. Os últimos dois podem ser considerados pecados óbvios numa época em que a piedade exteriorizada era tudo; mas e os outros?

Naquela época, julgava-se que ser canhoto era ser mau; mesmo assim, Leonardo, embora tecnicamente ambidestro, ostentava o fato de ser canhoto. Ele até usou "escrita espelhada" para escrever documentos nada secretos — a escrita diabólica pela mão do Diabo.

Também era vegetariano.[28] Para os ocidentais modernos, a idéia de que a dieta de alguém poderia ser julgada herética pode parecer surpresa. Porém, em muitas religiões, como, por exemplo, o judaísmo ortodoxo, o islamismo e o cristianismo mórmon, a obediência a dietas rígidas ainda é obrigatória, e quaisquer deslizes são puníveis.

A Igreja dá grande ênfase ao domínio do homem sobre o mundo animal, como dado a ele por Deus no Livro do Gênesis. Contudo, isso vai mais além: se Deus nos tivesse dado os animais para fazermos o que deles quiséssemos, então se esquivar de fazer isso seria blasfêmia. Na época de Leonardo referia-se ao vegetarianismo como sendo "o banquete do Diabo", e evitar comer carne (exceto às sextas-feiras, é claro) era uma forma segura de ser condenado por heresia. Mas a pergunta permanece: como é que ele se safou disso?

Durante a maior parte da sua vida profissional, Leonardo tinha uma autorização especial para dissecar cadáveres com o propósito de pesquisa anatômica, algo que normalmente acarretava pena de morte. Todavia, não só ele trabalhava muitas horas em meio a cadáveres fedorentos, com as mãos enfiadas em intestinos até os pulsos (embora ele tenha inventado uma forma de manter suas unhas limpas),[29] mas também, com freqüência, se gabava — mesmo, surpreendentemente, quando conversava com padres — sobre quantos homens, mulheres e crianças ele cortara em pedaços. Foi somente no final de sua vida, por volta de 1513, quando o papa Leão X adquiriu uma aversão profunda pelas suas pesquisas anatômicas, que elas cessaram. A vida sedutora de Leonardo estava ameaçada, e foi nessa época que ele partiu para a França, onde morreu mais tarde.

Enquanto as autoridades instauradas desconheciam ou não aceitavam que Leonardo fosse alquimista ou necromante, existem várias referências às suas freqüentes ligações com conhecidos amadores nas chamadas "artes negras". Por exemplo, a única escultura ainda existente na qual ele tomou parte foi, principalmente, trabalho de Giovan Francesco Rustici, a quem Serge Bramly, em seu livro, *Leonardo: the Artist and the Man*, descreve com um tanto de indiferença, como "um alquimista amador e necromante ocasional".[30] A obra, retratando João Batista (que está erguendo o dedo indicador em direção ao céu), se encontra no Batistério em Florença, do qual João Batista também era santo patrono. Giorgio Vasari, o historiador da arte do século XVI, diz em sua obra *Vite* que, enquanto Leonardo e Rustici trabalharam naquela figura, ninguém podia se aproximar deles. Embora pudessem haver muitas explicações possíveis para essa ânsia por solidão, o que quer que estivessem fazendo, Leonardo e seu amigo Rustici não queriam ser perturbados.

A necromancia era uma arte muito negra que requeria o uso de cadáveres com propósitos divinatórios. Aproximadamente uma geração depois de Leonardo, o astrólogo da rainha Elizabeth I, o polímata Dr. John Dee, era sabidamente praticante da necromancia com terríveis resultados. Era uma prática amplamente difundida entre os homens da Renascença, famintos por conhecimento: certamente, se o próprio Leonardo não fazia parte dessa bizarra e ultrajante irmandade, ele não tinha o menor escrúpulo de se misturar com aqueles que faziam. E ele teria, é claro, sido um excelente fornecedor de matéria-prima para eles, visto que tinha um acesso tão regular e incontestado a cadáveres para suas pesquisas anatômicas.

Apesar de nunca, nem mesmo por um momento, ter considerado Leonardo nem um necromante nem um alquimista, o cauteloso Serge Bramly escreve: "Leonardo não mais se atrevia sequer a indicar claramente os ingredientes das ligas que desenvolvera: ele usava códigos, ou então empregava o vocabulário do alquimista, referindo-se a Júpiter, Vênus ou Mercúrio, descrevendo um metal como tendo 'que ser devolvido ao seio de sua mão' quando queria dizer que o metal tinha que ser recolocado no fogo (...) Mas o pior estava para vir: a fim de desacreditar Leonardo no Vaticano, Giovanni (o assistente do mestre que fabricava espelhos) acusou-o de praticar necromancia: daí em diante, Leonardo foi proibido de realizar os trabalhos anatômicos que vinha fazendo no hospital de San Spirito."[31]

Parece estranho que alguém que não "ousava" descrever detalhes de seu trabalho em papel ainda "ousasse" empregar imagens alquímicas tão abertamente; não era aquela linguagem consideravelmente mais perigosa que permitir que mentes inferiores decifrassem o seu trabalho? E então há o fato de que, quando o papa se deparou com uma acusação de heresia contra Leonardo, em forma de necromancia, tudo o que fez foi proibir a pesquisa anatômica. Sempre houve muitos boatos acerca do trabalho de Leonardo: ele é chamado de "o irmão italiano de Fausto",[32] e Serge Bramly comenta que "havia cheiro de enxofre em torno de Leonardo".[33]

Era uma era cínica e um lugar faminto por poder. Talvez não tivesse incomodado aos mecenas, ou até mesmo ao Vaticano, se ele fedesse a enxofre, contanto que ele tivesse algo — algum conhecimento ou técnica — que os outros não tivessem, algo que fosse útil de forma única em seu tempo e espaço. Em um de seus cadernos escreveu: "Ousar ser o primeiro, transformar o sonho em realidade..." Podemos quase ouvir o tom de impaciência, de desejo passional de ser o maior dos inovadores. Mas o que fez dele o homem extraordinário que ele foi? O que o levou, o que ocasionou a energia incessante, o poder de criar?

O menino de Vinci

Leonardo nasceu às 10:30 da manhã de um sábado, 15 de abril de 1452, em Anciano, um vilarejo perto da cidadezinha de Vinci, na Toscana. Seu avô, Antonio, anotou ansiosamente o momento exato do nascimento do menino: talvez quisesse que fizessem um horóscopo.

Seu pai era um escrivão, Ser Piero da Vinci, que tinha um negócio importante em Florença. Sua mãe era a misteriosa Caterina (às vezes Chateria), uma mulher local que nunca se casou com o pai dele. Muito pouco se sabe a seu respeito: conta-se que ela criou o menino até os cinco anos, então casou com Attabriga di Piero del Vacca (possivelmente um soldado) e mudou-se para Campo Zeppi, cerca de 1,6km de Vinci. Eles tiveram três filhas e um filho. Ela pode ter sido a Caterina, que mais tarde se tornaria empregada na casa do Leonardo adulto, terminando seus dias com ele, mas mesmo isso é discutível. Isso é tudo o que os estudiosos sabem sobre a mulher misteriosa que trouxe o gênio atormentado, Leonardo da Vinci, ao mundo.

Contudo, existem histórias que não pertencem à corrente histórica predominante. Giovanni dava grande importância a Caterina, a qual se referiu, às vezes, como "a mulher cátara"[34] (o vegetarianismo de Leonardo pode ter sido inspirado pela tradição cátara) e, outras vezes, insinuou que ela mesma não era peixe pequeno no movimento secreto da crença e mágica heréticas. Talvez fosse uma "bruxa" — uma mulher sábia local com poderes de cura — ou talvez suas habilidades fossem mais marcantes, mais perturbadoras, mais prováveis de ter influenciado a mente de uma criança com um mundo mágico de enorme potencial germinando dentro de sua cabeça.

Por apenas uns poucos meses, Leonardo foi o único favorito de seu pai; então, Ser Piero casou com Albiera, a primeira de suas quatro esposas. Ela estava destinada a morrer sem filhos (em 1464), como também ocorreu com sua segunda esposa — juntas, as duas últimas esposas lhe deram nada menos que doze filhos legítimos. Embora seja provável que a natureza libidinosa de Piero tenha resultado em vários filhos ilegítimos, Leonardo foi o único que ele reconheceu oficialmente; sua ilegitimidade viria a causar ao Leonardo adulto enorme pesar e ira, talvez sendo este o fator mais importante no que pode ser chamado de seu tormento interior durante sua vida mais tarde.

Na casa perto de Vinci também vivia Antonio, o avô paterno de Leonardo, e seu tio, o simpático e desocupado Francesco, 16 anos mais velho que o menino. Depois da partida de Caterina, as únicas mulheres na casa eram as madrastas, as mães dos filhos legítimos de seu pai.

Então, o jovem Leonardo voltou-se para o mundo de sua mente, um mundo onde qualquer coisa era possível. Existem provas de que o jovem tio Francesco gastava tempo com ele, sendo talvez o único amigo que agüentava as perguntas sem fim, a atividade mental incessante, a energia frenética. Talvez, como a maioria dos outros gênios, Leonardo fosse basicamente solitário, isolado das outras crianças pelos poderes internos que o guiavam, intimidando aqueles não tão bem preparados como ele para explorar o seu espaço interior.

A sua ilegitimidade impediu que se tornasse advogado, a profissão da família; então, Leonardo, aos 13 anos de idade, tornou-se aprendiz de Andrea del Verrocchio, um artista de Florença. Naquela época, os artistas não eram mais que artífices, e os seus estúdios eram vistos como oficinas rudimentares. Esperava-se dos aprendizes — *botteghe* — que dominassem várias técnicas artísticas e mecânicas, fabricando com freqüência os seus próprios materiais. Eles viviam na "própria oficina" e raramente tinham tempo para se aventurar no mundo lá fora.

Verrocchio tinha fascinação pela matemática, música e — mais controvertidamente — pela mágica e alquimia.[35] Leonardo era um trabalhador quieto e estudioso, cujos talentos eram óbvios desde o começo. Quando uma bola de cobre reluzente, parte da qual foi feita por Leonardo e que pesava mais de duas toneladas, foi depositada no alto da agulha da catedral de Florença, em 1471, o menino já era o segundo em comando na oficina de Verrocchio.

Naquela época, Leonardo conheceu o geógrafo Paolo Toscanelli ("Mestre Pagolo"), que mais tarde se encarregou da cartografia da grande viagem de Colombo, e com quem aprendeu muito sobre maquinaria. Outra influência importante nessa época foi Leon Battista Alberti (1404-1472), o polímata que fez experimentos com uma câmara escura. Como Leonardo, Alberti tinha uma força física quase sobre-humana; talvez tenha sido ele que ensinou ao aprendiz os segredos da mente sobre a matéria, um controle semelhante ao das artes marciais, que parecia estar por trás dos feitos de ambos.[36] O Leonardo adulto, por exemplo, com freqüência endireitava ferraduras como um truque de festa e, certa vez, arrancou das dobradiças uma porta pesada que estava trancada — sem, nos contaram, esforço visível.[37]

Um outro contato precoce foi com o artista Botticelli (Sandro Filipepi), que era sete anos mais velho que Leonardo e, se acreditarmos nos "Dossiês Secretos" do Priorado de Sião, mais tarde tornou-se grão-mestre daquela organização (e dizem que os seus interesses esotéricos se exteriorizaram ao desenhar um baralho de tarô).[38] Dizem que foi com a morte de Botticelli, em 1510, que Leonardo tomou a direção do Priorado.

Florença, naquela época, era uma rica cidade-estado controlada por negociantes e governada pelos Médici, uma família de banqueiros. A oficina de Verrocchio se mantinha ocupada fazendo estátuas, ornamentos e retratos para aumentar o status destes últimos. Leonardo escreveu muitos anos mais tarde: "Os Médici me criaram e me destruíram",[39] embora não se saiba exatamente a que estava se referindo na última parte da frase. Certamente, o contato com os Médici teve suas vantagens e desvantagens, em 1476, quando o artista de 24 anos foi preso por causa de uma acusação anônima e acusado de "heresia", junto com um grupo de outros jovens. Isso geralmente significava que a acusação era sodomia; todos foram libertados rapidamente, quase com certeza devido ao fato de que um dos acusados era ligado aos Médici. Isso pode ter livrado Leonardo, mas será que essa má companhia não o levou à prisão em primeiro lugar? E se a acusação não foi sodomia, então qual era a heresia da qual eram acusados? A punição tanto para a sodomia quanto para a heresia era a mesma segundo a lei naquela época: a morte na fogueira.

Boatos sobre a homossexualidade de Leonardo o seguiriam durante toda a sua longa vida. Exceto por aquele breve e incerto problema com a justiça, e o fato de nunca ter se casado, existem poucas provas diretas de que Leonardo fosse homossexual. Os seus cadernos ocasionalmente registravam seu desprezo pelo ato sexual e pode ser que sua vida emocional, tão cuidadosamente encoberta em seu trabalho, nunca tenha assumido uma expressão física. Ou, como sugerem alguns comentadores, o seu contato com a lei no caso da acusação de sodomia, com efeito, o assustou tanto que nunca mais caiu na tentação.

Entretanto, rumores lascivos continuaram a perseguir o seu nome, mesmo postumamente, e a recente descoberta[40] de alguns rabiscos pornográficos feitos por seus aprendizes certamente reforçam a idéia de que ele e a homossexualidade se conheciam. Também é verdade que seus relacionamentos com as mulheres eram superficiais e distantes, e seus comentários sobre relações heterossexuais eram, com freqüência, de escárnio e repúdio. Serge Bramly chama atenção para o desenho estranho do mestre, o corte lateral de um casal fazendo sexo; enquanto o homem — com uma cabeleira curiosamente abundante — foi desenhado pormenorizadamente, a mulher é um mero esboço. Porém, Bramly também sustenta que o pênis do homem, penetrando na vagina da mulher, parece ter se deparado com outro pênis.[41]

Durante vários anos, comentaristas citaram a *Monalisa* como um exemplo da sexualidade atormentada de Leonardo; sempre corriam boatos de que era, de fato, um auto-retrato engenhoso. Então, mais recentemente, dois pesquisadores — Lillian Schwartz, dos Laboratórios Bell, nos Estados Unidos,[42] e o Dr. Digby Quested, do Hospital Maudsley,[43] em Londres — comprovaram que esse é, de fato, o caso. Ao contrário do que possa parecer, esses dois investigadores conseguiram provar, usando técnicas sofisticadas de digitalização de imagens, que o rosto de mulher é um auto-retrato do próprio Mestre, quando comparado com o seu auto-retrato já como um homem velho, que se encontra agora em Turim. Todos os traços importantes do rosto — os lábios, a ponta do nariz, as sobrancelhas, os olhos — combinam perfeitamente em ambas as pinturas.

Muitas pessoas adotaram a *Monalisa* como uma expressão do lado feminino de Leonardo, sua anima torturada que foi tão assiduamente mantida longe da vista do público. Mas isso certamente mostra a propensão de Leonardo para inserir, sutilmente, a sua própria imagem em suas obras. Ademais, têm sido tiradas muitas conclusões a respeito da pornografia de Leonardo: esboços mostrando "hermafroditas em estado de excitação sexual", devolvidos recentemente à coleção da rainha da Inglaterra, em Windsor, depois de muitos anos. (Eles foram roubados durante o reinado da rainha Vitória; corre o boato de que ela ficou mais que contente com o desaparecimento!). Mas é fácil demais atribuir a aparente obsessão de Leonardo por hermafroditas a um desejo sexual perverso, e talvez mesmo pervertido, e ao seu fascínio pela dualidade de sexos, como manifestado em seu auto-retrato mais famoso, a *Monalisa*.

O SEGREDO DA "GRANDE OBRA"

Havia outro motivo para que um florentino daquela época estivesse obcecado com a ambigüidade sexual, com a idéia de entrelaçar um sexo com o outro. O hermafrodita é um símbolo alquímico, representando o equilíbrio perfeito alcançado na "Grande Obra", o ser perfeito, no qual o próprio alquimista se transforma e transmuta espiritualmente — e, como muitos acreditam, fisicamente também. Era uma "consumação a ser avidamente desejada" e não tinha nada, ou praticamente nada, a ver com a sexualidade como a entendemos hoje em dia. A "Grande Obra" era um fluxo do potencial para o real, onde a busca mística assume uma forma concreta. De acordo com o axioma dos alquimistas, "o que está em cima é igual ao que está embaixo", acreditava-se que esse processo transformava o espírito em matéria e transmutava um tipo de matéria em outro. Fazia do homem um deus.[44]

No século XXI, científico e tecnológico, um alquimista é visto como um pobre tolo, e todas as suas práticas, aspirações e crenças, como apenas uma baboseira da qual nos esquivamos com arrogância e confiança. E, em grande parte, quando primeiramente começamos a pesquisar a alquimia, essa também era a nossa posição. Mas logo percebemos que ela podia ser aparentemente bizarra e ridícula — os alquimistas mais sérios fomentaram essa imagem para manter investigações indesejáveis à distância[45] — mas era também extraordinariamente poderosa. Ela exerce uma atração poderosa sobre uma pessoa que deseja alcançar o seu potencial físico, intelectual e espiritual e ficar bem acima dos seus semelhantes em termos de compreensão do universo e do seu papel nele. Freqüentemente, a alquimia é a fusão aparentemente excêntrica da filosofia, cosmologia, astrologia, física, química e até mesmo um tipo de engenharia genética, como disse Neil Powell, uma autoridade em alquimia:

> Os maiores alquimistas eram especialistas em várias áreas do conhecimento. Naquela época, o conhecimento era pequeno o bastante para que uma pessoa pudesse ter a esperança de dominar tudo o que havia para se saber sobre assuntos tão variados como a medicina e a religião, a filosofia e a alquimia, a lógica e a mágica. Aqueles que buscavam o conhecimento não veriam nada de incompatível nos diferentes campos de estudo. A magia não entrava em conflito com a medicina, nem a filosofia com a religião. O conhecimento era pensado como uma coisa só e todos os diferentes ramos eram diferentes aspectos dessa mesma coisa. Todos levavam a um maior entendimento do universo.[46]

Nós nos deparamos com um repertório rico em significado para "aqueles com olhos para ver", o que ajuda a acentuar a importância da atração exercida pela alquimia sobre uma pessoa em busca de conhecimento, como era o caso de Leonardo.

No começo do século XX, o submundo do ocultismo em Paris ficou alvoroçado quando um certo "Fulcanelli" publicou o livro *O mistério das catedrais e a interpretação esotérica dos símbolos herméticos da grande obra*, um trabalho que pretendia mostrar que as grandes catedrais góticas da Europa, em particular a de Chartres, eram códigos em pedra que continham conhecimentos alquímicos e mágicos antigos. Por exemplo, um símbolo alquímico que é amplamente reconhecido pelos estudiosos modernos é o de um velho barbudo, sendo que a parte de trás da sua cabeça mostra uma jovem olhando num espelho. Uma estátua com essa imagem adorna o interior da Catedral de Nantes, da mesma forma que um rei barbado com o corpo de uma mulher, que retrata a rainha de Sabá, no pórtico em Chartres.

Um dia, no começo de 1993, Lynn estava organizando slides para uma palestra sobre Leonardo e o Sudário e se deparou com um slide em particular, um que ela achava bem conhecido. No entanto, nenhum de nós dois conseguiu ligar uma coisa à outra.

O slide era um esboço de Leonardo intitulado "Bruxa usando um espelho mágico" (veja a ilustração).[47] Nós o usávamos com freqüência para ilustrar a fascinação secreta de Leonardo pela mágica, espelhos e a dualidade sexual, mas tínhamos deixado escapar aquele ponto. Tínhamos percebido há bastante tempo que, embora o esboço aparentemente mostrasse uma jovem mirando num espelho, se olharmos com cuidado, veremos que a parte de trás de sua cabeça é, na verdade, o rosto de um velho — o próprio Leonardo. É nada menos que o mesmo símbolo que o da estátua alquímica em Nantes. Nós devemos ter chamado a atenção de centenas de pessoas para os pontos de interesse naquele esboço nos anos anteriores, mas jamais percebemos que todo o tempo vínhamos usando uma prova clara do envolvimento de Leonardo com a alquimia.

Também descobrimos, como mencionado anteriormente, que ele utilizava símbolos alquímicos em seus cadernos, uma prática realmente perigosa. Isso não parece ser regra, pois eles aparecem apenas brevemente entre dezenas de anotações existentes.

Não é provável que Leonardo escrevesse muito sobre qualquer coisa que louvasse a alquimia pelo motivo óbvio de prudência. Não é suficiente dizer que os seus cadernos não eram destinados ao consumo público: ele já era famoso no seu tempo e sabia o valor de todas as suas anotações. Além disso, seu jovem servo Salai era um ladrão notório — quem sabe onde os cadernos valiosos de seu mestre poderiam acabar? Poderiam facilmente ter caído nas mãos erradas durante a sua vida.

O segundo fator importante, considerando os escritos de Leonardo acerca da alquimia, é observar o seu exato tom e conteúdo. Como já vimos, os alquimistas sérios estavam interessados principalmente na transformação espiritual, não em transformar metais vis em ouro, como normalmente se acredita. De acordo com o estudioso do ocultismo Grillot de Givry é importante distinguir o verdadeiro alquimista da "multidão desordenada de não iniciados, que fracassou totalmente em seus esforços de penetrar o segredo da doutrina verdadeira e continua trabalhando com materiais anômalos, o que nunca vai levá-los aos resultados desejados. Esses são os falsos alquimistas, que são chamados de 'sopradores'".[48]

Está claro que os escritos de Leonardo eram dirigidos aos "sopradores". Por exemplo, ele lhes pergunta "por que vocês não vão às minas, onde a natureza produz esse ouro, e se tornam os seus discípulos? Ela certamente cura-los-á da sua insensatez, mostrando-lhes que nada que usem em sua fornalha estará entre as coisas que ela usa para produzir ouro." Contudo, a atitude dele não é totalmente hostil, pois também diz que os alquimistas "merecem louvor pelas coisas úteis que inventaram para o homem usar".[49]

Os alquimistas sérios concordariam com ele. O desprezo que sentiam — e ainda sentem — pelos "sopradores" se iguala ao sentimento que muitos cientistas demonstram por aqueles que ainda acreditam que o Sudário seja realmente o de Jesus.

Em geral, é verdade que os alquimistas modernos — existem institutos alquímicos na França e nos Estados Unidos — apreciam o anonimato tanto quanto os seus equivalentes históricos. Isso pode parecer estranho, pois, com certeza, já passou o tempo em que eles enfrentariam a fogueira por causa das suas crenças e práticas. Alguns pensam que o anonimato ficou simplesmente tão arraigado na psique dos alquimistas, que se tornou uma tradição, no entanto é bem mais do que isso. Simplificando, a alquimia é para iniciados apenas, da mesma forma que qualquer conhecimento do ocultismo. Os segredos permanecem segredos. Ou, como Neil Powell escreve: "Os alquimistas se deleitaram envolvendo os seus escritos em mistério e obscuridade, pois sempre temeram que a informação caísse nas mãos das pessoas erradas. Talvez gostassem dos segredos por serem segredos."[50]

A alquimia ainda possui códigos elaborados e, com freqüência, impenetráveis, empregando imagens fantásticas, mas, basicamente, é um sistema completamente engajado em transformar não somente as substâncias com as quais os alquimistas trabalham, mas também o próprio alquimista. Os alquimistas têm um ditado: "Não existe Deus, senão o próprio homem", não é apenas um axioma profundamente perigoso de se debater na época da Inquisição, mas também o perfeito sentimento para alguém como Leonardo.

Chegamos à conclusão de que um dos motivos do existir do Priorado de Sião é a alquimia. Nicolau Flamel está incluído na sua lista como um dos primeiros grão-mestres, e 17 de janeiro — que é a data em que supostamente levou adiante a Grande Obra em 1392[51] — é um dia sagrado para eles. Na lista também estão Sir Isaac Newton, Robert Boyle (1627-1691) e Robert Fludd, todos sabidamente alquimistas apaixonados. (Curiosamente, Newton, como Leonardo, agora é conhecido como um racionalista extremo, mas na sua época não havia nada de ilógico quanto a ser alquimista; todo conhecimento era válido.)

A alquimia não é um passatempo como colecionar selos ou criar orquídeas; é um sistema completo para a compreensão tanto do homem como do mundo que ele habita. A "Bruxa usando um espelho mágico" de Leonardo prova que ele estava familiarizado com as imagens alquímicas.

O verdadeiro Código da Vinci

Em nossa busca para dar a Leonardo meios, motivo e oportunidade para criar o Sudário de Turim, tínhamos que provar que a alquimia lhe dera os meios. Talvez, porém, os seus meios e motivos fossem intimamente ligados. Pode ser que a alquimia não só lhe dera o conhecimento técnico para criar uma falsificação tão ousada e engenhosa — a qual, afinal de contas, não foi exposta como fraude durante a vida dele — mas também o pusera em contato com uma imensa rede secreta de hereges que pensavam como ele.

Voltamo-nos para as obras de Leonardo e imediatamente descobrimos que ele é tido como sendo o jovem que se recusa a olhar, quase violentamente, para a "Sagrada Família", na sua pintura incompleta *Adoração dos reis magos*.[52] Alguns ingenuamente sugeriram que isso é porque ele não se achava merecedor de olhar para eles. Mas devido ao seu histórico secreto, é bem mais provável que represente uma aversão completa à história bíblica aceita.

Tampouco a obra pode ser considerada um cântico de louvor íntimo e espiritual à religião cristã. A cena acontece diante de uma alfarrobeira — símbolo de João Batista — e os Reis Magos podem ser vistos trazendo incenso e mirra para o Menino Jesus, mas não há ouro, pois ele não só é o símbolo de realeza, mas também o símbolo alquímico para a mais alta verdade e perfeição. Como escreveu Leonardo, o ouro é o "mais excepcional dos produtos da natureza, o verdadeiro filho do Sol".[53] Enquanto aqueles que aparentam estar adorando as raízes elevadas da alfarrobeira parecem perfeitamente normais, os que aparentemente vieram adorar Jesus e sua mãe são horríveis, extremamente magros, esqueletos ambulantes como os cadáveres com quem Leonardo passou longas noites à luz de velas, com o bisturi na mão. Eles rasgam o ar com as unhas ao redor da insípida Virgem e da criança, enquanto a mão de um dos homens parece estar cortando a garganta de um espectador, à maneira do juramento maçônico: ser lembrado disso tão vividamente é ser chamado de traidor e enfrentar a execução. É um gesto que se repetirá na *Última ceia* de Leonardo, cuja restauração controvertida levou vinte anos e foi terminada em 1999.

Única parte remanescente da igreja original de Santa Maria delle Grazie, em Milão, esse afresco, a *Última ceia*, acabou sendo considerado a expressão de piedade cristã do artista. Na verdade, é bem o contrário.

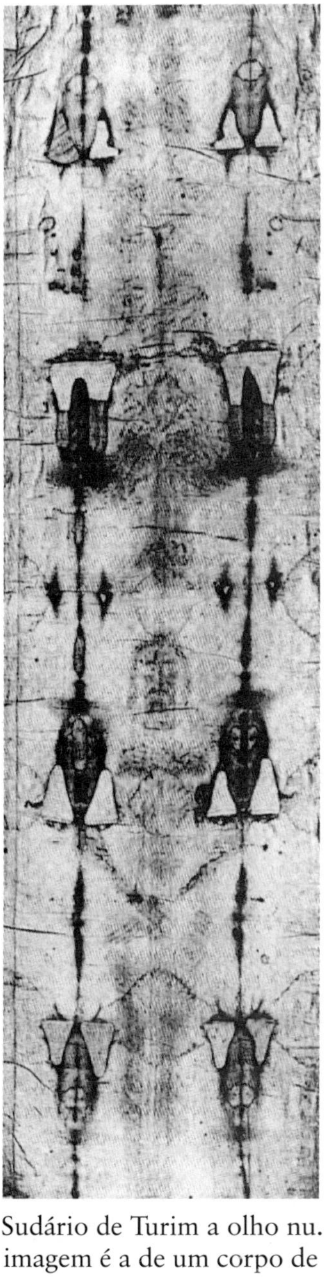

Mesner Patrick/Gamma/Camera Press

O Sudário de Turim a olho nu. A imagem é a de um corpo de homem crucificado, de costas e de frente, com as cabeças tocando uma a outra no meio da imagem.

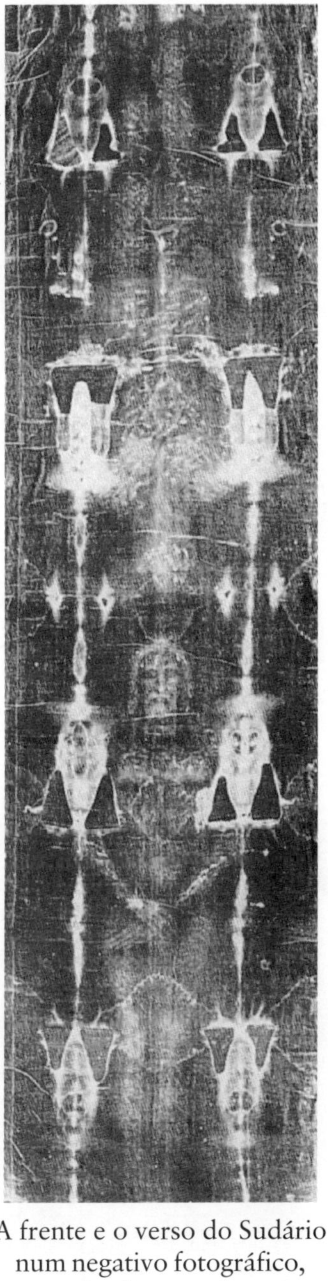

Mesner Patrick/Gamma/Camera Press

A frente e o verso do Sudário num negativo fotográfico, revelando uma clareza surpreendente de detalhes, imagem que, por si mesma, é considerada prova da origem miraculosa do Sudário.

Gaillarde-Vandeville/Gamma/Camera Press

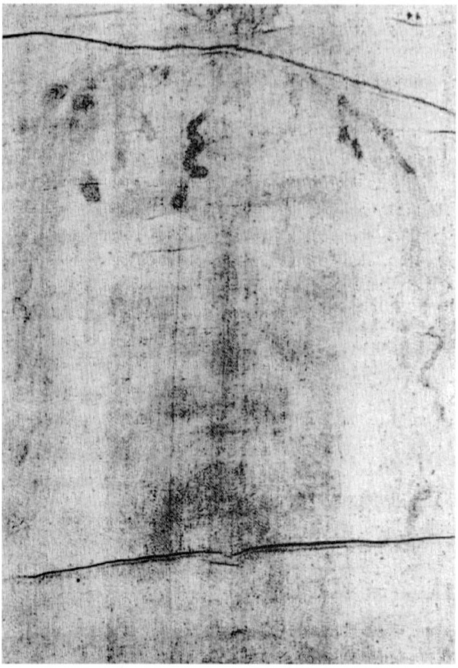

O rosto do homem no Sudário visto a olho nu.

Gaillarde-Vandeville/Gamma/Camera Press

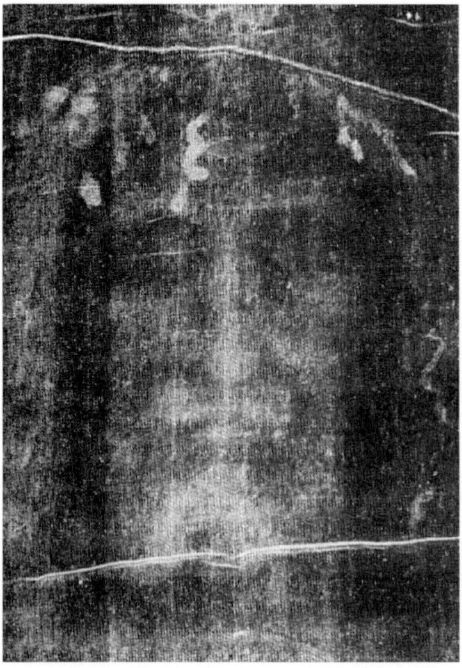

O rosto do homem no Sudário visto num negativo fotográfico.

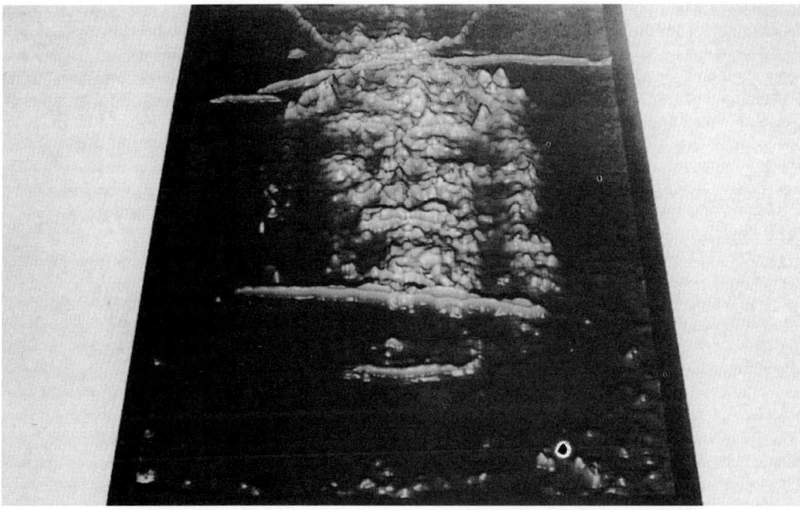

A magia digital de Andy Haveland-Robinson produziu esta imagem da cabeça para nós. Exibindo diferentes áreas de intensidade/brilho em diferentes níveis, ela revela que não só a cabeça parece estar completamente separada do corpo, mas também que existe uma ausência quase total dos célebres dados em 3D.

Uma outra das imagens digitalizadas de Andy, empregando uma escala mais extrema, também não contém os dados em 3D sustentados por outros pesquisadores, e mostra o fim repentino da imagem da cabeça na altura do pescoço de forma bem nítida, com um espaço claro entre cabeça e corpo.

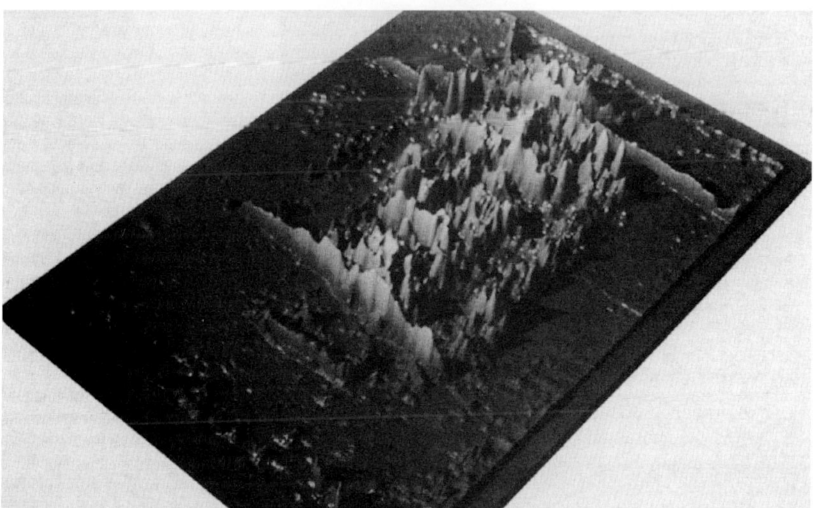

Gaillarde-Vandeville/Gamma/Camera Press

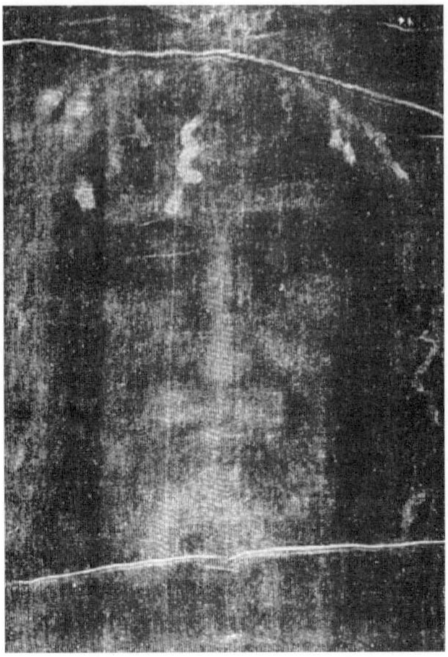

Royal Collection, Sua Majestade Rainha Elizabeth II

Compare o rosto do homem no Sudário, tanto o em negativo como o do retrato de Ariel Aggemian de 1935, com o de Leonardo nos três retratos mais conhecidos reproduzidos abaixo. As semelhanças são assombrosas.

Alinari, Florença

O retrato do perfil na Biblioteca Real, em Windsor.

Alinari, Florença

O retrato póstumo na Galeria Uffizi, em Florença.

Alinari, Florença

O auto-retrato (*c.* 1514) na Biblioteca Reale, em Turim.

Alinari, Florença

Nos anos 1980, tanto Lillian Schwartz dos Laboratórios Bell quanto o Dr. Digby Quested do Hospital Maudsley demonstraram que a "Monalisa" é um autorretrato do seu criador. Leonardo pode ter se tornado a "mulher mais bonita do mundo", mas será que também se tornou a própria imagem do filho de Deus?

Christ Church, Oxford

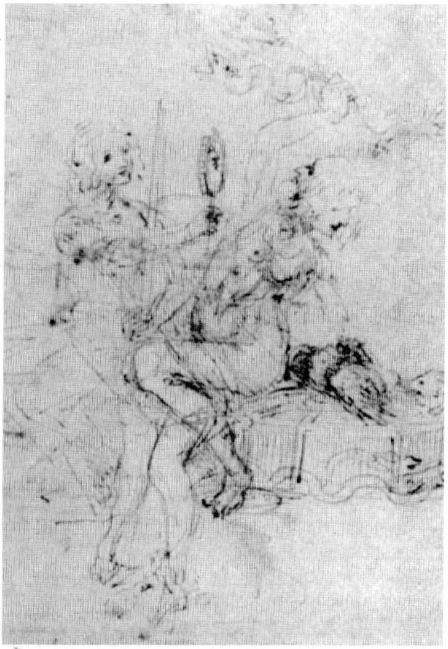

O esboço de Leonardo chamado "Bruxa usando um espelho mágico" (detalhe de "Alegoria aludindo à situação política de Milão") mostra um rosto feminino na parte dianteira da cabeça e um rosto masculino (provavelmente o seu próprio) na parte de trás. Este símbolo clássico do oculto revela uma ligação intrigante entre Leonardo e o submundo alquímico.

Alinari, Florença

Em sua "Última ceia", Leonardo pintou a si mesmo como o segundo discípulo à direita: repare que ele está voltado de costas para Jesus. Percebemos que o "rapaz" à direita de Jesus está unido a ele por um grande "M" aberto. Será que a intenção é que vejamos Maria Madalena? E onde está o tão importante vinho, símbolo do sangue nos sacramentos?

Louvre, Paris/Bridgeman Art Library

Uma das pinturas religiosas mais admiradas de Leonardo. "Virgem nos rochedos" (versão do Louvre) é, na verdade, uma obra profunda e surpreendentemente herética. Embora pareça que Jesus esteja abençoando João Batista, as crianças estão com os guardiães errados: Jesus deveria estar com sua mãe e João com o seu protetor tradicional, o arcanjo Uriel. No entanto, se as crianças estão com os seus guardiães *certos*, Jesus está na posição submissa, sendo abençoado por João. Isso, descobrimos, tem tudo a ver com a ardorosa crença joanita de Leonardo: ele considerava João Batista o verdadeiro Cristo, enquanto secretamente desprezava Jesus.

National Gallery, Londres/Bridgeman Art Library

O famoso *cartone* (trabalho preliminar) de Leonardo para "A Virgem e o Menino com Santa Ana" contém provas adicionais da crença joanita do artista. Entre outros detalhes há Santa Ana apontando o dedo indicador para cima, fazendo o "gesto de João". Descobrimos que, nas obras de Leonardo, o gesto sempre se refere a João Batista e é possível que aqui signifique "Lembre-se de João". De qualquer forma, muitos especialistas concordam que Santa Ana é, de fato, Isabel, a mãe de João Batista.

Louvre, Paris/Giraudon/Bridgeman Art Library

Em "Santa Ana, a Virgem e o Menino" – a versão final do *cartone* – João foi substituído por um cordeiro. Embora Jesus seja com freqüência representado como "O Cordeiro de Deus", João Batista é representado como um carneiro pelos joanitas. Repare, também, em como Jesus trata o cordeiro rudemente – dobrando a perna sobre o pescoço frágil do animal e puxando as suas orelhas. A composição faz com que a cabeça do cordeiro pareça cortada.

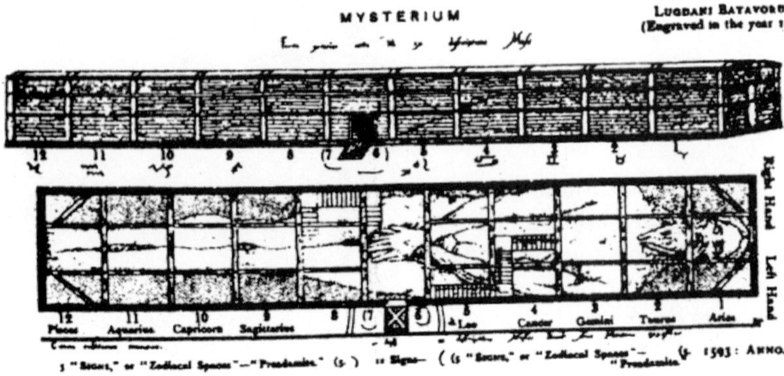

Royal Collection, Sua Majestade Rainha Elizabeth II

A "Arca de Noé Rosacruz", datada de 1593, mostra uma figura semelhante à do Sudário com associações astrológicas.

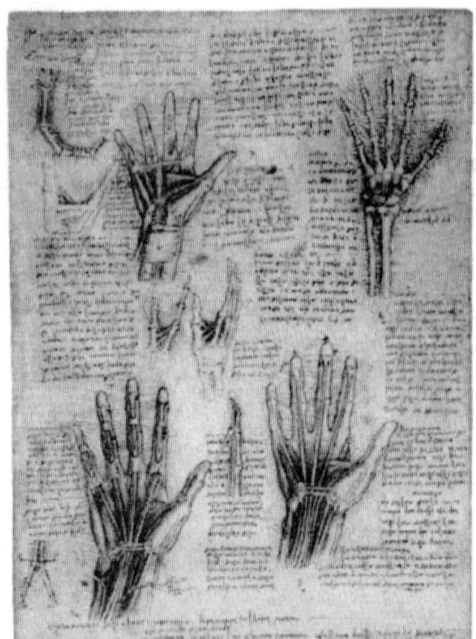

Royal Collection, Sua Majestade Rainha Elizabeth II

Os estudos de Leonardo sobre a mão. A sua pesquisa anatômica lhe possibilitou fazer experimentos com as técnicas da crucificação.

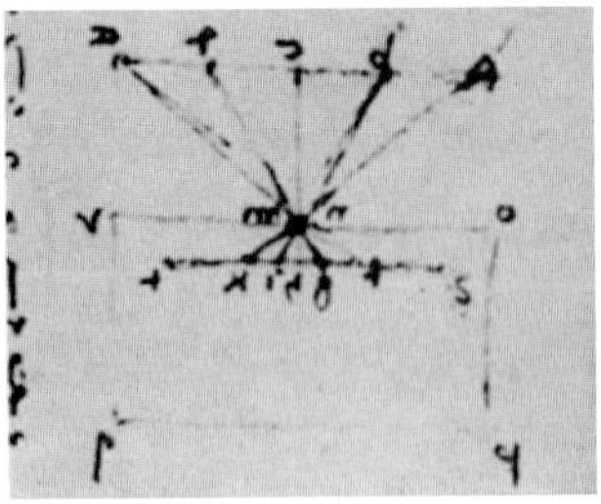

Bibliothèque de l'Institute de France, Paris

A câmara escura *(à esquerda)*, e seu "Modelo da visão" *(embaixo)*. Será que o segredo do Sudário de Turim reside na sua obsessão com ótica, lentes e luz?

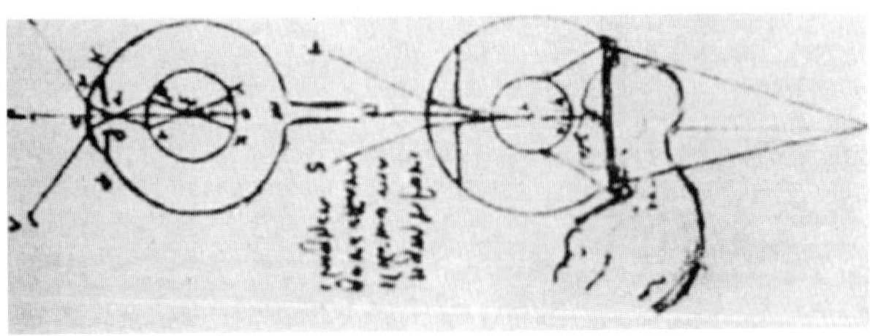

Bibliothèque de l'Institute de France, Paris

Lynn Picknett e Clive Prince

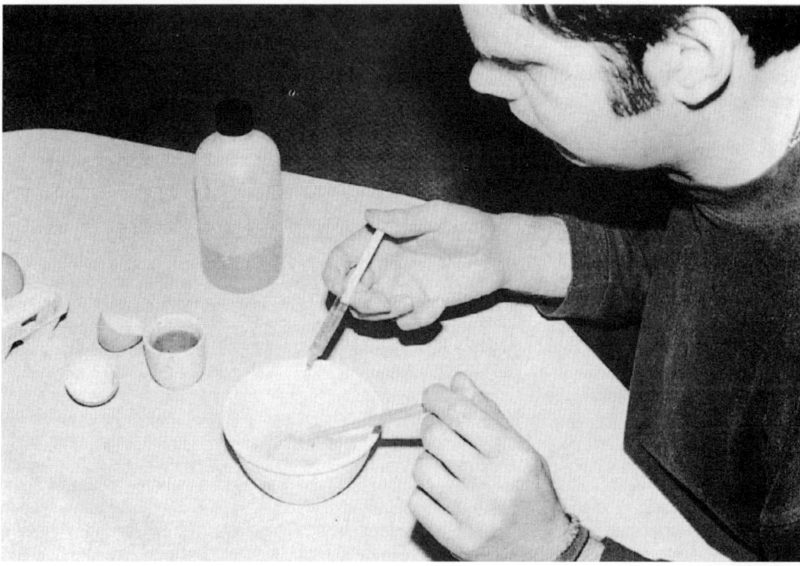

Passo a passo, como reproduzimos a imagem no Sudário. Primeiro, Keith Prince prepara a mistura fotossensível (clara de ovo e solução de sal de cromo). Deixa-se descansar a mistura durante algumas horas para dar liga.

Uma camada da mistura é aplicada sobre o pano, que é deixado para secar.

Lynn Picknett e Clive Prince

Lynn Picknett e Clive Prince

O pano é estendido sobre uma moldura de madeira.

Lynn Picknett e Clive Prince

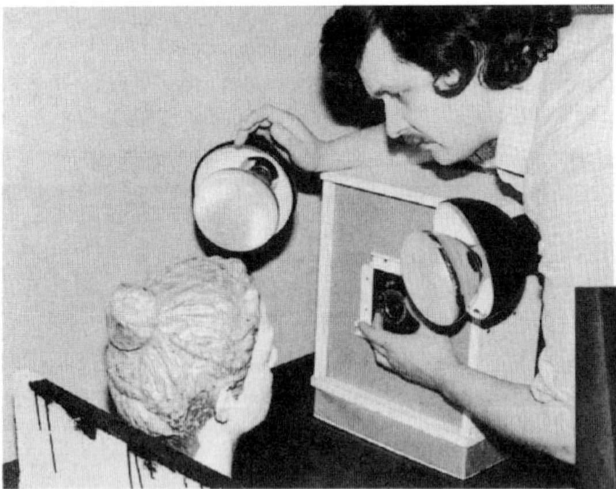

Clive Prince coloca o modelo diante da câmara escura.

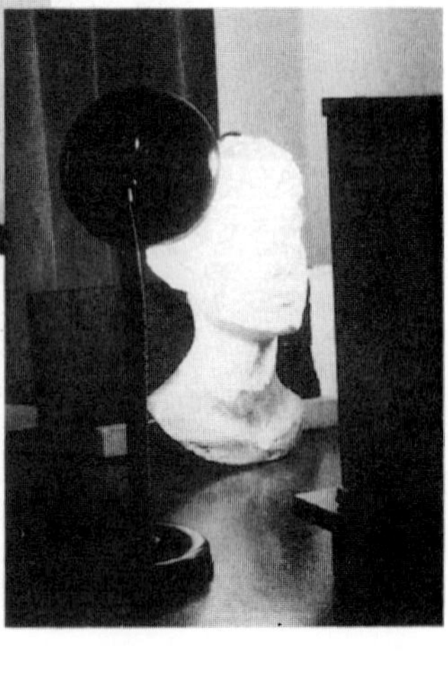

As lâmpadas ultravioleta são ligadas e ocorre uma exposição de no mínimo doze horas. O quente sol italiano teria bastado para Leonardo.

Lynn Picknett e Clive Prince

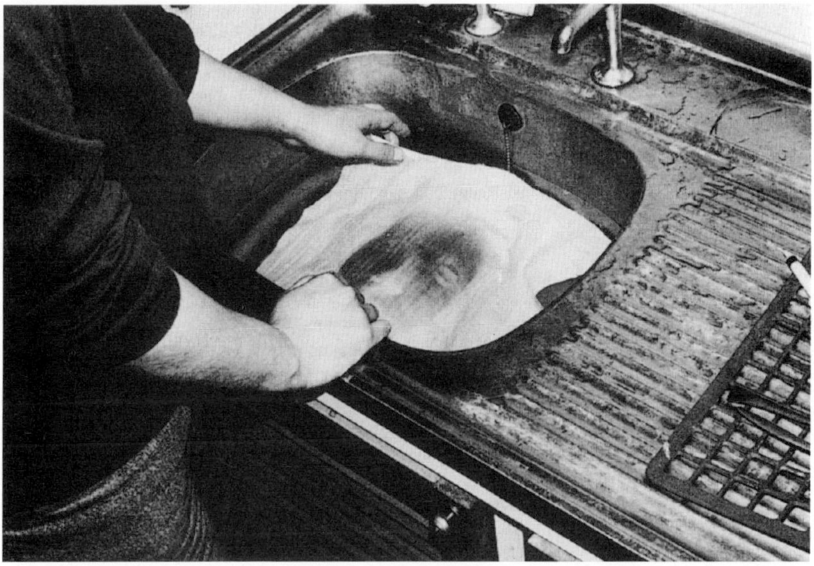

Quando a moldura é removida, as partes da imagem estão duras e são insolúveis em água, enquanto o resto ainda é solúvel. A água fria remove a mistura das áreas não expostas, deixando apenas a imagem.

Lynn Picknett aquece o pano: a mistura age como tinta invisível, queimando o pano embaixo. Uma segunda lavagem com água quente e detergente remove todos os resíduos da mistura, deixando apenas a imagem queimada.

Lynn Picknett e Clive Prince

Lynn Picknett e Clive Prince

Keith Prince exibe o resultado final.

Lynn Picknett e Clive Prince

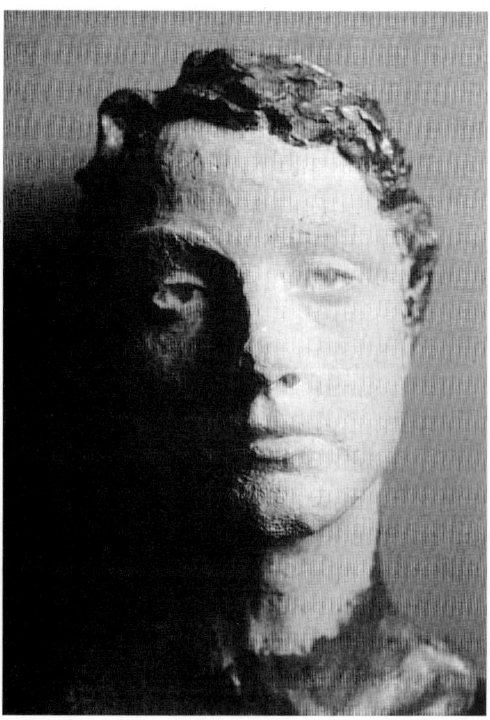

O busto de gesso que utilizamos em nossos experimentos.

Lynn Picknett e Clive Prince

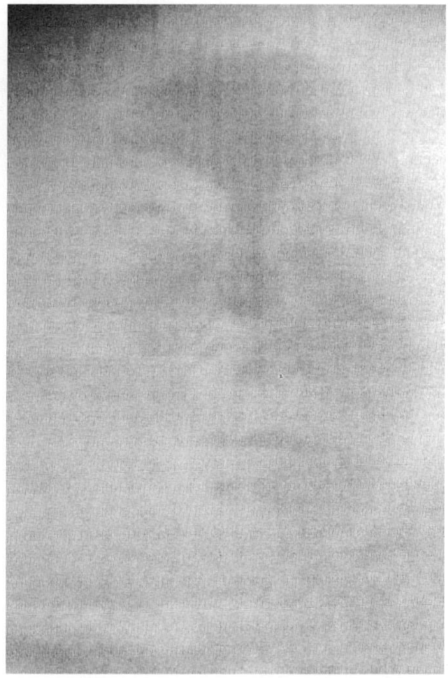

A imagem positiva do busto.

Lynn Picknett e Clive Prince

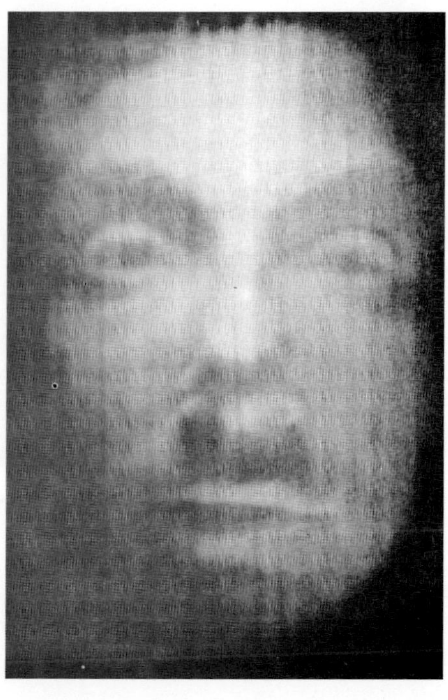

A imagem negativa. Repare o quanto ela parece real, exatamente como a imagem no Sudário vista no negativo.

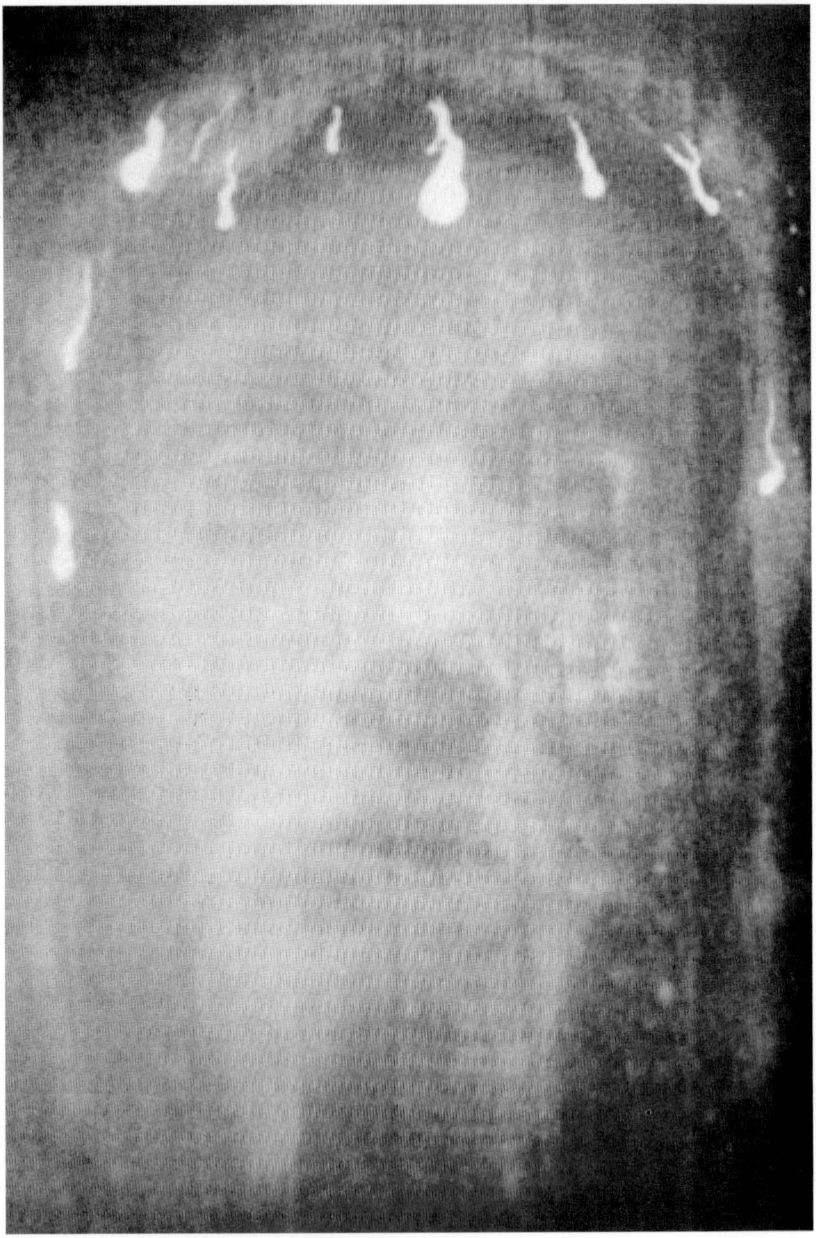

A imagem negativa do busto com cabelo e sangue retocados.

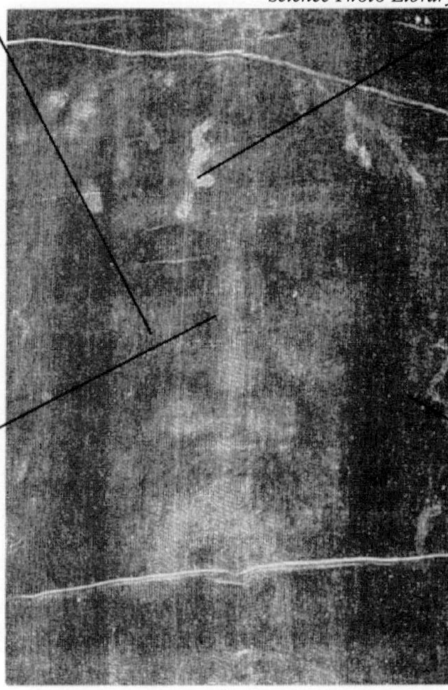

Características da imagem da cabeça que revelam o uso de lente

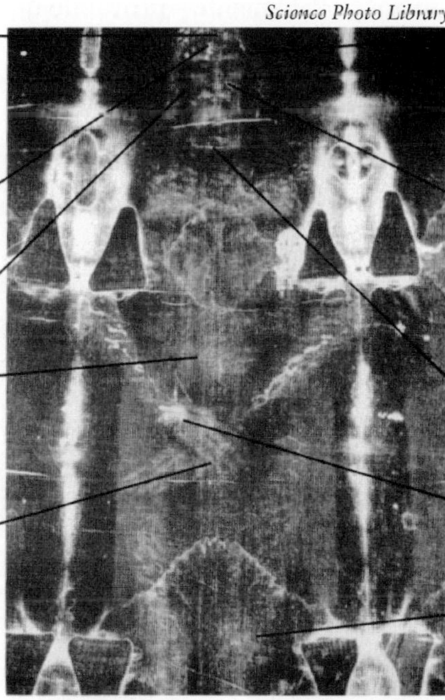

Anomalias da imagem no Sudário

Alinari, Florença

Acima: O "Salvator Mundi" de Leonardo (*c.* 1513).
Visto numa tela dividida com (*embaixo à esquerda*) o homem do Sudário e (*embaixo à direita*) o retrato de Aggemian, é óbvio que eles combinam perfeitamente – provando que Leonardo tinha um conhecimento íntimo do Sudário. Mas será que isso também é Da Vinci confessando a falsificação da relíquia mais sagrada do Catolicismo?

Alinari, Florença

Alinari, Florença

Muitos historiadores da arte concordam que Leonardo pintou a si mesmo como São Judas Tadeu, o segundo à direita, do ponto de vista do observador. Certamente, o modelo era um homem alto: ele está bastante inclinado para que seus olhos possam se encontrar com os olhos do último discípulo na mesa. Ao fazer isso, ele está praticamente de costas para a figura central, Jesus. Embora o afresco esteja envelhecido, ainda é possível distinguir os traços desse personagem; cabelo até os ombros, dividido pelo meio, barba e bigode, nariz longo e com um calombo, com a sua ponta idiossincrática; exatamente como o homem no Sudário.

É estranho que uma das mais famosas pinturas do mundo seja tão pouco conhecida, e certamente tão pouco compreendida — mas talvez isso não seja tão estranho, pois muitos que um dia a amaram possivelmente agora a rejeitem por isso. A idéia por trás da *Última ceia bíblica* era, como se aprende na igreja, que Jesus executasse o sacramento do pão e do vinho, dizendo "este é o meu sangue que é derramado por vós(...) este é o meu corpo(...)" Mesmo assim, com exceção de uma gota simbólica na mesa de Leonardo, não há vinho. Com certeza, não há nada parecido com o Graal, nenhum cálice — nem grande nem pequeno — diante do Redentor, e você tem que fazer um grande esforço, de fato, para achar o minúsculo que realmente existe (exceto em cópias, quando o artista corrigiu o "deslize" de Leonardo). Será que Leonardo está dizendo para aqueles com olhos de ver que Jesus não morreu na cruz, que não derramou o seu sangue por nós?

Olhemos para a figura de Jesus com a sua túnica vermelha e manto azul e à direita dele, onde há o que parece, à primeira vista, ser um jovem se inclinando na direção oposta. Geralmente, considera-se que ele seja João, o Bem-Amado — mas, se fosse o caso, ele não deveria estar se apoiando no peito de Jesus, como na Bíblia? Olhemos ainda com mais atenção. Este personagem está usando as vestimentas de Jesus ao contrário: nesse caso, uma túnica azul e um manto vermelho, mas, no resto, as roupas são idênticas. Enquanto

Jesus é grande e bem masculino, este personagem mais parece uma fada, pequeno e nitidamente feminino. As mãos são miúdas e o borrão escuro na parte superior do peito certamente indica seios. Como percebemos no começo da década de 1990, este não é João, o Bem-Amado: é Maria Madalena. E uma mão corta a sua garganta, naquele arrepiante gesto maçônico, indicando um aviso sério. Esta é a figura que nenhum herege verdadeiro, com o mínimo de amor-próprio, poderia deixar de fora dessa cena. Isso seria impensável. E a feminilidade deste personagem é ainda mais evidente na cópia desta obra, que misteriosamente permanece na Burlington House, em Londres.

Ainda mais significante, no entanto, é a nossa descoberta de um nítido simbolismo joanita em várias das supostamente devotas pinturas cristãs de Leonardo. Até mesmo para nós, que então já estávamos acostumados à idéia da sua heresia, a extensão com que conseguia imbuir suas obras com sugestões subliminares surpreendentemente anticristãs — e, especificamente, anti-Família Sagrada — era quase que literalmente chocante. E não só João Batista é a figura central de várias de suas criações, mas as referências simbólicas a ele também estão espalhadas até mesmo nas suas obras "sacras" mais veneradas.

A última pintura que ele fez foi a extremamente perturbadora *São João Batista* — que não foi encomendada, mas que ele pintou para si mesmo. (Um feito extraordinário para um suposto ateu.) Também não tinha o propósito de ser o objeto de devotada meditação cristã quando ele exalava o seu último suspiro. Para Leonardo, São João Batista não fora o precursor de Cristo — o humilde arauto, que se ajoelhou aos seus pés, submisso. Para o artista, como para a maioria dos joanitas, João *era* Cristo. E, curiosamente, a única escultura sobrevivente de Leonardo também é a de João Batista (agora sobre a entrada do Batistério, em Florença), que, como já vimos, foi criada juntamente com Rustici, um alquimista e necromante. Mas há consideravelmente mais provas da veneração de Leonardo por João Batista e a antipatia profunda que sentia por Jesus e a Virgem Maria.

A expressão mais óbvia disso é a sua famosa *Virgem nos rochedos* (datada da década de 1480), da qual existem duas versões, uma no Louvre de Paris e a outra na National Gallery, em Londres. A mais herética, de longe, está em Paris. (Embora nós a descrevamos mais detalhadamente em *A revelação dos templários*, a sua curiosa e até mesmo corajosa heresia também é muito relevante aqui.) Encomendada por uma fraternidade religiosa, o tema da pintura é a lenda cristã de um encontro no Egito entre o menino Jesus e o jovem João Batista, na qual Jesus confere a João a autoridade com a qual ele o batizaria anos depois. (Isso é interessante por si só: a lenda foi inventada para superar o problema teológico do porquê de o Filho de Deus, que não cometera pecado algum, se submeter à autoridade de João.) Segundo essa lenda, foi durante a fuga para o Egito que Maria e José conheceram o jovem João, então sob os cuidados do arcanjo Uriel. É o momento em que as duas crianças e seus guardiões se encontram que Leonardo captura em sua pintura. Parece mostrar a Virgem Maria com o braço ao redor do menino João, que está ajoelhado em submissão a Jesus, que está aparentemente aos cuidados de Uriel. Claramente, porém, as duas crianças estão com os adultos errados: Jesus, com certeza, deveria estar com sua mãe e João, de acordo com a tradição, com o seu protetor, o arcanjo Uriel. Mas e se as crianças estiverem com os adultos *certos*? *Então é Jesus que está ajoelhado em submissão a João.*

Existem muitas outras pistas visuais inseridas na cena que confirmam essa interpretação herética e chocante, e também enfatizam a aversão pessoal extrema de Leonardo à Sagrada Família. (Isso inclui um aspecto bastante surpreendente e bem típico de meninos em idade escolar — literalmente, a maior coisa na pintura, que é formada a partir das rochas acima da Virgem. Esta pintura aparentemente respeitosa mostra dois testículos e um enorme falo se elevando de sua cabeça em direção ao céu, com um pequeno jorro de ervas daninhas na ponta...)

Também espalhado generosamente nas obras de Leonardo está o que rapidamente passamos a chamar de "o gesto de João" — o indicador da mão direita erguido, o qual sempre, infalivelmente, ou é, de fato, feito pelo próprio João, ou de alguma forma se refere a ele (ao menos na arte de Leonardo). Um exemplo primordial é o famoso *cartone* de *A Virgem e o Menino com Santa Ana*, na National Gallery, em Londres, no qual Santa Ana está praticamente enfiando o gesto de João no rosto bonito, mas distraído, da Virgem, acima da cabeça do jovem João Batista. De fato, muitos peritos em arte acreditam que Santa Ana é, na verdade, Isabel, a mãe de João, o que é confirmado pelo fato de que seu filho está se apoiando nela, e que ela está fazendo o gesto de João. O *cartone* de 1501 era o esboço preliminar para *Santa Ana, a Virgem e o Menino* (pintada em alguma época entre 1501 e 1507), a qual também mostra Maria empoleirada, um tanto desconfortavelmente, no colo da mulher mais velha. Mesmo assim, na versão final, existe uma diferença importante: o menino João foi substituído pela figura de um cordeiro, com o qual Jesus está brincando. Na verdade, uma inspeção mais cuidadosa revela que ele está tratando o cordeiro muito rudemente — quase *lutando* com ele. A posição de seu braço e perna direita, que está dobrada sobre o seu pescoço aparentemente frágil, cria a ilusão de que a cabeça do cordeiro está cortada ou, até mesmo, que Jesus está tentando arrancá-la... O que é particularmente interessante a respeito disso é que o símbolo do Cordeiro de Deus, não representando Jesus, mas João Batista, também era usado pelos cavaleiros templários, especificamente em Languedoc.

Quando Leonardo escreveu "Ó míseros mortais, abri os olhos", é possível que tivesse em mente o simbolismo com o qual impregnava todas as suas obras, parte do qual, como já vimos, é bem fácil de ser compreendido, uma vez percebido.

Começamos a nos dar conta de que a heresia curiosa dos joanitas correu através da nossa investigação sobre o Sudário como um fio de ouro. Primeiramente, fomos contatados por Giovanni, aparentemente um membro do alto escalão do que veio a ser um grupo joanita-templário, então, descobrimos que Leonardo — contrariamente à imaginação popular e certeza acadêmica — também impregna seu trabalho com tanto simbolismo joanita que é difícil escapar à conclusão de que ele, também, era um membro daquela intrigante irmandade. E, como iremos ver, as suas crenças secretas estavam intimamente ligadas à falsificação que fez da mais importante relíquia cristã.

Obviamente, Leonardo não estava sozinho em suas crenças heréticas, nem era um conspirador isolado contra a Igreja estabelecida. De fato, reconstituir a história do Sudário foi revelar uma rede assombrosa de conspiradores, que criaram uma aura de mistério e sigilo em torno da relíquia para os seus próprios propósitos.

CAPÍTULO 6

A Conspiração do Sudário

"(...) a história é uma combinação de realidade e mentiras. A realidade da história se torna mentira. A irrealidade da fábula se torna verdade."

Jean Cocteau[1]

Se Leonardo da Vinci tivesse, de fato, criado o Sudário de Turim em 1492, uma coisa era certa: um Sudário que era aparentemente o mesmo existira desde a metade do século anterior; então, a versão de Leonardo deve ter sido um substituto. É claro que isso suscita duas perguntas importantes. Primeira, havia provas de que o Sudário exibido antes de 1492 fosse diferente daquele que foi exibido depois? Logicamente, se os registros mostrassem que eles eram idênticos, então a informação de Giovanni estava errada. Segunda, havia alguma prova, de mais ou menos 1492, de que a substituição de fato ocorreu, ou, ao menos, de algum tipo de fraude com relação ao Sudário naquela época?

IDENTIDADE ERRADA

Para encontrar respostas para a nossa primeira pergunta, nós buscamos na literatura sobre o Sudário informações a respeito de cópias pré-1492 e descrições da suposta relíquia. Na verdade, não havia praticamente nada. Não havia cópias ou descrições do Sudário antes do século XVI, prova da pouca importância dada ao pano antes que começassem a lhe conferir honras no final do século XV. Outros escritores perceberam que essa ausência quase total de informação sugere ao menos a possibilidade de que uma troca tenha sido feita em algum ponto. Por exemplo, em 1978, Magnus Magnusson perguntou: "Será que foi dada atenção suficiente à possibilidade de que a falsificação tenha acontecido muito depois (do século XIV)?"[2]

Alguns comentaristas consideraram a possibilidade de que, segundo boatos da época, o Sudário original fora destruído no incêndio de 1532. Outros contra-argumentaram, referindo-se à cópia na igreja de St. Gommaire, na cidade belga de Lierre. As circunstâncias nas quais essa cópia teria sido feita são desconhecidas, mas ela está ligada ao ano de 1516, dezesseis anos antes do incêndio. A imagem aparece mais ou menos como está hoje, mais especificamente, as "marcas de atiçador" estão presentes. Contudo, não é uma cópia particularmente boa. Os fios de sangue, em particular, são inexatos, e alguns dos aspectos que não são visíveis no Sudário aparecem na cópia, como, por exemplo, os dedos do pé. Parece ter sido pintado de memória, em vez de a partir do Sudário.

A versão de Lierre é a mais antiga cópia pintada ou desenhada. Alguns sudaristas mencionam o medalhão de peregrino encontrado no Sena, em 1855, como sendo uma cópia anterior. Como já vimos, não se precisou com exatidão a idade do medalhão, mas, porque mostra os brasões de armas das famílias De Charny e De Vergy, assume-se que foi feito na época das primeiras exibições em Lirey, em 1357 ou 1358, na época do primeiro Godofredo de Charny ou da sua viúva, Jeanne de Vergy.

Essas suposições, contudo, podem estar erradas. Não há nada no desenho ou função da medalha que especificamente reforce essa tentativa de datá-la. Coisas assim eram feitas e vendidas como lembranças durante a Idade Média e aproximadamente até a metade do século XVI, e se não fosse pelos brasões de armas não haveria forma de dizer, mesmo vagamente, de que período ela veio. Na verdade, não se percebera até 1960 que a medalha mostrava o Sudário de Lirey — antes disso, pensava-se que ela retratava o seu rival de Besançon. Este fora feito na metade do século XVI e destruído durante a Revolução Francesa, mas sabe-se que era uma pintura. Cópias sobreviventes revelam que fora copiado do Sudário de Turim, que na época estava em Chambéry. A diferença essencial entre as duas imagens é que a versão de Besançon mostrava somente a parte da frente de Jesus — por isso, o medalhão encontrado no Sena, que exibe ambos os lados da imagem, não poderia ter sido uma cópia do Sudário de Besançon.[3]

A presença de dois brasões de armas não prova necessariamente que a medalha foi cunhada na exata época das primeiras exibições em Lirey, pois tanto o filho de Godofredo de Charny, Godofredo II, quanto sua neta Margarida tinham direito a usá-los, já que descendiam de ambas as famílias. É bem provável que a medalha tenha sido feita em homenagem a uma exibição bem posterior: os brasões de armas simplesmente acrescentavam a seriedade do melhor pedigree possível, a esta altura é difícil dizer. Mas, presumindo que a medalha data das exibições do século XIV ou do começo do século XV, o que isso nos diz a respeito do Sudário? Será que ajuda a estabelecer que esse Sudário era o mesmo que o de hoje em dia?

O problema principal é que o medalhão — um tipo de emblema normalmente usado no chapéu do peregrino — é pequeno demais para que possa ser feita uma comparação adequada, sendo "um pouco maior que um selo postal grande".[4] Como essas coisas eram fabricadas em massa, para se ganhar dinheiro rápido, a exatidão não era de importância fundamental. É impossível utilizar a imagem na medalha para comparação com os detalhes minuciosos no Sudário, embora ela mostre as mesmas características gerais — a imagem dupla com as mãos cruzadas respeitosamente sobre os órgãos genitais — mas não dá para ir mais adiante. E, sendo de metal, a medalha não nos diz nada sobre a cor da imagem. Surpreendentemente, porém, o pano é retratado como sendo um ligamento conhecido como "sarja espinha de peixe", mas, com certeza, um engenhoso substituto obviamente seria feito do mesmo tipo de tecido. Talvez até fosse estampado no mesmo pedaço, com a remoção da imagem original.

Alguns comentaristas[5] sugeriram que a definição da imagem na medalha indica que o pano que ela copia retratava um homem do Sudário bem mais nítido do que o que conhecemos hoje. Será que a medalha mostra uma imagem totalmente diferente, ou será que o Sudário de Turim de hoje desbotou desde que o de metal foi feito? É bem mais provável que simplesmente não havia sentido em se criar outra coisa que não uma medalha bem definida. Quem ia querer uma com uma imagem que não se pudesse ver?

Existe um aspecto, no entanto, que é claramente visível na medalha e que não está presente no Sudário de Turim — uma curiosa faixa espiralada grossa, como uma corda, que cruza a largura do pano na região lombar da figura. Ninguém sabe o que isso representa. Além disso, um item está faltando — a pegada proeminente na imagem dorsal — mas talvez devamos lembrar que esse certamente não era um trabalho preciso.

Infelizmente, também os documentos pré-1500 são de pouca ajuda. A maioria daqueles que mencionam o Sudário trata das várias disputas em que a relíquia estava envolvida, e não se preocupa em descrevê-lo. O mais antigo, o *Memorandum D'Arcis*, menciona que o pano exibe uma imagem dianteira e uma traseira, mas não fornece outros detalhes. Isto certamente não é prova, de uma forma ou de outra, já que qualquer substituto, mesmo rudimentar, também teria a imagem dupla.

Provas que sugerem que o Sudário mudou de aparência com a passagem dos séculos vêm dos registros de Cornelius Zantiflet, um monge beneditino. Ele testemunhou a exibição de Margarida de Charny, em Liège, na Bélgica, em 1449, quando uma comissão organizada pelo bispo local concluiu que o Sudário era uma pintura. Zantiflet não descreve nenhum detalhe do Sudário que ele viu, mas, enquanto concorda com o laudo da comissão do bispo, ele o elogia como sendo "admiravelmente retratado".[6] Temos que nos lembrar que só podemos apreciar a imagem em toda a sua glória no negativo fotográfico: na sua época, o que é o atual Sudário de Turim pareceria desbotado e fosco a olho nu. Por maior que fosse a imaginação de Zantiflet, ele não teria como chamar aquela imagem de Jesus crucificado de "um retrato admirável".

Zantiflet, como o bispo d'Arcis cinqüenta anos antes, também não tinha a menor dúvida de que vira a imagem pintada. Na verdade, todos que expressaram alguma opinião a respeito "do" Sudário antes da segunda metade do século XV afirmavam que era uma pintura. Mesmo assim, não existe nenhuma prova que corrobore ou negue, que mostre se o Sudário que foi exibido após 1492 era — ou não — idêntico àquele que fora exibido antes. Com certeza, não existe nada que derrube a idéia de uma substituição, e existem dúvidas suficientes para permitir que vários pesquisadores importantes especulassem a respeito de uma troca.

Tão incerta é a história pré-1500 "do" Sudário, que Ian Wilson, em 1994, após anos defendendo a versão "ortodoxa" do paradeiro anterior do Sudário, ainda sentiu que podia perguntar: "Será que é possível que, em vez de ter alguma vez pertencido aos De Charny, o verdadeiro Sudário estivesse no Chipre e tivesse sido levado às mãos da família Sabóia por uma princesa cipriota?"[7] Ele se refere a uma lenda do norte do Chipre de que o Sudário estivera guardado em um mosteiro em Lapithos até que fosse dado aos Sabóia — a princesa era supostamente Ana de Lusignan, da casa reinante do Chipre. Wilson levou esse boato bastante a sério para deixar uma empresa de televisão holandesa financiar sua viagem para lá: infelizmente, o mosteiro é hoje um quartel e recusaram permissão à sua visita. Houve alguns momentos de tensão enquanto ele e sua esposa ficaram cara a cara com o cano de uma arma, antes de serem mandados embora, sem a menor cerimônia.

Alguns anos antes, no seu livro *The Evidence of the Shroud*, Wilson reconhecera a possibilidade de uma substituição durante a vida de Leonardo. Quando discutia a sugestão de Noemi Gabrielli, de que Leonardo ou alguém de sua escola fora responsável pelo Sudário, escreveu: "A teoria, é claro, requer que alguém da família Sabóia tenha incumbido Leonardo de fazê-lo, mas isso é perfeitamente possível nos tempos notoriamente inescrupulosos da Renascença."[8] Enquanto ele pessoalmente rejeitasse a idéia, seria impossível apresentar provas sólidas para efetivamente refutá-la.

O SUBSTITUTO SUPERIOR

Isso nos leva, sem embaraços, à segunda das nossas perguntas: será que existe alguma prova de uma substituição por volta do ano crucial de 1492? Obviamente, quando se lida com uma conspiração que envolve pessoas nos altos escalões, é pouco provável que qualquer prova documental direta fosse sobreviver — com certeza não no domínio público —, mesmo se alguma tivesse existido na época. Mas deveria ser possível encontrar indícios de uma conspiração assim nas trilhas da história, nas ligações provocativas entre os atores principais desse drama e nos padrões dos eventos que eles moldaram.

De todos os tempos, o começo da década de 1490 foi o mais provável para a troca do Sudário. Entre a suposta transferência da relíquia das mãos de Margarida de Charny, em 1453, e uma exibição organizada pela duquesa Bianca de Sabóia, em Vercelli, na Sexta-feira da Paixão de 1494, não existem outros registros confiáveis de quaisquer outras exibições importantes — uma lacuna de um pouco mais de quarenta anos.[9] Alguns sugerem que o Sudário não foi exposto porque, em 1471, começou o trabalho de reconstrução da igreja dos Sabóia em Chambéry, exatamente para acolhê-lo, o que só ocorreu em 1502 (quando a relíquia foi instalada lá com grande pompa). Mas permanece o fato de que o Sudário foi exibido em outro lugar em 1494, então, isso dificilmente seria motivo para o atraso.

Já nos referimos anteriormente à "suposta" transferência de 1453, pois não existe nenhuma certeza de que o Sudário foi dado aos Sabóia naquela época, apesar das freqüentes alegações dos que acreditam em sua autenticidade. Infere-se a data porque Margarida de Charny foi presenteada com um castelo e terras naquela época, por "relevantes serviços prestados". Normalmente, subentende-se que isso inclui a entrega do Sudário, mas se ignora o fato de que a família de Margarida tinha parentesco com a Casa de Sabóia e que o seu finado marido servira-os em várias funções durante sua vida. De fato, quatro anos mais tarde, os cônegos de Lirey ainda estavam envolvidos em procedimentos legais contra Margarida, buscando o retorno do Sudário, que eles afirmavam ser de sua propriedade — e, em 1459, o meio-irmão de Margarida estava em negociação com ela e os cônegos sobre a questão da indenização. Isso é uma coisa extremamente estranha — além de fútil — para se fazer, se ela de fato já não tinha mais o Sudário! Na verdade, a primeira prova documental desta propriedade dos Sabóia surge cinco anos depois, em 1464, quando Ludovico de Sabóia pagou a indenização exigida (50 francos de ouro). Então o Sudário poderia ter parado em suas mãos em qualquer época até este ponto.

O ano de 1464 é importante, pois foi quando as primeiras alegações sérias da autenticidade do Sudário foram feitas por membros da Igreja. Antes disso, o Sudário atraíra pouco interesse e uma quantidade razoável de hostilidade. As novas afirmações foram feitas por um franciscano, Francesco della Rovere, que, mais tarde, tornou-se o papa Sisto IV, em seu tratado *De sanguine Christi*,[10] embora não haja provas de que ele próprio tenha, de fato, visto o Sudário. Em seu tratado, a relíquia é mencionada apenas brevemente, mas já que a sua suposta autenticidade sustenta os argumentos teológicos do franciscano, ela recebe a sua entusiástica aprovação. Contudo, o papel dele na mudança do destino do Sudário rendeu algumas pistas altamente provocativas. Uma conspiração estava começando a emergir.

Naquela época, o papado — que conhecia bem a intriga, a corrupção e a franca decadência — estava atravessando um de seus períodos mais pitorescos. Várias facções, agrupadas ao redor de famílias ricas e influentes, estavam engajadas em conspirações e mais conspirações para ganhar ou manter o papado. Sisto — o construtor da Capela Sistina, que assim recebeu o seu nome — vinha de uma dessas famílias, a della Rovere, e, mesmo pelos padrões do século XV, ainda conseguiu se sobressair como um dos papas mais corruptos, implacáveis e ambiciosos que já existiu. Instigador de várias guerras na Itália, ele é conhecido por ter "personificado a maior concentração de depravação humana".[11] Ele teve vários filhos ilegítimos ("sobrinhos papais", como eram oficialmente conhecidos), um deles, bem provavelmente, com sua própria irmã, e apresentou várias novas formas de levantar fundos para o Santo Ofício, inclusive concedendo licença aos bordéis de Roma. Foi Sisto que instituiu a Inquisição Espanhola e nomeou o temido Torquemada como o seu Grande Inquisidor — não exatamente o que se esperaria do primeiro defensor do Santo Sudário.

Quando Sisto morreu, em 1484, houve o costumeiro rebuliço pela sua sucessão. Os della Rovere conseguiram manter o controle, mas considerou-se prudente fazê-lo através de um fantoche, em vez de um membro da família. O sobrinho de Sisto (um sobrinho de verdade, ao que parece) planejou com maestria a eleição de Giovanni Battista Cibò como o papa Inocêncio VIII. Ele foi um dos papas mais fracos e ineficazes do século XV (o escritor britânico Colin Wilson o resume como um "nada"[12]), mas ainda assim conseguiu manter uma série de amantes no Vaticano e introduziu uma grande inovação: foi o primeiro papa a reconhecer os seus bastardos publicamente, um precedente aproveitado por seus sucessores. Outro de seus atos acabaria tendo efeitos de tamanho alcance, tanto no dia-a-dia como também na saúde psicológica e mental de milhões, que os seus ecos são sentidos até hoje: ele aprovou o *Malleus Maleficarum* (*O martelo das feiticeiras*), o infame livro de caça às bruxas, escrito por Heinrich Kramer e Jakob Sprenger. Terrivelmente chato de ser lido, no entanto, acabou por espalhar uma imensa paranóia supersticiosa pela Europa que custou as vidas de milhares, talvez até mesmo milhões, de pessoas inocentes — principalmente mulheres — antes que a sanidade se restabelecesse.

Inocêncio era papa em 1492 (tendo morrido em agosto daquele ano) e, segundo as informações de Giovanni, ele foi a autoridade por trás da falsificação do Sudário por Leonardo. No seu leito de morte, Inocêncio foi tratado por médicos que tentaram prolongar sua vida através da transfusão de sangue diretamente de três jovens (que em conseqüência morreram). Após sua morte, a facção della Rovere foi vencida em termos de suborno e perdeu o papado para os Bórgia, na pessoa do notório Alexandre VI (Rodrigo Bórgia, que foi papa de 1492-1503), pai de Lucrécia e César (que empregou Leonardo como engenheiro militar entre 1502 e 1503). Durante esse tempo nenhuma honra adicional foi concedida ao Sudário, embora a reconstrução da igreja de Chambéry estivesse terminada e a relíquia já estivesse instalada lá.

Após a incumbência do sucessor de Alexandre, Pio III, que foi papa durante 1503, os della Rovere deram a volta por cima. Juliano della Rovere tornou-se o papa Júlio II até sua morte, em 1513. Poucos meses depois de tomar posse em 1506, começou a promover o Sudário, concedendo à igreja em Chambéry o título de *Sainte Chapelle* (Santa Capela) — um privilégio raro, já que só fora concedido uma vez antes à famosa capela de relíquias de São Luís, em Paris — e consagrando o dia 4 de maio ao Sudário. Um padrão nítido surge: quando os della Rovere estavam no poder, a causa do Sudário progredia, e quando não estavam, ele recebia pouca atenção do papa.

Também descobrimos que existiam ligações estreitas entre Inocêncio VIII e Lourenço de Médici, que, embora Leonardo estivesse à época trabalhando na corte da família Sforza, ainda era o mecenas do mestre. (Os artistas eram considerados "presentes" diplomáticos de um governante a outro, mas ainda assim respondiam aos seus senhores originais, o que, às vezes, dava origem a disputas rancorosas quando as cidades exigiam a volta de "suas" celebridades.) Lourenço se esforçou bastante para estabelecer laços diplomáticos com Inocêncio, casando até mesmo sua filha favorita, Madalena, com o libertino e desagradável filho bastardo do papa, Fransceschetto Cibò.

Os mecenas de um Leonardo mais maduro tinham ligações dinásticas com a Casa de Sabóia. Durante os seus tempos difíceis em Roma, ao redor de 1515, quando o filho de Lourenço de Médici era o papa Leão X, o protetor e mecenas de Leonardo era outro dos filhos de Lourenço, Juliano (que era, aliás, obcecado com a alquimia). Esse jovem casou com uma filha do duque de Sabóia. O último mecenas de Leonardo, Francisco I da França, era filho de Luísa de Sabóia, e casou uma de suas filhas com o duque Emanuel Filiberto, que levou o Sudário a Turim.

Giovanni disse que Leonardo falsificara o Sudário em 1492: então, esse é precisamente o momento certo, somente dois anos antes que o Sudário emergisse do seu período de quarenta anos de obscuridade. Ademais, o próprio Leonardo estava no lugar certo e no momento certo. O ducado de Milão compartilhava uma longa fronteira com Sabóia, e Vercelli — o lugar onde o Sudário fora "devolvido" para visitação pública em 1494 — era praticamente na fronteira dos dois ducados. Fica a cerca de 65 quilômetros da cidade de Milão, onde Leonardo estava trabalhando na época.

Sabemos que, em algum momento do fim da década de 1480 ou começo da década seguinte (o ano exato é desconhecido), ele viajou até Sabóia. A visita é mencionada em seus cadernos datando dos últimos anos da década de 1490, quando ele recorda uma cachoeira e um lago que viu lá.[13] O motivo da viagem não está registrado. O lago em questão, contudo, é perto de Genebra, menos de 80 quilômetros de distância de Chambéry, a capital de Sabóia, onde, acredita-se, o Sudário era guardado naquela época.

Uma prova final, mas muito importante, reside no destino dos cadernos de Leonardo. Várias pessoas nos perguntaram por que, se ele tomava notas compulsivamente, não anotou nada a respeito do Sudário? Além da necessidade do maior sigilo, é bem possível que ele tenha anotado alguns aspectos de sua pesquisa preliminar — por exemplo, o método fotográfico e seus relevantes experimentos anatômicos. Um terço dos seus cadernos, entretanto, se perdeu com o tempo, mas o destino de alguns deles é conhecido.

Leonardo deixou todos eles para o seu fiel companheiro, Francesco Melzi, que cuidou deles meticulosamente. Mas eles começaram a se dispersar sob os cuidados do filho de Melzi, que não lhes dava o valor devido. Na década de 1570, um de seus cadernos foi comprado por um agente, representando ninguém menos que o duque de Sabóia, Carlos Emanuel. O livro desapareceu na biblioteca dos Sabóia e desde então nunca mais se ouviu falar dele.[14] Por que será que aquela família fora tão zelosa em adquirir aquele livro em particular — e daí tão descuidada para perdê-lo? David Sox, entre outros, sugeriu que é possível que os extensos arquivos da Casa de Sabóia incluam algum segredo sério a respeito do Sudário. Parece que Umberto II, o último Sabóia que o teve em seu poder, acreditava que fosse autêntico, mas a sua ex-esposa, Maria José, achava o oposto. Ela viveu em Genebra e usou os arquivos dos Sabóia para escrever a história da família. A história nunca foi publicada, mas, segundo aqueles que leram o manuscrito, o Sudário recebeu uma única menção numa nota de rodapé, onde é relatado como uma falsificação. Como escreve Sox: "Não se pode deixar de imaginar o que a levou a essa conclusão."[15] Talvez o caderno "perdido" de Leonardo tivesse algo a ver com a sua declaração inequívoca acerca do Sudário. Ao refletir a respeito dessas circunstâncias, até mesmo Ian Wilson admite: "Como não existem documentos conhecidos sugerindo que os Sabóia tivessem transações secretas com Leonardo, a idéia não é nada impossível."[16]

Dentro do segredo

Houve dois outros eventos durante a vida de Leonardo que fornecem provas circunstanciais para demonstrar que ao menos algumas pessoas-chave sabiam acerca do seu papel na falsificação do Sudário. O grande artista alemão, Albrecht Dürer (1471-1528), viajou para a Itália no fim da década de 1490 e na primeira década dos anos de 1500 para aprender a técnica dos mestres italianos. Descrito por Kenneth Clark como "um artista parecido com Leonardo", Dürer foi um grande admirador do mestre e o imitava conscientemente — algumas de suas obras são cópias diretas das obras do seu herói.

É altamente significativo que Dürer tenha saído do seu caminho para ver o Sudário de Turim, fazendo um estudo longo e detalhado dele.[17] Levando em consideração o que descobrimos a respeito de Leonardo e o Sudário, também é interessante que, em 1500, Dürer tenha feito algo que, certamente em sua época, teria sido uma blasfêmia inconcebível — ele pintou a si mesmo como Jesus.

Esse quadro normalmente é tido como um retrato imaginário de Cristo, e apareceu assim na capa de um livro da SPCK — The Society for Promoting Christian Knowledge (Sociedade para promoção do conhecimento cristão), em 1993. Pelo mesmo motivo também foi usado para adornar o cenário do castelo de Drácula, no filme de 1992, de Francis Ford Coppola, *Drácula de Bram Stoker*, embora o tenha alterado bem sutilmente para incluir as características físicas do ator Gary Oldman no papel de Drácula.

Outro dos grandes admiradores de Leonardo era o rei francês Francisco I, com quem o mestre permaneceu nos anos anteriores à sua morte. Apenas seis meses depois que Leonardo chegou a sua corte, Francisco fez uma viagem à Chambéry para ver o Sudário.

A CONEXÃO TEMPLÁRIA

Tendo ficado satisfeitos por estabelecermos que existem pelo menos provas circunstanciais de uma conspiração para substituir o pano originalmente adquirido pelos Sabóia pelo Sudário de Leonardo, pareceu lógico que tentássemos seguir os rastros da conspiração de volta até o seu começo. Será que os Sabóia do século XV foram tomados pelo pânico de que a relíquia que possuíam não era mais convincente para o público cada vez mais exigente da Renascença? Será que o pano de Lirey era apenas outra fraude para enganar peregrinos ingênuos? Para responder a essas perguntas, tivemos que examinar mais de perto os personagens envolvidos no caso Lirey, isto é, o primeiro dono conhecido da relíquia, Godofredo de Charny, o pai, seu filho Godofredo e a neta Margarida e aqueles com quem eram casados.

Como muitas histórias de conspiração daquela época, ela parecia começar com os cavaleiros templários: nesse caso, com a suposta ligação de Godofredo com eles. Ian Wilson, como já vimos, apelara para os templários para fornecer uma ligação entre o desaparecimento do Mandylion de Constantinopla em 1204, e a sua suposta reaparição como o Sudário de Lirey, no final da década de 1350. Ele baseara essa idéia no fato de que Godofredo era ligado a um dos templários de maior escalão executado em 1314 — seu tio, cujo nome também era Godofredo de Charny.[18]

Todavia, existe muito mais em jogo que laços de sangue. Godofredo de Lirey era um empreendedor, estabelecendo uma nova ordem de cavalaria numa tentativa clara de ressuscitar os templários. Desde a sua derrocada, houve muitas outras ordens semelhantes que buscavam manter seus ideais (e transmitir os seus segredos). Algumas, como os Cavaleiros de Cristo em Portugal e a Ordem de Montesa na Espanha, consistiam em templários sobreviventes que se agruparam sob novos nomes. Outras, como a Ordem da Jarreteira da Inglaterra, foram fundadas para assegurar que ao menos suas cerimônias sobrevivessem. De uma forma ou outra, a Ordem do Templo manteve o domínio sobre os corações e mentes daqueles que ansiavam por altos ideais: não iria desaparecer sem luta nas brumas da história.

Mais ou menos na mesma época em que fundou a igreja de Notre-Dame de Lirey, Godofredo criou uma nova ordem, cujos ideais, códigos e cerimônias eram claramente baseados no modelo templário: a Ordem da Estrela, fundada em janeiro de 1352.[19] Não estava destinada a uma vida longa — Godofredo e a maioria dos cavaleiros fundadores morreram na batalha de Poitiers, quatro anos e meio mais tarde. (Uma versão puramente cerimonial foi recriada quase imediatamente, mas não passou do século XVII.)

Godofredo de Charny, o primeiro proprietário conhecido do que se supõe que era o Sudário de Turim, claramente tinha afinidades com os templários, nem que fosse só por causa de seus laços familiares. Mas ainda é necessário um grande salto para se concluir disso tudo que o Sudário originalmente pertencera aos templários, ou que ele originalmente chegou às suas mãos depois do saque de Constantinopla. Um grande inconveniente nesse ponto é que os templários, na verdade, não estiveram presentes àquele evento. Wilson e outros entusiastas, notadamente Noel Currer-Briggs, tiveram que fazer algumas suposições bastante extravagantes para explicar como os templários — supostamente — puseram suas mãos no Sudário.

Achamos estranho que o cerne dos argumentos deles é a associação que fizeram do Sudário com Bafomé, um ídolo demoníaco no formato da cabeça de um homem, que os templários confessavam adorar. Supunha-se que a mera reverência por essa cabeça era o bastante para que fossem executados por heresia. Wilson, entretanto, crê que Bafomé era realmente o Sudário dobrado — como nas suas supostas encarnações como o Mandylion — de forma que só a cabeça aparecia.[20] As alegações de adoração ao demônio eram, sugere, simplesmente tentativas deliberadas de seus inimigos para desacreditá-los. Mas essa teoria não resiste. Wilson alega que o segredo do Mandylion (que era, na verdade, o Sudário) foi descoberto enquanto ele estava em Constantinopla. Mas se sabiam que ele era uma imagem de corpo inteiro, por que será que os templários voltaram a dobrá-lo e ficaram adorando somente o rosto? Ou as suas dimensões verdadeiras eram desconhecidas e, neste caso, dificilmente poderia ter sido o *sydoine* de Robert de Clari, ou elas eram conhecidas e, destarte, não poderia ter sido o ídolo templário.

Quando os templários foram interrogados, deixaram claro que o que quer que Bafomé fosse ou não fosse, certamente era um objeto tridimensional; provavelmente algum tipo de cabeça cortada, não uma imagem plana.[21] As suas confissões incluíram uma variedade de descrições dessa coisa: a mais comum, a cabeça de um homem barbudo, ou um crânio, ou um relicário em forma de cabeça. Alusões isoladas foram feitas à cabeça como sendo uma pintura, mas sempre como estando em "uma viga ou parede", nunca num pano. Algumas se referiram a ela como a cabeça de um gato, ou uma imagem múltipla composta de dois ou três gatos. De todas aquelas descrições não há nada que se assemelhe ao que conhecemos como o Sudário de Turim.

Existindo poucos — talvez nenhum — candidatos que possam fornecer o elo perdido necessário para a reconstrução da história do Sudário, acreditamos que a conexão templária seja manipulada, distorcida e forçada por aqueles que passaram a depender dela. Noel Currer-Briggs, por exemplo, menciona a confissão de um dos cavaleiros que descrevia o ídolo como sendo "uma cabeça com quatro pés".[22] Ele sugere que isso, de fato, é uma boa descrição do Sudário, se você imaginar que estivesse pendurado com o meio sobre uma vara e pendendo, de forma que as pernas, tanto da imagem na frente quanto da de trás, pudessem ser vistas: daí os "quatro pés". Mas por que será que o corpo e as mãos não foram descritos? E, outra vez, se eles tinham o Sudário, por que nenhum dos cavaleiros, especialmente sob o controle persuasivo da tortura atroz, confessou isso? Por que, na verdade, era necessário exibi-lo de uma maneira tão estranha? Por que simplesmente não pendurá-lo de forma que o corpo inteiro pudesse ser visto e apreciado da forma adequada? E nós bem que tentamos forçar a barra, mas não conseguimos encontrar nenhuma semelhança entre a imagem no Sudário e um tigre!

Em *A conspiração Jesus*, Elmar Gruber mostra, particularmente, a seletividade das descrições de Ian Wilson do ídolo em forma de cabeça, extraídas das confissões dos templários, demonstrando que Wilson omite partes de textos completos que não se encaixam na sua teoria acerca do Sudário.[23]

Currer-Briggs discorda de Wilson quanto ao Sudário ter sido o Mandylion, enquanto aceita que o pano tenha chegado a Constantinopla por uma rota inexplicada. Ele sustenta que sempre se soube que era uma imagem de corpo inteiro, o que torna a adoração templária de uma cabeça ainda mais intrigante.

Igualmente intrigante para nós é a quantidade de espaço dado na literatura sobre o Sudário ao painel de madeira com a imagem pintada da cabeça de um homem, que foi encontrado escondido no teto de um chalé em Templecombe, Devon, no Reino Unido, na década de 1940.[24] Já que, como sugere o seu nome, Templecombe (em inglês, a palavra *temple* significa templo) era propriedade dos templários, e, visto que a pintura tem uma certa semelhança com o rosto no Sudário — ela retrata um homem barbudo e de cabelo comprido —, isso é tido como prova da teoria da "cabeça-ídolo", pressupondo-se que a imagem foi copiada do Sudário pelos templários. Contudo, não existe nenhuma prova de que a pintura alguma vez lhes pertenceu. Ninguém sabe o motivo pelo qual estava escondida daquela forma, mas é bem difícil que tenha sido posta lá pelos templários, já que o chalé foi construído séculos depois que eles perderam as suas propriedades naquela área. Além disso, a imagem se parece muito pouco com o rosto do homem do Sudário: os olhos estão arregalados e a boca aberta. Não há sinal de sangue, o que teria sido uma característica essencial da imagem, se tivesse sido copiada do Sudário, e ela tem uma cor natural, sem as manchas amarronzadas do Sudário. Em nossa opinião, essa é a melhor "prova" que Currer-Briggs, Wilson e outros podem oferecer para sustentar as suas teorias de que os templários foram, alguma vez, guardiões do Sudário.

Contudo, talvez não devêssemos dispensar a possibilidade de uma ligação entre os De Charny de Lirey e os templários tão apressadamente. Considerada junto com outras provas, a ligação é altamente sugestiva de algum tipo de conspiração histórica envolvendo as pessoas que tinham a posse do Sudário nos séculos XIV e XV. Nossa própria pesquisa revelou que havia segredos misteriosos que uniram aqueles a cujos interesses seriam úteis as falsificações do Sudário.

O membro da BSTS Currer-Briggs, um eminente genealogista que trabalhou para a Debrett's Peerage e a Burke's Peerage,* acidentalmente nos indicou o caminho certo em seu livro *The Shroud and the Grail* (1987), resultado da pesquisa que fez devido à sua fascinação pela idéia de que pudesse haver alguma ligação entre o Sudário e os romances de cavalaria sobre o Graal no final do século XII e começo do século XIII. Ele acredita que o Sudário é literalmente o Santo Graal (ou melhor, o Graal era o relicário no qual era guardado o Sudário).[25] Ele desenvolveu seus argumentos no livro *Shroud Mafia* (1995), embora depois da datação por carbono-14 — e depois de ter lido o nosso livro — ele não acreditasse mais que o Sudário fosse genuíno.

*Editoras especializadas em genealogia que publicam guias sobre a aristocracia britânica. (*N. da T.*)

Ele menciona que os romances de cavalaria sobre o Graal surgiram na época em que os europeus ocidentais estavam começando a restabelecer vínculos com o Império Bizantino. Notícias dos tesouros de Constantinopla haviam se tornado o assunto do momento. Ele também menciona que, de fato, as primeiras histórias do Graal não descrevem a relíquia: podia ter sido qualquer coisa. Nas lendas mais persistentes, o Graal era um cálice que fora usado por Jesus na Última Ceia e que continha o seu sangue — ou, em algumas versões, o seu suor, e o qual, mais tarde, foi levado por José da Arimatéia para a Europa. Currer-Briggs crê que os primeiros romances de cavalaria sobre o Graal estavam, na verdade, descrevendo o Sudário, que "continha" o sangue e o suor que penetraram nele. Escritores subseqüentes assumiram que devia ter sido algum tipo de cálice ou um recipiente semelhante — e dessa forma, sugere ele, nasceu um grande mito. Não existem, no entanto, provas de que o pano existia na época em que as lendas do Graal estavam sendo escritas. Sendo um genealogista, Currer-Briggs se encontra bem mais respaldado quando tenta mostrar as ligações entre os cruzados franceses, envolvidos no saque de Constantinopla, e a história posterior do Sudário: os eventos que insinuam o propósito real por trás da fundação do que ele chama de "Máfia do Sudário" (um termo que nos parece talvez mais apropriado para descrever os mais recentes entusiastas da relíquia; veja o Capítulo 9).

Todas as famílias envolvidas provêm da França, a maioria das regiões de Borgonha e Champagne, e, como era de se esperar, elas incluem os De Charny. A família também é conhecida como Mont-Saint-Jean, por causa de um vilarejo perto de Charny. Também envolvidos na "Máfia do Sudário" estavam os De Vergy, aos quais pertencia a esposa de Godofredo, além de duas famílias intimamente ligadas de Champagne, os Joinville e os Brienne.

No começo do século XIII, a Casa de Brienne levava o título de Rei de Jerusalém, o que, segundo o Priorado de Sião, indicava que eles eram da linhagem merovíngia, que acabou chegando até Ana de Lusignan, esposa de Ludovico, o duque de Sabóia. Além dos Sabóia, Currer-Briggs também menciona em sua "Máfia do Sudário" as famílias De la Roche, Courtenay, Montferrat e D'Anjou.

Currer-Briggs fez várias descobertas interessantes, sendo a primeira o fato de que as duas famílias que possuíram o (ou um) Sudário, os de Charny e os Sabóia, além das Casas la Roche e Vergy, com as quais os De Charny estavam ligados por matrimônio, eram intimamente ligadas antes, durante e depois da época quando o Sudário de Lirey surgiu. O elo mais significante foi o fato de que os De Charny eram ligados à Casa de Sabóia, para a qual o Sudário foi passado. (Tornando ainda mais provável que Margarida de Charny não tenha, ao contrário do que se acreditava, realmente vendido a relíquia aos Sabóia. Ela pode simplesmente tê-lo dado a eles, a fim de "mantê-lo em família".)

A quantidade de casamentos entre os membros dessas famílias era extraordinária, mesmo para aquela época. Margarida de Charny e seus dois maridos descendiam diretamente de Guillaume de Vergy (seu bisavô). Tanto ela quanto seu segundo marido, Humbert de la Roche-Villersexel, eram descendentes diretos de Otto de la Roche (de quem falaremos mais tarde). Os avôs maternos de seu primeiro marido, Jean de Beauffrémont, eram ambos descendentes diretos de Jean de Joinville, um outro jogador importante nesse jogo complexo e secreto.

Naquela época, era comum reforçar laços dinásticos através do casamento, mas com essas famílias as conexões se repetiram a um ponto fora do comum — o que aponta para uma finalidade e, supõe-se, para objetivos comuns.

Segunda descoberta, as mesmas famílias estavam intimamente ligadas com a liderança dos templários, especialmente durante os dramáticos anos finais da existência oficial da ordem. Por exemplo, não só Godofredo de Charny era o sobrinho do preceptor ou inspetor da Normandia, mas também era primo em segundo grau do predecessor de Jacques de Molay como grão-mestre, Guillaume de

Beaujeu, que era da família Mont-Saint-Jean. (Na verdade, houve um grão-mestre de vida curta entre os dois.) O templário Godofredo de Charny foi oficialmente aceito na ordem por Amaury de la Roche, mestre templário da França, que vinha da mesma família que o segundo marido de Margarida de Charny.[26]

Sendo a terra natal da ordem, as regiões de Champanhe e Borgonha sempre deram boas-vindas aos templários, mas, ainda assim, os laços íntimos entre essas famílias e a liderança da ordem ainda são notáveis.

Tanto Godofredo de Charny quanto sua mulher, Jeanne de Vergy, tiveram avôs que foram senescais (representantes do rei, encarregados da aplicação da justiça e controle da administração) de Champagne e Borgonha, respectivamente. O avô dele era Jean de Joinville, mais conhecido como autor de *Vie de Saint Louis*, uma obra que exaltava a devoção religiosa de seu amigo e protetor, Luís IX, o completo oposto de Filipe IV, que instigara o perverso expurgo dos templários. Jean era o senescal de Champagne, enquanto o avô de Jeanne, Jean de Vergy, era o senescal do ducado de Borgonha.

Foram os dois senescais que, duas semanas antes da prisão dos templários, receberam as ordens secretas de Felipe para capturar todos os templários de seus distritos. De todos os templários na França, foram os de Borgonha que evitaram com mais êxito a captura, inclusive o comandante do templo de Paris, Gerard de Villiers, o único membro de alto escalão a escapar. Ele tinha parentesco com ambos os senescais mencionados anteriormente. Além dele, somente dezesseis cavaleiros franceses escaparam, dois porque estavam fora do país na época. E, escreve Currer-Briggs: "Dos restantes, a maioria eram borgonheses e parentes um do outro ou das famílias De Charny, De Joinville e De Vergy."[27]

Finalmente, um século antes da extinção dos templários, e um século e meio antes do aparecimento do Sudário de Lirey, as mesmas famílias também tiveram posições-chave na Quarta Cruzada, na qual desapareceu o *sydoine*.

O líder da cruzada era Bonifácio, marquês de Montferrat, cuja casa era intimamente ligada à dos Sabóia através de freqüentes casamentos entre seus membros. No final, o título Montferrat foi absorvido pela Casa de Sabóia e tornou-se um dos títulos menores do ducado (da mesma forma que o título de Senhor de Mont St Jean). Um dos aliados mais chegados de Bonifácio era Otto de la Roche, ancestral de Margarida de Charny e seu segundo marido.

Obviamente, é preciso cuidado aqui, pois praticamente cada nobre francês na época de Godofredo Charny tinha ancestrais que tomaram parte na predominantemente francesa Quarta Cruzada. Mas, como mostra Currer-Griggs: "(...) os de Charny e os Sabóia que foram proprietários do Sudário autêntico (*sic*) nos séculos XIV e XV não só eram parentes, mas também tiveram ancestrais comuns em três, se não forem quatro, dos principais homens e mulheres que o manusearam em 1204. Então nos perguntamos, portanto, se havia um conluio que durou tanto tempo e que se assemelhava à Máfia, para obtê-lo de forma honesta ou...?"[28]

Isso levou Currer-Briggs à seguinte reconstrução teórica: o grupo de famílias da "Máfia do Sudário", acreditando que tinha algum direito à relíquia e sabendo que estava entre os tesouros em Constantinopla, conspiraram para capturá-lo e trazê-lo de volta à Europa, onde poderiam mantê-lo em segredo. Durante os próximos setenta anos, o Sudário passou pelas mãos das famílias, inclusive aquelas que eram templárias ou simpatizantes, e tornou-se objeto de adoração. Foi removido da Tesouraria Templária em Paris por Gerard de Villiers, que fora avisado das prisões iminentes por seus parentes na Borgonha, e, ao fim, depois da dizimação da ordem, o pano passou para a guarda de Godofredo de Charny e de sua viúva, Jeanne de Vergy, que instituiu as exibições públicas. Mesmo depois disso, o pano foi mantido "em família", quando a última dos De Charny, Margarida, casou-se com Humbert de la Roche-Villersexel e, finalmente, passou o Sudário para as mãos dos Sabóia.

Essas ligações podem parecer convincentes, mas existem algumas dificuldades. Primeiramente, a datação por carbono-14 e as provas históricas discutidas no Capítulo 2 indicam que o Sudário não existia na época da Quarta Cruzada (1204). Em segundo lugar, isso significaria que a cruzada fora deliberadamente planejada com o propósito específico de se obter o Sudário. Isso é extremamente improvável, já que o ataque cruzado à cidade só ocorreria após uma série de eventos complexos e imprevisíveis. Os cruzados tinham certamente algum tipo de projeto oculto, mas ele não envolvia o Sudário. Haviam concordado que, em troca de apoio para a sua missão na Terra Santa, ajudariam o imperador deposto, Isaac II, a recuperar Constantinopla. Esperavam que, em troca da ajuda na reconquista do seu império, o imperador traria a Igreja Ortodoxa Oriental para Roma, sanando assim o, até então, maior cisma da cristandade. No entanto, quando ele foi morto, a única forma que tinham de alcançar seus objetivos era colocar um europeu — um dos cruzados, Balduíno de Flanders — como governante. Fazia todo o sentido: era pura política.[29]

Segundo Currer-Briggs, foi somente depois que Balduíno assumiu que o Sudário foi levado por Bonifácio de Montferrat. Ele sugere que foi através de Margarida Maria da Hungria, a viúva de Bonifácio, que o Sudário voltou à Europa.

Não havia motivo para que as famílias da "Máfia do Sudário" sequer pensassem que tinham algum direito ao Sudário. A sugestão de Currer-Briggs, de que eles estavam tão inspirados pela história do Graal que eles mesmos queriam ir atrás de uma relíquia, não convence ninguém. Logo, existe o problema de que, se eles tinham o Sudário e guardaram o pano em segredo durante anos, então, por que, de repente, o exibiram aparentemente sem motivo algum. Nada disso se encaixa. Algo mais agiu como motivação primordial deles, algo muito mais profundo — mais sombrio, diriam alguns.

As famílias do Graal

Dois livros, *O templo e a loja: o surgimento da maçonaria e a herança templária*, de Michael Baigent e Richard Leigh, e *Nascidos do sangue — Os segredos perdidos da maçonaria*, de John J. Robinson, argumentaram convincentemente que os templários teriam sobrevivido à dissolução oficial da sua ordem, e que existem até hoje. Os dois livros afirmam que os templários foram os primeiros maçons. Além disso, de fato, fora da França, muitos templários simplesmente transferiram sua lealdade a outras ordens. Algumas, como os Cavaleiros de Cristo em Portugal, foram criadas especificamente como um refúgio para os fugitivos templários, enquanto que outras, como os Cavaleiros Teutônicos na Alemanha, já existiam, mas acolheram os ex-templários de braços abertos. Se, como se alega, o Sudário realmente era um objeto tão sagrado para os templários, por que é que eles simplesmente não o deram a uma dessas ordens em vez de colocá-lo nas mãos de Godofredo de Charny?

As ligações genealógicas descobertas por Currer-Briggs parecem indicar que a "Máfia do Sudário" estava tramando alguma coisa, mas, certamente, antes de Lirey, dificilmente teria sido alguma coisa relacionada com o Sudário. Contudo, se levarmos em consideração provas bem mais controvertidas, então um padrão altamente instigante começará a tomar forma.

O que quer que os templários tenham se tornado depois, havia, com certeza, algo misterioso sobre as suas origens. A história oficial da fundação da ordem, aceita sem questionamento pelos historiadores, faz pouco sentido, e vários escritores sugeriram que essa história era um disfarce para outras atividades.

A versão oficial[30] diz que, por volta de 1118, depois da recuperação de Jerusalém pela Primeira Cruzada, nove cavaleiros franceses, liderados por Hugo de Payens e Godofredo de Saint-Omer, viajaram para lá e se comprometeram a manter seguras as rotas dos peregrinos. Durante vários anos, parecia que eles nada tinham feito nem atraído novos membros, antes de voltar em triunfo para a Europa em 1127. Um pouco depois, no Concílio de Troyes, a ordem foi oficialmente reconhecida e Hugo de Payens tornou-se o seu primeiro grão-mestre e recebeu a sua própria regra que foi — sugestivamente — esboçada por São Bernardo de Claraval. A partir daquela época, passou por uma enorme expansão que a levou a se tornar, em muito pouco tempo, uma das instituições mais ricas e influentes da Idade Média.

Essa história é claramente um absurdo. Como é que somente nove cavaleiros poderiam patrulhar todas as estradas da Palestina? De qualquer forma, havia uma outra organização militar fazendo exatamente aquilo, os Cavaleiros Hospitalários de São João. E essa história data de, pelo menos, cinqüenta anos depois dos eventos que descreve, enquanto é notável a ausência dos nomes de Hugo de Payens e seus oito companheiros das crônicas contemporâneas, as quais, normalmente, registravam ansiosamente todos os eventos na Terra Santa naquele tempo.

Então, o que é que aqueles nove cavaleiros estavam realmente fazendo? O escritor britânico Graham Hancock argumentou convincentemente que eles estavam engajados na busca da Arca da Aliança, que acreditavam estar enterrada no Monte do Templo, em Jerusalém.[31] Baigent, Leigh e Lincoln chegaram a uma conclusão semelhante, mas acreditam que os cavaleiros haviam descoberto algum tipo de documento relacionado com o mistério do Priorado de Sião. Mas há provas de que os Cavaleiros de Cristo (como os templários eram conhecidos antes do Concílio de Troyes) já existiam há quatro, ou, talvez, até dez anos antes de 1118.[32] Existem, da mesma forma, sinais de uma conspiração no que diz respeito ao conselho e ao seu reconhecimento oficial da ordem.

Baigent, Leigh e Lincoln descobriram provas de uma conspiração que envolvia algumas das famílias de Champagne. Estas, eles alegam, estavam por trás da fundação dos templários. A força motriz nesses eventos era Hugo, conde de Champagne, que foi fundamental na fundação da ordem, e que acabou se juntando aos templários. Alguns historiadores acreditam que ele era parente de Hugo de Payens — os registros estão incompletos — mas ele, com certeza, era o seu senhor feudal.

A ordem dos templários e a dos cistercianos — a primeira militar e a outra espiritual — cresceram e se expandiram ao mesmo tempo. A ordem cisterciana foi fundada em 1098 e São Bernardo foi o seu terceiro líder, mas não foi um movimento importante no começo. Um dos nove cavaleiros originais era André de Montbard, que era o tio de São Bernardo. Foi Hugo de Champagne que doou as terras de Claraval a Bernardo, onde ele construiu a sua abadia e de onde expandiu o seu "império". Ele se tornou o "patrono" oficial dos templários, e foi a sua influência que assegurou o reconhecimento do papa no Concílio de Troyes, que era a capital das terras de Hugo. Foi lá que a Regra Templária foi escrita por Bernardo, baseada na Regra dos Cistercianos, e foi dali que passaram a usar o seu manto branco, que mais tarde recebeu a insígnia da cruz vermelha (uma cruz prateada — com braços de mesmo tamanho se afunilando em direção ao centro). Foi um discípulo de Bernardo, o papa Inocêncio II (anteriormente, um monge em Claraval), que liberou os templários da obediência a qualquer um exceto o próprio papa.

Baseando-se nos "Dossiês Secretos" do Priorado de Sião, Baigent, Leigh e Lincoln argumentam que a Ordem de Sião foi fundada na década de 1090 por Godofredo de Bulhão, um dos líderes da Primeira Cruzada, que recapturara Jerusalém. Eles escrevem que foi essa ordem que se encontrava por trás de Hugo de Champagne e a fundação dos templários. Eles escrevem que: "Em 1104, o conde de Champagne se encontrou em segredo com certos nobres de alta linhagem, dos quais ao menos um acabara de voltar de Jerusalém (...) Também presente estava o senhor feudal André de Montbard."[33]

Imediatamente após essa reunião, Hugo de Champagne viajou para a Terra Santa, onde permaneceu até 1108. Esteve lá por um curto período em 1114, e então voltou para Champagne e doou as terras de Claraval a São Bernardo. Quatro anos mais tarde — segundo a história oficial — o seu vassalo e, possivelmente, parente, Hugo de Payens, com André de Montbard e sete companheiros, partiram em sua missão e formaram os cavaleiros templários embrionários. Mais tarde, o próprio Hugo de Champagne juntou-se à nova ordem.

Foi a reunião secreta de 1104 que pôs todos os eventos em movimento, e, como os autores de *O Santo Graal e a linhagem sagrada* mencionam, "entre os presentes àquela reunião estavam os representantes de certas famílias — Brienne, Joinville e Chaumont — que(...) têm uma grande importância em nossa história".[34]

A afirmação central dos "Dossiês Secretos" é de que o grande segredo protegido pelo Priorado de Sião — o motivo de sua formação e existência continuada — é que a dinastia merovíngia, que os historiadores crêem ter acabado abruptamente quando foi usurpada pelos carolíngios do século VIII, sobreviveu, e que representa a linhagem verdadeira e sagrada de reis da França. (A isso Baigent, Leigh e Lincoln acrescentaram a hipótese de que os merovíngios deviam sua divindade ao fato de descenderem de Jesus e Maria Madalena, embora isso tenha sido algo que o Priorado rapidamente repudiou. Apesar disso, a noção de que o Priorado existe para proteger os descendentes de Jesus se tornou popular, mais recentemente em *O Código da Vinci.)*

As tabelas genealógicas nos "Dossiês Secretos", as quais conectam os sobreviventes merovíngios a várias outras famílias nobres européias, foram investigadas por Baigent, Leigh e Lincoln, que acharam provas independentes de que essas famílias estiveram de fato envolvidas em muitos eventos e ocorrências sombrias, particularmente através de suas conexões com os templários e as lendas do Santo Graal.

Entretanto, existe um paradoxo bem claro. A nossa própria investigação dos "Dossiês Secretos", apresentada em *Os guardiães da linhagem de Cristo*, mostra que muitas das alegações essenciais deles simplesmente não conseguem convencer. Isso se aplica, em especial, ao que aparentemente é a coisa mais importante no que se refere ao Priorado, a sobrevivência dos descendentes do rei merovíngio Dagoberto II e os descendentes de certas figuras históricas-chave, como Godofredo de Bulhão, daquela dinastia. Por outro lado, os "Dossiês" contêm muitas informações históricas confusas e sombrias que conferem — é o que faz com que sejam tão irresistíveis. Essa contradição entre a falsidade das declarações mais importantes do Priorado e a exatidão de boa parte de seus dados enigmáticos nos levou à conclusão de que o material disseminado publicamente era *informação falsa* cujo objetivo era despistar os pesquisadores. Como toda a informação falsa de qualidade, ela continha pedacinhos de verdade.

Mas se ignorarmos a conexão merovíngia das famílias mencionadas nos "Dossiês Secretos", como poderemos aceitar as descobertas de Baigent, Leigh e Lincoln acerca das mesmas famílias? Na verdade, o paradoxo é apenas superficial e combina com a hipótese da informação falsa. Enquanto Baigent, Leigh e Lincoln podem ter sido influenciados pelos "Dossiês Secretos" a investigar essas famílias e indivíduos, os dados que eles acharam — a ligação das famílias com a formação e a história posterior dos templários, e sua relação com os romances de cavalaria sobre o Graal — são genuínos o bastante; na verdade, essas ligações não estão explicadas minuciosamente nos "Dossiês". Fazer as conexões pode ter convencido Baigent, Leigh e Lincoln a levar a afirmação principal a sério — que o que unia essas famílias eram as suas origens merovíngias —, mas esse era exatamente o objetivo das informações falsas. No entanto, as descobertas e as conclusões dos autores a respeito das famílias são válidas, ainda que os documentos que os levaram naquela direção fossem, em sua maioria, mentirosos.

O trabalho de Currer-Briggs de ligar essas mesmas famílias a conspirações relacionadas com os templários e o Graal — ainda que ele tenha começado de um lugar completamente diferente, se limitado inteiramente às fontes históricas e genealógicas convencionais e ignorado materiais como os "Dossiês Secretos" — reforça a exatidão das conclusões dos autores de *O Santo Graal e a linhagem sagrada*. Evidentemente, o trabalho dele concorda que, quem quer que tenha criado os "Dossiês", sabia das atividades e segredos das famílias, embora tivesse enxertado os fatos com material fictício sobre a "linhagem merovíngia". Mas também mostra que as famílias estavam envolvidas em muitos projetos e empenhadas em um programa de longo prazo, não apenas, como sugeriu Currer-Briggs, em obter e guardar uma relíquia sagrada. Pode ser até que a sua "Máfia do Sudário" estivesse envolvida com a relíquia, mas, para eles, ela era apenas uma de suas várias ambições interligadas e de longo prazo.

Contudo, mais que um padrão, um entrelaçar de famílias começou a surgir. Guillaume de Champlitte, parte da "panelinha" que cercava Bonifácio de Montferrat durante a Quarta Cruzada — e cuja esposa vinha da família Mont-Saint-Jean de Charny — descendia de Hugo, conde de Champagne, a força motriz no estabelecimento dos templários. Quando, finalmente, ele próprio se uniu a eles, Hugo passou suas terras e títulos ao seu sobrinho, Teobaldo. Guillaume de Champlitte foi bisneto de Teobaldo.[35] Além disso, o líder da Quarta Cruzada estava destinado, originalmente, a ser o então conde de Champanhe, um outro Teobaldo que era parente próximo de Hugo. Contudo, esse Teobaldo morreu enquanto a cruzada estava no estágio de planejamento, e Bonifácio de Montferrat o substituiu.

Já vimos que esse Bonifácio casou com Margarida Maria, a viúva do ex-imperador de Constantinopla. Foi um casamento curto, pois ele foi morto em 1207 na Grécia. Em três meses ela se casou com seu terceiro marido, Nicholas de St Omer, que vinha da mesma família que um dos nove cavaleiros templários originais, Godofredo de St Omer, que era o segundo em importância ao próprio Hugo de Payens.[36] Margarida Maria fizera outra escolha infeliz, já que Nicholas morreu em 1212.

Examinando os fundadores templários, podemos notar que um Joinville — André, tio de Jean de Joinville — tornou-se o preceptor templário de Payens, uma posição de prestígio, ligado às terras cedidas pelo primeiro grão-mestre da ordem.[37]

Currer-Briggs diz que a sua "Máfia do Sudário" são todas as "famílias que descendem de ou que estão ligadas a Fulco d'Anjou", que morreu em 1143.[38] Esse Fulco estava tão intimamente associado com os primeiros templários que, segundo *O Santo Graal e a linhagem sagrada*, ele "tornou-se, por assim dizer, um templário 'honorário' ou 'de meio-expediente'."[39] Seu pai fora o templário número dez, ingressando na ordem em 1120. Ao casar-se com a sobrinha de Godofredo de Bulhão, Fulco também se tornou rei de Jerusalém, em 1131. Uma de suas netas, a princesa Sibila de Jerusalém, casou-se duas vezes, primeiro com um dos irmãos de Bonifácio de Montferrat e posteriomente com Guy de Lusignan — de quem descendia Ana de Lusignan, a qual, ao casar com Ludovico de Sabóia, trouxe o título de Jerusalém para a Casa de Sabóia.

Esse título nos leva de volta, mais uma vez, ao Priorado de Sião. Havíamos visto que eles afirmavam existir a fim de recolocar a linhagem merovíngia numa posição de poder. Enquanto entendemos isso como sendo uma cortina de fumaça, é óbvio que eles querem que as pessoas *acreditem* na importância daquela linhagem. Na época em que Ana de Lusignan se casou com o duque de Sabóia, o título de rei de Jerusalém, se ainda tinha algum prestígio, não tinha mais o menor significado. Mesmo assim, o Priorado tem orgulho das genealogias elaboradas por eles, que ligam a família Lusignan com a linhagem, lá atrás, na metade do século X — mas por quê?

Os membros da "Máfia do Sudário" pareciam particularmente ansiosos para manter o título de rei de Jerusalém entre eles. O filho de Fulco, Amaury de Jerusalém, que morreu em 1174, teve (com diferentes esposas) duas filhas, mas nenhum herdeiro homem. Então deixou para o papa, o santo imperador romano e os reis da França e Inglaterra decidirem qual delas devia sucedê-lo. As filhas eram

Isabel e Sibila, as quais eram casadas com os irmãos de Bonifácio de Montferrat, garantindo assim que o título fosse mantido em família. Um dos irmãos, Guillaume, morreu, e sua viúva, Sibila, casou com Guy de Lusignan. Enquanto se debatia a sucessão, Conrado de Montferrat, marido de Isabel, foi assassinado. Em dois dias, arranjou-se um casamento para ela com Henrique, conde de Champagne, e dentro de oito dias eles se casaram. Embora a velocidade dos eventos possa sugerir que o próprio Henrique estivesse por trás do assassinato, uma explicação igualmente plausível é que isso, possivelmente, tenha sido apenas gerenciamento de crise — Henrique podia muito bem estar agindo rapidamente para impedir que o título escapulisse dos conspiradores, no caso de a decisão ser a favor de Isabel. Henrique era descendente de Hugo de Champagne, o homem por trás da fundação dos templários, e também primo em segundo grau de Guillaume de Champlitte. Na verdade, a decisão finalmente foi feita a favor de Sibila, dando, assim, o título a Guy de Lusignan, mas, quando Henrique morreu, Isabel casou com o irmão de Guy, Amaury de Lusignan, que herdou o título com a morte de Guy.

O título de rei de Jerusalém era um dos mais disputados na história, o que pode parecer estranho, já que não havia nenhuma terra acompanhando o título. Era, com freqüência, legado fora da linhagem direta de descendência, então, às vezes, havia duas linhagens reivindicando ser as herdeiras de direito. Em uma época, ele estava com a Casa de Brienne, que o perdeu em 1264 para a Casa de Lusignan, quando o papa decidiu (irregularmente, segundo as regras de sucessão) a favor deles. Uma outra reivindicação rival foi originada pelo casamento do santo imperador romano (da família Hohenstaufen) com alguém da Casa de Brienne, mas, em 1268, o último dessa linhagem morreu e os Lusignan se tornaram — por algum tempo — herdeiros incontestáveis. Outra reivindicação, a de René d'Anjou, vinha de uma época quando um ancestral, Charles, comprou o título de um pretendente rival.

Foi diretamente como resultado da influência de René que Cosimo de Médici enviou agentes para procurar textos antigos (veja o Capítulo 5), o que resultou no renascimento do pensamento neoplatônico e hermético que, por sua vez, teve um papel importante na vida de Leonardo. E o vice-rei de René em Nápoles era um tal de Arano Cibò, o pai do papa Inocêncio VIII, o papa que, segundo Giovanni, incumbira Leonardo de falsificar o Sudário.[40]

Também há uma ligação geográfica poderosa entre o Sudário e as preocupações do Priorado de Sião. Em *O Santo Graal e a linhagem sagrada* a história retorna continuamente à área que circunda o vilarejo enigmático de Rennes-le-Château, em Languedoc, o centro do mistério. Rhedae, para os visigodos, aquela área foi subseqüentemente conhecida como Razès. Também foi o centro da fé cátara, a chamada "heresia albigense". Depois da perda da Terra Santa, os templários tentaram criar o seu próprio Estado naquela mesma área, e as ruínas de muitos castelos templários ainda podem ser vistas nos arredores de Rennes-le-Château. Então nos pareceu mais que uma mera coincidência que, segundo documentos preservados no Arquivo Nacional Francês,[41] Godofredo de Charny (aquele do Sudário de Lirey), embora vivendo no norte da França, tivesse terras precisamente nessa região, abrangendo Toulouse e Carcassonne — e, inclusive, o próprio "lugar sagrado" de Rennes-le-Château.

Um risco calculado

A nossa pesquisa nos convenceu que a "Máfia do Sudário" de Currer-Briggs e a rede de famílias que Baigent, Leigh e Lincoln tinham associado a tramas centradas em assuntos tão sugestivos como os templários e o Graal eram uma coisa só.

Isso significa que essas famílias estavam envolvidas em uma conspiração muito mais abrangente que simplesmente roubar e regozijar-se a respeito de uma relíquia lucrativa, uma conspiração que remontava a uma época anterior, até mesmo à Quarta Cruzada, quando foi fundada a Ordem dos Templários. Currer-Briggs estava basicamente certo quanto à existência de uma conspiração, mas estava enganado em pensar que, por causa do envolvimento dessas pessoas com o Sudário, a relíquia era o único interesse delas.

Quando visto por esse lado, como um risco calculado que se estendeu durante séculos, podemos identificar um padrão nas ações das famílias De Charny e Sabóia. Na verdade, eles fizeram três tentativas para impingir à cristandade um Sudário falso. Primeiramente, em Lirey, no fim da década de 1350, que foi frustrada não tanto pela intromissão do bispo de Poitiers, mas pela morte do próprio Godofredo de Charny e pela incerteza causada pela guerra com a Inglaterra. Segundo, houve a tentativa de seu filho, Godofredo de Charny, em 1389, que foi impedida pelo ceticismo do bispo Pierre d'Arcis. (A atividade nada sutil nos bastidores em torno dessas exibições fez com que Ian Wilson comentasse: "Há muito mais por trás desse assunto.") E, finalmente — mas, definitivamente, não menos importante — foi a terceira tentativa, em 1492, na forma do Sudário de Turim de Leonardo.

CAPÍTULO 7

Medindo o Homem do Sudário

"Por que a cabeça dele é tão pequena?"

Abigail Nevill

Uma vez tendo investigado repetidamente a história do Sudário de Turim, nos fizemos outra pergunta. Será que havia algo acerca da própria imagem que efetivamente revelava que ela fora "feita pela mão do homem", e que até sugeria de quem era tal mão? Será que era possível provar que o rosto do homem no Sudário era, de fato, o de seu criador, Leonardo da Vinci? A maioria das pessoas de mente aberta, às quais perguntamos o que pensavam, disseram que parecia com ele, mas nos perguntávamos se havia alguma forma de comparar o rosto de Leonardo e o Sudário objetivamente, talvez usando o tipo de técnicas que a polícia emprega para determinar a identidade de alguém.

Decidimos examinar o Sudário minuciosamente. Acreditamos que seja composto de três imagens — o rosto, a parte dianteira do corpo do pescoço para baixo e a parte traseira inteira. Seria possível provar que esse era o caso? E poderíamos demonstrar de forma conclusiva que é uma imagem fotográfica? Já sabíamos que o tamanho do rosto estava errado, o que respaldava a idéia de que a imagem toda é uma montagem, e isso era o ponto óbvio para se começar, mas esperávamos que algo na própria imagem nos desse pistas.

Evidentemente, precisávamos da ajuda de um especialista em análise de imagens, que tivesse o equipamento com o qual pudéssemos examinar a imagem no Sudário detalhadamente e sob diferentes condições. A melhor forma de alcançar isso era através do tratamento computadorizado de imagens; se a imagem fosse digitalizada, seria manipulada mais facilmente e talvez revelasse alguns de seus segredos.

FAZENDO COM QUE O ROSTO COMBINASSE

Um especialista que nos ofereceu ajuda num estágio anterior da nossa pesquisa foi Mark Bennett, um canadense que vivia no Reino Unido e que já conhecíamos há algum tempo. Editor da revista futurística *Black Ice*, ele estava ávido para debater todo aquele assunto sobre Leonardo e sua ligação com o Sudário (da qual estava bastante convencido), e encontrou para nós o vídeo de uma, agora rara, série de televisão italiana dos anos 1970 chamada *Leonardo*, que se mostrou útil de várias formas. Mark também realçou digitalmente a imagem do Sudário para nós, antes que a pressão de publicar uma revista independente tomasse todo o seu tempo.

Steve Pear, um amigo com um grande conhecimento da crescente cibercultura, fez um apelo na Internet pedindo a ajuda de especialistas em computação gráfica que pudessem estar interessados em nosso trabalho. Em um dia, um dos melhores no campo ficou intrigado o bastante para responder. Andy Haveland-Robinson, na época editor eletrônico e consultor em computação gráfica em 2-D e 3D no norte de Londres, rapidamente tornou-se uma parte integrante do nosso projeto, devotando muitas horas ao nosso trabalho com idéias e inspiração.

É possível comparar a revolução atual na tecnologia da informação com os grandes saltos em termos de conhecimento durante a Renascença. A nossa tecnologia finalmente conseguiu juntar as mentes científicas e as criativas: a computação gráfica e as técnicas de animação criaram novas formas de arte que de forma eficaz removem as barreiras entre a lógica e a imaginação — da mesma forma que os pensadores da Renascença não viam diferença entre ciência e mágica. E, da mesma forma que a Renascença teve o apoio de uma revolução em comunicação — a difusão da imprensa —, a nossa Renascença está escorada na expansão das redes de comunicação, possibilitando-nos contatar instantaneamente, de nossas casas, milhões de pessoas e arquivos ao redor do mundo.

Se esta é realmente a nova Renascença, então Andy Haveland-Robinson é um bom exemplo do novo homem da Renascença. Além do seu negócio bem-sucedido de editoração eletrônica, ele também faz animação computadorizada para videoclipes e tem uma ampla gama de outros interesses como, por exemplo, a música. O nosso primeiro encontro com ele, no verão de 1993, quando nos mostrou algumas de suas incríveis animações computadorizadas, nos deixou perplexos e convencidos de que havíamos encontrado a pessoa que precisávamos. Mas temos que admitir que Andy sempre permaneceu estritamente objetivo e de modo algum foi um convertido total, embora costumasse dizer, após várias horas minuciosamente examinando a imagem no Sudário: "Acho que Leonardo estava metido nisso de alguma forma."

Esperávamos que houvesse alguma forma de usar imagens digitais para estabelecer, sem sombra de dúvida, que o rosto do homem no Sudário era do próprio Leonardo, comparando a imagem com os retratos do mestre — da mesma forma que Lillian Schwartz mostrara que a *Monalisa* era um auto-retrato de Leonardo.[1] Contudo, isso não era possível. Simplesmente não existem dados suficientes sobre a aparência de Leonardo para fazer comparações absolutas. Todas as técnicas plausíveis, sejam computadorizadas ou forenses, precisam de certos pontos básicos de referência e alguma forma de calcular a escala de imagens diferentes para poder compará-las. Os retratos existentes de Leonardo não fornecem essa informação.

Na verdade, o melhor equipamento para se medir a semelhança entre dois quadros são o olho e o cérebro humanos. Não se pode esperar que um computador, a menos que receba dados extremamente precisos, possa compará-los.

As pinturas têm que ser extremamente precisas. Comparações normalmente envolvem medições microscópicas — tais como a distância entre os cantos internos do olho, que não muda com a idade ou as flutuações de peso — e até mesmo erros minúsculos no quadro invalidarão a pesquisa. Obviamente, todas as representações de Leonardo são pintadas ou desenhadas, então não existe nenhuma garantia de exatidão, principalmente nos detalhes finos.

O único retrato que sabíamos ser exato o bastante era o seu único auto-retrato existente (descartando-se aqui os quadros em que ele pintou-se a si mesmo como personagem, como na *Adoração dos reis magos* e na *Última Ceia*), um desenho em giz vermelho. Ele fez esse quadro quando tinha sessenta e poucos anos de idade, mas parecendo consideravelmente mais velho e, mais do que nunca, como um profeta do Velho Testamento. Está agora em Turim, na Biblioteca Real. (É uma fonte de divertimento para nós que a biografia de Leonardo escrita por Serge Bramly abra com as palavras: "Não muito longe da Catedral de Turim, que hospeda o famoso, mas controverso Sudário, existe, na Biblioteca Reale, o menos controverso auto-retrato de Leonardo da Vinci." Bramly prossegue traçando paralelos entre a reverência com que se guardam ambas as imagens — "Como o Sudário, esse auto-retrato é raramente exibido em público: devastado pelo tempo, está guardado longe dos efeitos danosos do ar e da luz."[2])

Sabemos que esse retrato é preciso, pois foi usado com sucesso por Lillian Schwartz para combinar com a *Monalisa*. Mesmo assim, ele foi feito muitos anos depois da criação do Sudário e, embora ainda pareça com a imagem no pano, não é preciso o bastante para os nossos propósitos. As bochechas afundaram com a idade e a boca mudou, pois ele deve ter perdido vários dentes com o passar dos anos. Mas o maior problema de todos é que o ângulo do rosto de Leonardo no auto-retrato é diferente do ângulo do rosto do homem no Sudário: neste último, Leonardo está meio voltado para o espectador.

Só existem uns poucos retratos de Leonardo feitos enquanto estava vivo. Quadros posteriores, tais como as gravuras nas *Vite* de Vasari (primeiramente publicado em 1550), embora baseados em retratos anteriores, não são nem um pouco confiáveis. A segunda representação bem conhecida mostra Leonardo próximo da idade certa, mas completamente de perfil, impossibilitando a comparação com o Sudário. Ela está agora na Biblioteca Real em Windsor (com uma cópia na Biblioteca Ambrosiana, em Milão) e foi provavelmente pintada por um aluno, possivelmente Francesco Melzi. Rafael pintou Leonardo como Platão na *Escola de Atenas* mas, embora os dois artistas se conhecessem, não era possível que Leonardo tivesse servido de modelo, já que estava morando na França naquela época. Uma pintura na Galeria Uffizi, que talvez possuísse a semelhança mais assombrosa com o rosto do homem no Sudário, foi durante muito tempo considerada um auto-retrato, mas na década de 1930 mostrou-se que era uma obra do século XVII. Foi certamente baseada num auto-retrato perdido, mas não se aplica para o propósito de comparação.

O que precisávamos era um retrato de Leonardo com a idade de 40 anos, olhando diretamente para o observador. Se vários retratos houvessem sobrevivido, mesmo com diferentes ângulos, poderíamos tê-los combinado para fazer um modelo tridimensional que poderia ter sido girado para a posição desejada. Infelizmente, e para a nossa frustração, não podíamos sequer começar a fazer isso.

Os poucos retratos existentes mostram vários sinais de imprecisão. Acredita-se que o retrato em Windsor foi alterado para lisonjear o mestre: seu nariz — em vida, um exemplo esplêndido de dominação nasal — definhara para proporções menos alarmantes, graças à cirurgia plástica instantânea de um hábil pincel. É até possível que o auto-retrato em Turim tenha sido alterado com o passar dos anos.[3]

Com Andy, nós examinamos todos os possíveis candidatos no caso de haver alguma forma de fazer uma comparação objetiva. Até consideramos a possibilidade de usar a *Monalisa*, mas, finalmente, tivemos que aceitar que simplesmente não podíamos fazê-lo. Andy disse: "A tolerância com os traços das pessoas é muito pequena e, com diferentes ângulos de visão de Leonardo e falta de informação sobre escalas, o resultado seria inconclusivo. Sem um quadro totalmente frontal do seu rosto, a comparação não pode ser feita."

A CABEÇA CORTADA

Uma vez fechado aquele caminho, nos voltamos então para o estudo da própria imagem, procurando discrepâncias exageradas que pudessem provar a nossa teoria ou trazer alguma luz a respeito do método de Leonardo. Para nós, a anomalia mais importante é o efeito da "cabeça cortada". Como Abigail Nevill nos tinha mostrado tão contundentemente, a cabeça "não combina" e é pequena demais para o corpo. Não só está mal posicionada em relação ao corpo, mas existe um nítido vazio entre o fim do pescoço e o começo do peito — a cabeça parece praticamente estar flutuando num mar de escuridão. O próprio espaço — assumindo que o Sudário fosse autêntico — poderia ser explicado pela disposição do pano, mas o posicionamento anormal da cabeça, não; tampouco procede o fato de o pescoço terminar tão bruscamente, numa linha transversal, cuidadosamente delineada. Algumas fotografias mostram até mesmo uma nítida linha branca (no negativo) na base do pescoço, mas ela poderia ser uma dobra no pano, já que não aparece em todas as fotos. Contudo, mesmo sem tal fato, a cabeça parece, bem claramente, ter sido cortada na base do pescoço, até mesmo nas fotografias infravermelhas e ultravioleta feitas pelo Sturp e nas fotografias em "3-D", de John Jackson e Eric Jumper. As imagens realçadas digitalmente também revelam essa anomalia notavelmente, mostrando a imagem desaparecendo completamente na linha do pescoço, sem o menor sinal de imagem embaixo dela até a parte superior do tórax. Bem no começo da nossa pesquisa, perguntamos a dois especialistas no Sudário, Ian Wilson e Ian Dickinson — que crêem na autenticidade —, como é que eles explicavam o efeito da "cabeça cortada", e recebemos duas respostas diametralmente opostas. Wilson[4] disse que não via nada de errado com a posição da cabeça, enquanto Dickinson[5] disse que havia uma anomalia, mas que sabia como explicá-la. (Quando conheceu um de nós, na exposição em Bath, disse: "Examinei esta imagem minuciosamente e tem algo de muito estranho nela: a cabeça parece estar deslocada.") Ele disse que o pano estava dobrado embaixo do queixo quando a imagem foi criada. Quando o Sudário foi esticado, a dobra fez com que a cabeça parecesse estar deslocada para cima e fez com que a imagem do pescoço terminasse numa linha horizontal. Contudo, já havíamos observado a total ausência de qualquer distorção parecida causada por dobras e rugas em qualquer outro lugar da imagem: se Dickinson tivesse razão, seria possível ver anomalias parecidas em outras partes do pano, especialmente no rosto. Mas não estão lá.

Não é possível explicar a estranha posição e o término abrupto da cabeça usando nenhuma outra teoria referente a como a imagem foi formada. Contudo faz todo o sentido se a imagem for uma montagem — isto é, o rosto do próprio Leonardo e o corpo de outra pessoa. A linha embaixo do pescoço é o ponto de corte. Isso explicaria o tamanho pequeno da cabeça.

Nós precisávamos medir as diferenças de tamanho entre o corpo e a cabeça objetivamente, o que significava examinar minuciosamente o físico do homem do Sudário. Os resultados aos quais chegamos no final — empregando a abordagem de "As roupas novas do imperador", que aprendemos com a jovem Abigail — foram bem inesperados.

A olho nu, a cabeça é pequena demais para o corpo. Mas como poderíamos demonstrar essa anomalia? Nós começamos a comparar a proporção da cabeça relativa ao corpo.

Com Keith, irmão de Clive — que, por ser um artista treinado, é familiarizado com as proporções da figura humana —, fizemos alguns cálculos cruciais. A proporção normal entre cabeça e altura total é 1:8 (isto é, a altura total é oito vezes o tamanho da cabeça). Isso é uma média, com variações individuais oscilando entre 1:7,5 e, muito raramente, chegando a, no mínimo, 1:8,5. A proporção menor tende a ocorrer em pessoas de pequena estatura — quanto mais baixo você for, maior a sua cabeça em comparação com o corpo.

Para descobrir a proporção cabeça/corpo do homem do Sudário, nós obviamente precisávamos saber a sua altura, algo que se mostrou uma questão fartamente debatida entre os sudaristas. Isso se deve, em parte, à tenuidade da imagem e à forma com que parece se misturar com o fundo nas extremidades, dificultando medições precisas. Existe também a divergência a respeito da forma em que o corpo está posicionado, o que é importante, já que qualquer tentativa de se calcular a altura precisa levar em conta a redução das dimensões (*foreshortening*) devido à posição dos membros. Aqueles que crêem que a imagem foi formada pelo contato direto com o corpo também têm que levar em conta qualquer distorção causada pela forma como o pano foi arrumado por sobre o corpo. (Embora, como já vimos, o pano deve ter sido esticado.) Um grande contratempo aqui é a forma como os ombros foram apagados pelo fogo de 1532: isso foi especialmente frustrante para nós, já que teria sido muito mais fácil avaliar o mau posicionamento da cabeça se os ombros estivessem visíveis.

De longe, o trabalho mais minucioso sobre a disposição do homem no Sudário foi feito pela norte-americana Isabel Piczek, uma importante artista religiosa muito procurada por seus murais admiráveis que agraciam muitas igrejas e catedrais nos Estados Unidos. Ela abordou o problema como uma artista profissional especializada em retratar a figura humana e com muita experiência com os problemas de perspectiva. Embora acredite na autenticidade do Sudário e, conseqüentemente, aceite com excesso de entusiasmo algumas das mais estranhas teorias por aí (a sua própria teoria é de que a imagem foi resultado de "inversão do tempo"), o seu trabalho aqui é convincente e sustentado por bons argumentos e, de fato, apresenta a reconstrução mais aceitável.

Isabel Piczek examinou a forma como os membros estão encurtados e a intensidade variável da imagem — por exemplo, a forma como as partes de trás dos joelhos estão bem menos claras que as panturrilhas e as nádegas — e descobriu que a imagem inteira é absolutamente consistente com a disposição do corpo na crucificação. Ela presume que isso ocorreu porque o *rigor mortis* já havia se manifestado quando o corpo foi posto no Sudário. Não existe, no entanto, nenhum motivo por que um artista, atento à anatomia, não pudesse ter retratado o corpo dessa forma para reforçar a identificação com Jesus, ou razão pela qual Leonardo não pudesse ter ajeitado o seu modelo nessa posição. Isso explica por que podemos ver a sola do pé, já que os joelhos estão erguidos de forma que os pés se estendam sobre o pano — talvez com um pé levemente sobre o outro por causa da forma como o corpo foi pregado —, o que é confirmado pela redução das dimensões das pernas tanto na imagem frontal como na dorsal.

O trabalho de Piczek também comprova que não há distorção causada por dobras e rugas do pano envolvendo o corpo, fato que está de acordo com as nossas conclusões de que o pano estava esticado quando a imagem foi criada. Mas algo mais, algo que acabaria sendo muito mais importante, também surgiu do trabalho dela.

Durante uma visita a Londres, em novembro de 1992, ela apresentou os seus achados em uma reunião da BSTS, à qual nós comparecemos com uns amigos. Sua palestra mostrou convincentemente que a sua reconstrução combinava com o corpo como visto no Sudário e incluía slides de seu trabalho, apresentando modelos que demonstravam suas teorias. Foi apenas durante o tempo dedicado a perguntas que um fato que ela não mencionara veio à luz, em resposta a uma pergunta de nosso colega Tony Pritchett. Ele perguntou a que conclusões ela chegara quanto à disposição da cabeça, algo que ela evidentemente evitara mencionar. Piczek respondeu que tivera problemas em determinar a forma como a cabeça tinha sido disposta, já que não fora capaz de encontrar um modelo que conseguisse posicionar a cabeça na mesma posição da do homem no Sudário, enquanto mantinha a posição correta do resto do corpo. Na verdade, ela disse "*a cabeça parecia separada*". Isso foi para nós a confirmação impressionante, dada por uma especialista, do comentário inocente de Abigail, em Bath. Simplificando: a cabeça simplesmente não se encaixa.

Também fica claro apenas olhando-se para a imagem que o rosto está mais claro (no negativo) e muito mais nítido do que o resto da imagem — isto é, o resto da frente e a parte de trás inteira. Isso também fica claro com as imagens em "3-D" criadas pelo Analisador de Imagens VP-8, nas quais o rosto se sobressai mais claramente que o resto da imagem. Embora, como veremos, tenhamos sérias dúvidas acerca da validade de todas as informações obtidas a partir dessa bateria de testes, em particular, isso não muda o fato de que o Analisador de Imagens determinou que a face era mais intensa do que o resto da imagem. Não é possível explicar isso (como alguns já tentaram) dizendo que o rosto é mais angular. Se a intensidade da imagem é causada pela sua proximidade com o corpo, então aquelas partes que estavam, supostamente, em contato com o pano — a ponta do nariz, o peito, o dorso das mãos, os joelhos — deveriam apresentar todas a mesma intensidade. Mas, em vez disso, vemos que todo o rosto está muito mais claramente definido, outra indicação de que foi criado separadamente e, talvez, com mais cuidado.

UMA HISTÓRIA EXAGERADA

Ainda tentando decifrar a proporção da cabeça/corpo e necessitando descobrir a altura verdadeira do homem no Sudário, logo percebemos que o trabalho de Isabel Piczek era a melhor base para se prosseguir. Pensamos que medir a sua altura seria uma coisa simples, mesmo dando uma margem de tolerância de uns poucos centímetros em cada extremidade, mas não foi bem assim. Quando buscamos pistas na literatura do Sudário, ficamos extremamente surpresos.

A altura estimada mais comum é aproximadamente 1,80m, embora sempre haja evasivas a esse respeito, alegando-se dificuldades de se fazer uma medição precisa, devido às peculiaridades da imagem. Na verdade, estimativas da altura do homem variam tanto que algumas chegam a parecer ridículas.

Giulio Ricci, um defensor ardoroso (alguns diriam fanático), calculou que o homem tinha apenas cerca de 1,62m, dando uma margem de tolerância por causa da distorção causada pelas rugas (inexistentes) e, curiosamente, a "expansão do pano" com a passagem do tempo.[6] Como alguém que acredita na autenticidade do Sudário, ele obviamente calculara que essa expansão ocorrera num período de dois mil anos — uma hipótese que está longe de ser científica. No outro extremo, Lorenzo Ferri (um professor na Universidade de Roma) e o anatomista Luigi Gedda, de forma independente, chegaram a uma estimativa de 1,88m.[7] Discrepâncias tão grandes nos estimularam a fazer os nossos próprios cálculos.

O problema é que, como o pano está trancado, nós sempre vemos a imagem no Sudário em miniatura. Se estivesse em exposição permanente, talvez uma das anomalias mais reveladoras do Sudário pudesse ser mais amplamente conhecida e questionada.

Primeiramente, nós percebemos que tínhamos que saber o comprimento real da imagem como aparece no pano, do alto da cabeça à ponta dos pés. A partir daí (dando margens de tolerância por causa do efeito de perspectiva que Isabel Piczek descobriu) deveríamos ser capazes de chegar a uma estimativa razoavelmente boa da altura do homem. Precisão absoluta seria impossível, mas certamente chegaríamos a uma estimativa boa o bastante para os nossos propósitos. Na medida em que acreditamos que a cabeça da imagem frontal foi criada separadamente, seria especialmente interessante ver se a imagem frontal tem exatamente a mesma altura que a dorsal. Nós compramos uma fotografia do Sudário inteiro da Holy Shroud Guild de Nova York, a medimos e, sabendo as dimensões do próprio Sudário, ampliamos os nossos resultados de acordo com elas.

Os nossos cálculos colocaram a altura do homem no Sudário, pela imagem frontal, em 2,03m. Nós, é claro, ficamos assombrados e repetimos os nossos cálculos várias vezes. Mas não estávamos enganados: a imagem frontal realmente chega à marca dos 2,03m. Então, qual é a altura do homem do Sudário nas costas? Ainda mais surpreendente — ele tem 2,08m! Estranhamente, se você examinar a literatura sobre o Sudário, encontrará esses cálculos lá, em algum lugar, mas raramente em posição de destaque.

Não só a imagem é absurdamente, impossivelmente grande, mas tem 5cm a mais nas costas que na frente — supostamente do mesmo homem, feita na mesma época! (As pontas dos dedos dos pés estão faltando na imagem do Sudário, já que aí o pano ficou curto demais, mas isso não explica uma diferença de 5cm.)

Os defensores da autenticidade nunca deram muita importância à altura total do corpo, embora todos a conhecessem. Se, por acaso, a mencionam, argumentam que as dobras do pano sobre os contornos do corpo causariam distorção das medidas, fazendo com que a imagem parecesse muito mais alta que o corpo, de fato, era. Mas empregando o trabalho de Isabel Piczek, ela mesma uma defensora da autenticidade, como também os nossos próprios olhos, sabemos que simplesmente não há tal distorção. O pano só poderia ter produzido a imagem de dimensões reduzidas — mas, de resto, inteiramente natural — se estivesse esticado.

Uma possível explicação é que a posição de crucificação mostrada pelo trabalho de Piczek (com os joelhos erguidos e a planta do pé no chão) estende a imagem pelo comprimento dos pés, acrescentando vários centímetros à altura. Ricci, por exemplo, argumenta que só se deveriam tirar medidas até os calcanhares. Isso é verdade, mas então temos que dar uma margem de tolerância em função da altura perdida pelos joelhos erguidos, o que diminui as dimensões da imagem e faz com que as pernas pareçam curtas demais. A fim de descobrir exatamente quanta diferença o dobrar dos joelhos faz à altura total do corpo humano visto de frente, Keith e Clive mediram a si mesmos deitados completamente estendidos, com os joelhos erguidos da forma mostrada por Isabel Piczek, enquanto mantinham as solas dos pés em contato com o chão. Com isso encontraram a posição mais favorável para que os joelhos pudessem se erguer daquela forma. Com as solas dos pés no chão, os joelhos se levantam muito e as dimensões da imagem ficariam ridiculamente curtas, mas é possível chegar a um bom meio-termo com a parte de trás dos joelhos a cerca de 25cm do chão.

Na verdade, o comprimento total do corpo — do alto da cabeça até os calcanhares quando estendido no chão, ou até a ponta dos dedos dos pés com os joelhos erguidos — quase não muda. O comprimento extra, causado pelos pés, contrabalança perfeitamente o encurtamento das dimensões causado pela elevação dos joelhos. É claro, as pessoas serão sempre diferentes e até mesmo a estimativa mais generosa só poderia estender a figura em, no máximo, 5cm, através dessa explicação.

Embora tenhamos rejeitado a idéia de Ian Dickinson, de que a cabeça parece estar deslocada para cima por causa de uma dobra no pano embaixo do queixo, decidimos verificar para ver se isso poderia justificar a altura extra. Mas não — na verdade, a imagem traseira confirma as nossas medidas e vai além disso, sendo 5cm mais comprida que a dianteira.

Agora compreendíamos o verdadeiro motivo para toda aquela discussão infindável sobre rugas, dobras e expansão do pano. Era conversa fiada para encobrir um fato desagradável que sugere que o Sudário é uma farsa. Com certeza, se Jesus tivesse sido um gigante, isso não teria sido mencionado no Novo Testamento? Mas as suas páginas não mencionam esse fato, da mesma forma que se calam quanto ao Sudário estampado.

No seu livro de 1998, Ian Wilson reclama que nós chegamos a esses números "assombrosos" "sem fornecer nenhum motivo claro".[8] Mas nós fornecemos o melhor dos motivos — *nós medimos as imagens no Sudário.* Não existe absolutamente nenhuma dúvida a respeito: mas, como sempre, os defensores da autenticidade se confundem tentando vir com alguma explicação, não importa o quão ridícula seja, para tentar justificar as anomalias da *imagem* no Sudário. Embora os sudaristas — quando pressionados — admitam que a imagem tem 2,03m de comprimento, como isso é claramente absurdo, eles tentam pensar em razões pelas quais ela é maior que o próprio homem. Eles invocam variáveis como a forma que o pano foi (supostamente) dobrado sobre o corpo ou o "fato" de que o pano, de alguma forma, se expandiu com o passar dos séculos. É claro que a altura extraordinária os preocupa — como, de fato, deveria, pois para a maioria das pessoas objetivas isso provaria que o Sudário é obviamente uma falsificação.

Wilson também rejeita as nossas medições por sermos "leigos", mencionando, em lugar delas, as fornecidas por "especialistas médicos" como o Dr. Pierre Barbet e o Dr. David Willis. Nós não conseguimos entender como é que treinamento médico confere uma habilidade superior sobre o uso de uma régua.

Temos que admitir que na época da primeira edição deste livro só tínhamos medido o homem do Sudário a partir de fotografias e, por conseguinte, podíamos talvez ter-nos enganado. Mas, em 1998, nos foi dada uma oportunidade fantástica — melhor do que a praticamente qualquer pesquisador moderno do Sudário — de reexaminar os nossos achados. Tendo deixado a Royal Photographic Society, em Bath, Amanda Nevill tornou-se diretora-geral do National Museum of Photography, Film and Television, em Bradford, e não perdeu tempo em envolver Lynn como consultora de uma exposição fotográfica chamada *The Unexplained.* Mais uma vez, a transparência em tamanho natural do Sudário (uma réplica perfeita do original) foi a atração principal, mas agora com muito mais pompa e espaço, tendo uma sala enorme, inteira, para si. Além disso, o "Sudário" foi exibido de uma forma particularmente fácil de entender, numa gigantesca caixa de luz, praticamente ao nível do chão, cercado de muito espaço. Isso significava que, ao contrário das exibições do próprio Sudário, os visitantes podiam levar o tempo que precisassem para examiná-lo de todos os ângulos e a uma variedade de distâncias. E que diferença isso faz...

Na abertura da exposição e várias vezes depois, nós envolvemos os visitantes em um experimento simples. Nós os convidávamos a deitarem-se no chão, imitando a postura do homem do Sudário, e alinhando a cabeça deles o mais próximo possível com o alto da cabeça dele. Nenhum de nossos voluntários tinha 2,03m; nem mesmo o homem mais alto se comparou em altura com o homem do Sudário, ou mesmo chegou perto. (Clive, que tem exatamente 1,80m de altura, viu que o homem do Sudário ainda tinha muitos centímetros de sobra.) E mesmo antes que pedíssemos para que tomassem parte em nosso experimento, quando lhes dizíamos que havia "algo estranho com a altura", eles, sem exceção, de repente percebiam que ele era incrivelmente alto. Não é exagero dizer que muitas pessoas que vieram à exposição sem opinião formada a respeito da autenticidade do Sudário saíram convencidas de que o pano era uma farsa. (E, como veremos, a altura ridícula não é a única anomalia claramente visível.)

Esta anomalia nem chega a ser um problema para aqueles que acreditam que a imagem foi pintada — ou para nós, que achamos que ela foi, na verdade, projetada. Quando projetamos coisas reais (como estávamos para descobrir) é muito fácil fazê-las um pouco pequenas demais ou um pouco grandes demais. Mover o objeto que está sendo projetado apenas um centímetro ou dois em direção ao mecanismo de foco resulta numa imagem desproporcionalmente ampliada. E o motivo pelo qual existe uma discrepância entre as imagens frontal e dorsal é porque a cabeça, na verdade, não pertence ao corpo.

Com o livro *A Piece of Cloth*, de Rodney Hoare, aprendemos um fato raramente mencionado: a parte de trás da cabeça é ligeiramente mais larga que a da frente.[9] É claro, Hoare tem uma explicação pronta. A cabeça devia estar sobre algum tipo de almofada, ele diz, colocada embaixo do Sudário e em torno dos lados da cabeça. Por isso a parte de trás da cabeça parece ser mais larga. Mas não há nenhuma distorção que se poderia esperar num caso assim.

Agora que tínhamos uma estimativa da altura do Homem do Sudário, podíamos trabalhar na proporção cabeça/corpo. Quando medimos a cabeça e a comparamos com a altura estimada, chegamos à proporção de 1:8,7 para a imagem da frente, bem além dos limites normais. Saber exatamente onde tirar as medidas, devido à tenuidade do contorno da imagem, é difícil, mas tínhamos incluído uma margem de erro generosa. Quando comparamos o tamanho da imagem da cabeça na frente com a altura que calculáramos para a imagem traseira total — novamente com uma margem de erro, só por precaução —, chegamos a uma proporção mínima de 1:9, no máximo talvez 1:9,4. Havíamos comprovado, então, que a cabeça era realmente muito pequena para o corpo. Diligentemente, havíamos confirmado a percepção de Abigail. E o fato de que Isabel Piczek havia confirmado que o resto do corpo tinha boas proporções, provava a nossa teoria de que a cabeça era uma imagem completamente separada. Esse fato também faz com que seja improvável que o Sudário seja pintado, já que a imagem como um todo é um trabalho brilhante, e que artista talentoso, em seu juízo perfeito, estragaria a cabeça dessa forma?

O MAIOR DISFARCE DA HISTÓRIA

O nosso trabalho sobre o físico do homem no Sudário nos fizera cientes de outras discrepâncias e anomalias, algumas das quais iriam se tornar muito importantes quando fôssemos reproduzir o método de Leonardo e outros que merecem menção.

Nós havíamos percebido bem no começo de nossos estudos algo que foi mencionado pelos céticos, mas amplamente ignorado pelos defensores da autenticidade: a posição conveniente das mãos, cruzadas sobre a genitália. Parece uma forma incomum de expor um corpo e o esforço de encobrir a nudez do homem parece indicar que o propósito do pano era a exibição, com as mãos colocadas de forma a evitar ofender a sensibilidade dos fiéis. Talvez a posição das mãos também tenha sido escolhida para evitar um outro dilema. Como era para ser Jesus, a precisão histórica exigiria que ele fosse circuncidado (como os cristãos medievais e da Renascença sabiam muito bem, já que havia tantos Prepúcios Sagrados expostos por aí naquela época); entretanto, como observa Peter de Rosa, no prólogo de seu *Vicars of Christ*, os cristãos teriam se sentido pouco à vontade com esse lembrete da condição de judeu do seu Senhor. Então, se convencionou retratar o Jesus crucificado usando uma tanga, o que De Rosa chama de "o maior disfarce da história".[10] Nós achamos especialmente divertido que muitas cópias do Sudário de Turim apresentem uma tanga.

Também é impossível colocar as mãos de um cadáver nessa posição sem amarrá-las uma a outra ou apoiar os cotovelos. Previsivelmente, os crentes argumentaram que havia apoios, na forma de amontoados de pano, sob os cotovelos. (Se todas as almofadas e trouxas de roupa que são mencionadas para justificar anomalias tivessem realmente sido usadas, sem mencionar a presença de blocos de especiarias, o sepultamento de Jesus teria certamente oferecido um dos espetáculos mais estranhos da história — mais parecendo com a seção de artigos de cama e mesa num primeiro dia de liquidação do que o sepultamento de Cristo.)

Se, por outro lado, a imagem foi falsificada, teria sido fácil manter as mãos na posição exigida e manter os meios para fazer isso invisível ao mesmo tempo. A forma mais fácil seria amarrar os polegares um ao outro.

Também há o problema do cabelo e de sua linha. Se o homem estivesse deitado, o que é a crença geral, o cabelo não estaria emoldurando o seu rosto como está, mas cairia para trás, distante do rosto. A própria linha do cabelo é completamente artificial, e há uma curiosa faixa vazia entre os lados do rosto e o cabelo. Também há o fato bizarro de que o homem do Sudário não tem orelhas. O rosto é extremamente estreito: os cantos exteriores dos olhos estão praticamente no limite da borda do rosto. O homem não tem orelhas nem têmporas.

Mas o aspecto mais estranho do rosto é o tamanho da testa. Qualquer artista lhe dirá que geralmente os olhos ficam quase no centro do rosto, no meio do caminho entre o queixo e a parte superior da cabeça. (A linha central fica, na verdade, um pouquinho abaixo dos olhos.) Contudo, na imagem estampada no Sudário, os olhos estão altos demais, pois a testa parece ter sido encurtada. Começamos pensando que deve ter sido por causa da forma como Leonardo sobrepôs a imagem de seu rosto, mas foi apenas mais tarde — como iremos descrever no próximo capítulo — que o significado do tamanho da testa ficou claro.

Uma nova dimensão

Algumas das curiosidades mais mencionadas a respeito do Sudário são, de longe, os "dados em 3-D" que ele supostamente contém. Isso significa que existe uma relação precisa entre a intensidade da imagem (a parte escura, como vista a olho nu, e a parte clara, como vista num negativo) e a distância entre o corpo e o pano. A relação pode ser usada para construir uma imagem tridimensional do homem no Sudário, mostrando mais elevadas as áreas claras, como num mapa de contorno. Isso foi demonstrado mais claramente nas imagens produzidas pelo Analisador de Imagens VP-8, na metade da década de 1970.

Fomos levados a crer que os dados em 3-D contidos no Sudário eram uma propriedade estranha e extremamente incomum daquela imagem. Nem pinturas nem fotografias, a não ser que sejam feitas sob condições muito específicas, se comportam assim. Outras teorias de criação da imagem não conseguem justificar esse efeito, exceto, talvez, a teoria do "clarão nuclear" defendida por John Jackson, que (como já vimos) pode ser desconsiderada sob vários pretextos, um dos quais, simplesmente, o bom senso.

Os dados em 3-D são diferentes para o rosto e para o corpo. Se o Analisador de Imagens for ajustado para mostrar o rosto em relevo, o corpo (a parte da frente e a parte de trás) mal se sobressai. Se o ajuste for para mostrar o corpo, os detalhes do rosto se sobressaem demais. Isso confirma a idéia de que as duas imagens foram criadas separadamente.

Nós percebemos, contudo, que se houvesse alguma imagem fotográfica, era improvável que exibisse o "efeito em 3-D". O Analisador de Imagens trabalha com luz e sombra, assumindo que as áreas mais escuras estão bem mais afastadas que as áreas claras, e que existe uma relação direta entre a intensidade da imagem e a distância. Fotografias normais estão geralmente mais iluminadas num lado do que no outro, de forma que os dois lados de um rosto, embora igualmente distantes da lente, teriam intensidades diferentes. Somente quando a fonte de luz está brilhando da mesma direção que a máquina fotográfica, você conseguirá um efeito em 3-D. Um holofote montado em cima da câmera pode resolver o problema, mas ainda assim é improvável, pois a diferença na quantidade de luz refletida seria provavelmente muito sutil, as variações pequenas demais para que pudéssemos tentar calcular a distância da câmera para o objeto. Uma boa estimativa seria possível, mas não a precisão das imagens VP-8.

Inicialmente, especulamos que poderia haver uma forma de iluminação da cena para causar um efeito 3-D acidentalmente, o que poderia então dar-nos algumas pistas sobre como fora feita a iluminação. O efeito poderia ter sido um subproduto coincidente dos tempos de exposição. O sol teria se movido durante um tempo de exposição que deve ter durado várias horas, de forma que os dois lados do rosto estariam iluminados em momentos diferentes, enquanto que os pontos altos — o nariz e as sobrancelhas — estariam iluminados constantemente, sofrendo maior exposição.

Pedimos a Andy que investigasse formas de reproduzir as fotografias VP-8 usando software moderno. Utilizando as fotografias da imagem inteira, da Holy Shroud Guild, e das imagens do rosto, ele usou um *scanner* nas imagens, convertendo estas fotos em *pixels*, sendo que cada um deles recebeu um valor de acordo com a intensidade de seu brilho. Os dados resultantes foram armazenados em formato digital, o que significava que podiam ser utilizados por vários programas diferentes que poderiam manipulá-los de várias formas. Diferentes intensidades de brilho poderiam ser convertidas em cores ou exibidas na forma de um mapa de contorno. Poderiam até ser convertidas em som e tocadas como música (Andy fez várias imagens abstratas ao mostrar sons como formas e cores). Partes individuais da fotografia poderiam ser ampliadas em tela para que pudessem ser examinadas nos mínimos detalhes, ou partes da imagem poderiam ser recortadas e movidas para que pudessem ser comparadas com outras partes. Por exemplo, Andy facilmente conseguiu retirar metade da imagem dianteira do homem do Sudário e compará-la com metade da parte traseira, mostrando graficamente — e com muita eficácia — que a parte de trás é realmente mais comprida que a da frente.

Para reproduzir as imagens 3-D criadas por John Jackson e Eric Jumper com o Analisador de Imagens, Andy tomou os dados digitalizados e passou-os por programas que os converteram em um mapa de altura. Em suas próprias palavras:

> A imagem foi convertida em um campo de altura usando-se um programa de renderização Ray Tracing de domínio público. Por causa da granulação da imagem original — havia pequenas manchas etc. — a imagem em 3-D acabaria tendo enormes picos, o que confundiria as coisas.
>
> Os picos falsos precisavam ser removidos e isso foi feito usando-se um programa de tratamento e processamento de imagens chamado Photostyler para aplicar um filtro gaussiano a fim de suavizar o "ruído" e deixar um *trend*. Os resultados foram novamente renderizados.
>
> O processo revelou uma imagem mais significativa, mas os resultados ainda eram decepcionantes na busca da "prova" de 3-D. Tentei diferentes ângulos de visão e apliquei texturas diferentes ao objeto.

Por meio dessa técnica, a imagem poderia ser inclinada de forma que (da mesma forma que com as imagens VP-8) qualquer relação intensidade-distância pudesse ser mostrada como uma imagem tridimensional. O resultado foi, para dizer o mínimo, surpreendente. Andy não conseguiu reproduzir em 3-D os dados encontrados pelo VP-8. Havia uma ligeira tridimensionalidade, mas não mais do que se esperaria de uma fotografia iluminada uniformemente. Mais surpreendente era o fato de que não havia uma sensível diferença entre a intensidade do brilho da ponte do nariz e as sobrancelhas, impossibilitando que o software de análise de imagem fizesse distinção entre eles, em termos de altura. As imagens, utilizando-se diferentes escalas para exagerar qualquer diferença mínima de intensidade, sempre mostravam o mesmo resultado: um rosto plano, com nariz e sobrancelhas da mesma altura. Andy tentou vários métodos para eliminar quaisquer erros em seus achados, mas descobriu que "os resultados ainda eram inconclusivos".

Ficamos confusos. Reexaminamos a nossa metodologia, mas não conseguimos achar nada de errado com qualquer coisa que nós ou Andy tivéssemos feito. Lentamente, começamos a entender o significado do que descobríramos: será que era realmente verdade que os tão celebrados "dados em 3-D", o fator supostamente raro da imagem no Sudário que tem intrigado há anos tanto os que crêem como os que não crêem na autenticidade, simplesmente não existiam?

Ficamos nos perguntando se o equipamento de Andy era inferior ao VP-8, então, voltamo-nos mais uma vez para a literatura sobre o Sudário a fim de localizar a ascensão dos dados em 3-D como um dos pontos que mais contribuíam para a crença na autenticidade. Parece que a ascensão se baseava totalmente naqueles experimentos de vinte anos atrás realizados por Jackson e Jumper. Ninguém além de nós parecia ter tentado reproduzir o trabalho deles, o que é especialmente surpreendente, dados os progressos na área da informática desde aquele tempo.

Jackson e Jumper, por terem fundado o Sturp, são duas das estrelas persistentes no mundo do Sudário. Contudo, apesar de suas credenciais científicas, eles acreditam e sempre acreditaram na autenticidade do Sudário, mesmo antes que tivessem se aventurado em suas análises detalhadas. Embora o Sturp seja conhecido como uma organização fundamentalmente científica, dá-se pouca atenção ao fato de que ambos estejam no Conselho Executivo da Holy Shroud Guild,[11] uma organização fundada na premissa de que o Sudário é autêntico e que tem uma mensagem importante para todos nós. Os seus trabalhos científicos, apresentados na Conferência de Albuquerque de 1977, revelam os seus preconceitos — eles se referem à imagem no Sudário, o tempo todo, como sendo a do "corpo de Jesus".[12] Segundo *A conspiração Jesus*, de Kersten e Gruber, no simpósio internacional em Paris, em 1989, "ele (Jackson) declarou que só conseguia explicar a formação da imagem como um milagre".[13]

Jackson e Jumper vinham trabalhando com tridimensionalidade já fazia algum tempo, antes da introdução do VP-8, empregando técnicas manuais. Eles estavam seguindo uma sugestão de Paul Vignon no começo do século XX. Nós, há muito tempo, já percebêramos que esses experimentos estavam abertos a todos os tipos de falhas, mas, como todos os outros, acabamos conquistados pelas imagens computadorizadas sofisticadas, que eles apresentaram um ano depois. Os seus experimentos iniciais foram muito questionados — especialmente o seu protocolo e a coleta e análise de dados — por Joe Nickell, no seu *Inquest on the Shroud of Turin*. Para começar, ele afirma que "a metodologia da reconstrução tridimensional se apóia num círculo vicioso, e implora pela resposta de se o Sudário alguma vez já envolveu um ser humano de verdade ou não".[14] Jackson e Jumper começaram assumindo que sim.

Eles acharam alguém que consideravam ter a mesma compleição e altura do homem do Sudário — mas como essa pessoa não tinha 2,03m na frente e 5cm a mais de altura nas costas, como será que chegaram aos seus resultados? — e o cobriram com um pano no qual traçaram a imagem estampada no Sudário. É claro que esses resultados tiveram um pouco de ajuda, já que, para começar, Jackson e Jumper encontraram alguém que se encaixaria na imagem que traçaram. Mas então tiveram que conjeturar sobre a maneira como o pano estava disposto por sobre o corpo. Para tal, também tiveram que encontrar um modelo que se ajustasse às suas hipóteses. O modelo deles foi deitado de costas, como era, naquela época, considerada a posição certa para o homem no Sudário — estendido de costas com o pano dobrado para cima na altura dos pés. Nós agora sabemos, em função do trabalho de Isabel Piczek, que isso está errado. Os joelhos do voluntário deveriam ter sido erguidos e as solas dos pés deveriam estar tocando o chão. Eles também deram muita importância ao fato de que havia apenas "uma forma de cobrir o corpo corretamente". Por outro lado, se tivessem escolhido outra posição para as pernas e pés e um voluntário de outra compleição, teriam descoberto que havia somente uma forma possível de cobri-*lo*.

Eles então mediram as distâncias entre o pano e as diferentes partes do corpo do modelo, mas somente ao longo de uma linha central da imagem, no sentido longitudinal. Separadamente, mediram a intensidade da imagem no Sudário ao longo de uma linha central no sentido longitudinal, usando um instrumento chamado microdensitômetro. Eles traçaram os dois pares de figuras em um gráfico e alegaram que elas combinavam. Esse método dá margem a vários erros. A opinião deles a respeito da altura e compleição do modelo e suas hipóteses sobre a forma como o pano estava disposto por sobre o corpo poderiam facilmente estar erradas. Eles tiraram as medidas da distância entre pano e corpo, manualmente, de fotografias tiradas de um lado (com o modelo coberto e descoberto). E as leituras do microdensitômetro só eram válidas para a faixa longitudinal do meio da imagem, então, como é que saberiam se os mesmos efeitos seriam válidos para o resto da imagem?

O aspecto mais sério é a "uniformização" dos dois pares de dados no gráfico. Embora eles realmente mostrem uma grande dispersão, talvez devido a um erro de medição, Jackson e Jumper desenharam uma curva através dos pontos para fazer uma média. Em sua descrição dos resultados, Ian Wilson escreve que o gráfico deles revela "uma curva perfeita, demonstrando, acima de qualquer dúvida, que há uma relação positiva e precisa".[15] Contudo, Joe Nickell relata que inicialmente a correlação é "apenas satisfatória" e que a curva foi adicionada usando-se a opinião dos próprios Jackson e Jumper: "Qualquer número de curvas diferentes poderia ser igualmente escolhido para determinar a média da dispersão dos dados e substituí-la por uma função suave." Ajustes adicionais são feitos e então — o pior de tudo — os dados são "modificados repetidamente de forma que uma figura que pareça mais humana possa ser obtida". O resultado final, de acordo com Nickell, é que o método deles "permite que algumas das características da imagem no

Sudário sejam sobrepostas sobre o contorno do modelo humano. Assim, a 'estátua' resultante é, na verdade, uma mistura da imagem no Sudário e um modelo humano".

Entretanto, foi o trabalho do VP-8, com o qual Nickell não lidou, que parecia ser mais inquestionável, principalmente porque não depende de traçar gráficos, mas sim apresenta uma imagem facilmente compreensível. A história, como apresentada na literatura dos que crêem na autenticidade — por exemplo, no livro de Ian Wilson, *Evidence of the Shroud*[16] — é que, um dia, John Jackson visitou o especialista em radiografia, Bill Mottern, nos Sandia Scientific Laboratories, em Albuquerque. Acontece que Mottern estava fazendo experimentos com o Analisador de Imagens VP-8, uma máquina desenvolvida pela NASA, mas que estava começando a encontrar aplicações industriais mais amplas. Ele casualmente sugeriu que poderia pôr na máquina um dos slides do Sudário que Jackson levava consigo. Espontaneamente, sem quaisquer ajustes especiais no Analisador, as imagens em 3-D, agora tão conhecidas na literatura do Sudário, apareceram espontaneamente na tela. Na história do Sudário, o momento quase rivaliza com a revelação da primeira visão de Secondo Pia, com o efeito de negativo.

No entanto, o bom senso sugere que devia haver muitas outras coisas envolvidas. É uma questão de escala, de calibração. O Analisador de Imagens simplesmente determina a intensidade relativa de diferentes pontos em uma imagem. Para mostrar essa informação de forma que a possamos reconhecer, ele precisa conhecer a distância representada por uma dada mudança na intensidade, isto é, a escala. Andy demonstrou isso graficamente ao mostrar-nos diferentes imagens do Sudário usando diferentes escalas de distância/intensidade. A diferença entre um ponto claro e um ponto escuro pode representar, por exemplo, 15cm, ou 5 ou 1. Não existe nenhuma forma para que uma máquina, não importa o seu nível de sofisticação, possa calcular isso por si mesma. A escala é um dado fornecido pelo operador. Na verdade, ele pode experimentar escalas diferentes até encontrar uma que se ajusta a um propósito em particular. No caso da imagem no Sudário, você continua ajustando a escala até que consiga a imagem mais reconhecível de um corpo humano.

Isso, por si só, não significa que a imagem no Sudário não tenha dados em 3-D, mas demonstra que a história da aparência espontânea da imagem, sem que o Analisador tivesse a escala exigida, não estava bem contada. Era quase um milagre que isso acontecesse. De qualquer maneira, os resultados de Andy empregando o computador apenas confirmam algo que é óbvio a olho nu — ou devia ser, se não fôssemos distraídos pela magia tecnológica do VP-8. A base do seu trabalho é que, quanto mais clara for qualquer área da imagem, mais alta sobressairá na imagem gerada por computador. Quais eram as partes mais claras do rosto no Sudário? Uma olhada nas fotografias mostra claramente que são o bigode e a barba. Apesar disso, nas imagens do rosto feitas pelo VP-8, essas se encontram mais *abaixo* que a ponta do nariz, que não é tão claro!

Outros membros do Sturp foram mais cuidadosos com as alegações de Jackson e Jumper em relação aos dados em 3-D. Num relatório resumindo o trabalho do Sturp, Lawrence Schwalbe minimiza a importância dos dados, culpando a imprensa por interpretar mal e explorar as alegações, e concluindo que os estudos de Jackson e Jumper "por enquanto não sugeriam nenhum mecanismo particular de formação da imagem, nem indicavam que um objeto tridimensional era necessário para se produzir a imagem (...) Nenhuma conclusão direta a respeito da autenticidade do Sudário pôde ser inferida".[17]

Sem mais detalhes do caso Jackson e Jumper, é difícil afirmar por que Andy — usando imagens e equipamento pelo menos tão bons quanto aqueles utilizados por Jackson — não conseguiu ver o que eles viram nos anos 1970. Mas não vemos motivos para duvidar dos resultados de Andy. E dadas as críticas dirigidas aos experimentos anteriores de Jackson e Jumper com o microdensitômetro, achamos que o trabalho deles com o VP-8 também deve ficar aberto a questionamentos.

Outros fizeram modelos tridimensionais da imagem no Sudário, mas usaram apenas o olho do artista — não é preciso imagens digitalizadas para se ver como imagens bidimensionais vão ficar em três dimensões. Para comprovar isso, um dos modelos mais conhecidos foi feito nos anos 1960 pelo fotógrafo de moda britânico Leo Vala, projetando um slide do rosto no Sudário sobre um bloco de argila e modelando-a, calculando a profundidade causada pelas sombras. Mas essa técnica podia ser empregada igualmente bem em pinturas — na verdade, Vala fez um protótipo utilizando a *Monalisa*.[18]

Quando começamos a trabalhar com Andy, nós, como todos os outros sudaristas, acreditávamos que o Sudário apresentava dados em 3-D extraordinários, inexplicáveis e únicos. Embora estivéssemos certos de que Leonardo criara a imagem, não conseguíamos ver como conseguira produzir aquele efeito em particular e achávamos que tentar reproduzi-lo seria um verdadeiro obstáculo no nosso trabalho experimental. Agora não tínhamos mais esse problema, pois os tão alardeados dados em 3-D simplesmente não existiam, ao menos ao nível que fôramos levados a acreditar pelas imagens do VP-8, e não além do que pode ser explicado pela iluminação uniforme causada por uma exposição prolongada ao sol. Nesse sentido, os "dados em 3-D", em vez de minar, apóiam a hipótese fotográfica.

O que estava à nossa frente ainda não era uma vitória fácil. Nós nos incumbimos da tarefa de reproduzir a técnica fotográfica pioneira de Leonardo, e, ao fazer isso, tínhamos que conseguir algo que ninguém nunca conseguira — recriar o método usado para criar a imagem no Sudário de Turim e produzir uma imagem que tivesse todas as suas características, até aquele ponto inexplicáveis. Respiramos fundo e começamos.

CAPÍTULO 8

REVELAÇÕES POSITIVAS

> "Cada corpo enche o ar ao seu redor com imagens de si mesmo e cada imagem aparece em sua totalidade e em todas as suas partes. O ar está cheio de uma infinidade de linhas retas e raios que se cortam uns aos outros sem deslocarem uns ao outros e que reproduzem onde quer que encontrem a verdadeira forma de sua causa."
>
> Leonardo da Vinci[1]

Embora a idéia de que a imagem no Sudário fosse algum tipo de fotografia explicasse várias de suas características mais intrigantes, ainda assim era difícil não ser cético. Será que mesmo um gênio da estatura de Leonardo podia ter desenvolvido um processo fotográfico 350 anos antes da época conhecida de sua invenção? Mesmo que ele tivesse o conhecimento, será que os materiais da Renascença eram adequados para a tarefa? Se ele tivesse inventado tal processo, por que o manteria em segredo?

A última pergunta é a mais fácil de responder. Mesmo deixando de lado as suas práticas — mágicas e herméticas — "proibidas", Leonardo era obsessivamente reservado. Às vezes isso pode ser atribuído à precaução natural de um inovador numa época anterior ao advento da lei de patentes, mas, outras vezes, motivos bem mais complexos entraram em ação — por exemplo, ele recusou-se a registrar detalhes do seu submarino em seus cadernos, percebendo que, se uma invenção assim caísse em mãos erradas, isso poderia resultar na morte de centenas de passageiros inocentes.[2] No caso da fotografia, entretanto, existem bons motivos para acreditarmos que ele a considerasse parte integrante de sua prática mágica.

Hoje em dia, estamos tão familiarizados com a idéia da fotografia que é quase impossível nos colocarmos no lugar de alguém que se defronta com ela pela primeira vez. Para o italiano médio da Renascença, o ato de capturar uma imagem instantânea teria sido visto como totalmente mágico. Tente convencer a Igreja, que suspeitava de qualquer inovação, de que esse era um processo perfeitamente natural. E convencer aqueles cujo retrato você tirou de que você também não roubou algo vital deles, talvez até a sua alma. Mesmo homens instruídos teriam compartilhado esse ponto de vista, e é provável que o próprio Leonardo teria considerado a fotografia básica como algo mágico. Isso não é mera especulação. É fato que, durante a Idade Média e a Renascença, experimentos com ótica e luz eram mantidos em estrito segredo, e se encontravam na esfera de ação do adepto da magia, do alquimista e do ocultista.

Leonardo tinha uma paixão por luz e ótica, tendo provavelmente devotado mais tempo à pesquisa nessa área do que a qualquer outra. Ele possuía idéias extraordinariamente avançadas sobre a natureza da luz e da visão.[3] No século XV, o ponto de vista predominante era de que os olhos enxergavam projetando algum tipo de raio. Leonardo, no entanto, sabia que o olho é meramente um receptor de raios de luz que são refletidos pela superfície dos objetos: ele comparou a luz às ondas que se propagam do ponto onde uma pedra atingiu a água. Ele percebeu que a luz se propaga em ondas, e que, portanto, tinha uma velocidade — existem até mesmo indícios de que tentou calculá-la. (Curiosamente, tentativas semelhantes também foram feitas por Roger Bacon, o eminente polímata inglês, no século XIII.) Ele dissecou globos oculares e descobriu que eles contêm uma lente, compreendendo que eles funcionam utilizando o mesmo princípio daquilo que conhecemos como câmera — um princípio com o qual já estava familiarizado. Ele também projetou aparelhos que reproduzissem artificialmente a forma com que o olho funciona.

O mestre fez muitos experimentos com lentes, especialmente com o objetivo de sanar o problema da aberração cromática — a parte borrada nas extremidades de uma imagem que era um grande inconveniente das lentes primitivas. Espelhos, que podem ser usados para ajustar o foco como uma lente, eram, para ele, uma fonte de fascinação sem fim. Ele também realizou alguns experimentos sobre o comportamento da luz: por exemplo, ele descobriu a "lei do quadrado inverso" — isto é, a quantidade de luz recebida de uma fonte diminui proporcionalmente à distância que ela se propaga. Ele inventou um aparelho, o fotômetro, para medir a intensidade da luz de um objeto — algo que não foi redescoberto até o fim do século XVIII, pelo conde Rumford, um dos fotógrafos pioneiros.[4] A pesquisa de Leonardo era precisamente o que teria sido necessário, antes de aventurar-se numa tentativa em fotografia.

Oculta embaixo de todo esse trabalho — com lentes, espelhos, a reprodução do funcionamento do olho, até mesmo em suas inovações relacionadas a técnicas de pintura — estava a sua fascinação com a própria luz. Depois que lemos os cadernos nos quais ele descreve a sua busca para compreender a luz, de como ela transporta imagens, e as muitas formas pelas quais imagens refletidas podem ser capturadas, não nos restou nenhuma dúvida de que alguém com a sua obsessão e habilidades teria ao menos pensado na possibilidade de que imagens podem ser capturadas e guardadas permanentemente. Ele certamente teria tentado.

As provas de que Leonardo era obcecado com a idéia de capturar imagens instantâneas são fornecidas pelo grande historiador da fotografia Josef Maria Eder. No seu clássico *Geschichte der Photographie* (História da fotografia), escrito nos anos 1930, ele discute métodos usados pelos precursores da verdadeira fotografia para conseguir imagens instantâneas em vez de reproduzi-las através da pintura ou desenho. Um método simples, conhecido como *nature printing*, consistia em pressionar objetos pintados, como, por exemplo, uma folha, contra um papel especialmente preparado. Curiosamente, esse método foi inventado por Leonardo e incluído em seus escritos datando de cerca de 1490 (e que estão preservados no *Códice Atlântico*). Ele recomendou que fosse utilizado um papel recoberto com negro-de-fumo e azeite, sobre o qual se pressionava uma folha pintada com alvaiade. Isso produzia uma imagem negativa da folha.[5]

Leonardo não foi o único a sonhar que imagens poderiam ser capturadas para sempre. No século I d.C., o poeta romano Statius escrevera a respeito da captura de imagens de pessoas em espelhos revestidos com prata ou ouro. Tais idéias apareceram várias vezes através dos séculos e talvez tenham estimulado a imaginação de Leonardo, agindo como um trampolim para todas as suas invenções mais avançadas.

Giovanni nos contara que Leonardo usou fotografia, uma idéia que no começo pareceu totalmente absurda, mas, à medida que a nossa pesquisa progredia, parecia cada vez mais provável. Outros, obviamente, também ponderaram sobre essa idéia: um conhecido nosso, fã de carteirinha de Leonardo, uma vez comentou com um de nós, sem saber o motivo do nosso interesse pelo mestre, que, se Leonardo estivesse vivo hoje em dia, ele seria um fotógrafo. Se alguma forma de fotografia fosse possível na época de Leonardo, ele a teria feito. Dito isso, contudo, os problemas surgiram imediatamente. Com certeza, pensamos, capturar uma imagem projetada depende de produtos químicos artificiais que só podem ser produzidos em fábricas pós-Revolução Industrial, utilizando lentes modernas de alta qualidade? Nem mesmo um gênio pode criar sem os materiais. Afinal de contas, Leonardo também predisse a existência do telefone, mas, na sua época, de fato, não havia como produzir um.

A forma óbvia de testar essa idéia era tentar reproduzir uma "fotografia" do estilo Leonardo, empregando materiais e equipamento que ele teria tido a sua disposição, ou que estivesse, ao menos, dentro do âmbito da tecnologia da sua época. Se tivéssemos sucesso, seria um grande passo em direção à comprovação da nossa teoria, já que os sudaristas com freqüência alegam que reproduzir algo como a imagem no Sudário é impossível, mesmo empregando a tecnologia mais moderna. Até mesmo o jornal *The Times*, em uma de suas chamadas, um dia após a divulgação dos resultados da datação por carbono-14, afirmou: "a ciência moderna pode desacreditá-lo, mas não consegue duplicá-lo."[6]

Os artistas consideraram difícil fazer cópias visualmente satisfatórias, mesmo sem tentar reproduzir um método similar. Por exemplo, o desenhista John Weston, que foi incumbido de fazer duas cópias para serem usadas no filme *The Silent Witness*, teve, por semanas, que fazer várias experiências antes de encontrar um método satisfatório que só utilizasse tinta. Ele levou cinco semanas para fazer cada cópia.[7]

No começo desse empreendimento, há mais de quinze anos, atrapalhava-nos o fato de que nenhum de nós dois tinha o menor conhecimento sobre fotografia, quanto mais de óptica e química. Felizmente, tivemos sorte de ter a cooperação de Keith Prince, um artista talentoso que estuda fotografia e tem um excelente conhecimento prático dos seus princípios básicos, aliado a um bom conhecimento de física e química. Durante as nossas pesquisas, estivemos constantemente em débito com a sua memória quase fotográfica, a sua habilidade de fazer conexões criativas, além da sua capacidade de montar os mais complexos mecanismos rapidamente, a partir de simples bugigangas e cacarecos.

Se quiséssemos reproduzir a nossa idéia do método de Leonardo para a criação do Sudário de Turim, teríamos que começar por nos desprender dos nossos preconceitos acerca da fotografia moderna. Estávamos acostumados com a idéia de lentes complexas, e (pelo menos até o advento da fotografia digital) filme que reage à luz em centésimos de segundo, criando imagens que necessitam de vários tratamentos químicos — revelação, fixação e impressão —

antes de se tornarem utilizáveis. Nós estávamos procurando algo muito mais simples. Fazia sentido, portanto, que examinássemos as origens da fotografia, e víssemos o que os pioneiros conhecidos usaram, na esperança de achar algumas pistas sobre o método utilizado por Leonardo.

A CÂMARA ESCURA

A fotografia foi o resultado da junção de duas descobertas importantes — a câmera, que coleta a imagem, e o filme que a registra. A primeira está por aí há séculos na forma da câmara escura ou da câmera *pin-hole*. Originalmente, era literalmente um quarto escurecido com um pequeno orifício na parede, mas versões posteriores eram portáteis e possuíam lentes para uma melhor definição da imagem. Na verdade, muitos pintores de paisagens do século XVII usavam esse aparelho, armando câmaras escuras que projetavam imagens sobre tela ou papel, onde essas eram pintadas — quase como uma brincadeira de criança. Com a passagem do tempo, a câmara escura foi aprimorada acrescentando-se lentes melhores e reduzindo-se do tamanho original a uma caixinha, a precursora da máquina de fotografar moderna. Ela inspirou aqueles que a usavam para procurar uma forma de fixar a imagem permanentemente.

O princípio da câmara escura é conhecido há milênios, mesmo que só como curiosidade. Quando a luz atravessa um pequeno buraco para dentro de uma câmara escura, imagens das coisas que estão fora são projetadas sobre a parede oposta de cabeça para baixo e como o reflexo de um espelho. Aristóteles escreveu a respeito no século IV a.C., como fez também o filósofo árabe Ibn al Haitam, no século XI, e sabe-se que o alquimista inglês John Peckham descreveu a câmara escura em 1279.[8] Mas o crédito pela primeira descrição cientificamente precisa desse aparelho foi, durante muitos anos, de Giambattista Della Porta, um napolitano que publicou uma descrição dela em 1552. Ele manteve o reconhecimento por essa façanha por quase trezentos anos e, até hoje, alguns livros didáticos ainda lhe conferem essa honra. Foi somente no final do século XIX que os cadernos de Leonardo, ignorados fazia muito tempo, foram decifrados e traduzidos — e mostraram, inequivocamente, que ele vencera Della Porta em cinqüenta anos.

O *Códice Atlântico* contém um diagrama que mostra o funcionamento da câmara escura (a qual Leonardo chamava de *oculus artificialis*, o olho artificial), com a explicação: "Se a fachada de uma construção, uma praça ou uma paisagem, se encontra iluminada pelo sol e faz-se um furo em um prédio em frente, o qual não esteja diretamente iluminado pelo sol, então todos os objetos iluminados pelo sol irão transmitir suas imagens através dessa abertura e irão aparecer, de cabeça para baixo, na parede oposta ao furo."[9]

Em um outro caderno, ele escreveu: "Pode-se capturar essas imagens num pedaço de papel branco, o qual é colocado verticalmente em um quarto não longe daquela abertura(...) o papel deve ser bem fino e tem que ser observado por de trás."[10] Em outro lugar, ele menciona que se pode usar um pano branco fino também como tela. (A câmara de Della Porta empregava uma tela de linho.)

Voltando brevemente à questão do sigilo que circundava muitos desses experimentos, vale a pena dar uma olhada melhor no que aconteceu aos primeiros experimentadores nessa área. Della Porta, por exemplo, era um hermetista e alquimista — ele fundou um grupo secreto, a *Academia Secretorum Naturae* — a Academia dos Segredos da Natureza — que foi dissolvida pelo papa, e a descrição de seu trabalho com imagens projetadas aparece num tratado intitulado *Magiae naturalis* — Mágica natural. Della Porta torna claro que está conscientemente revelando algo secreto, introduzindo a sua descrição com as palavras: "Agora gostaria de anunciar algo sobre o que me mantive calado até o momento e que eu acreditava que tinha de manter em segredo." Ele nem sequer afirma que foi ele próprio que fez a descoberta e não sabemos há quanto tempo esse conhecimento fora mantido em segredo, ou de quem Della Porta o adquiriu. Uma coisa é certa: a sua prudência era justificada. Ao fazer uma demonstração pública da câmara escura, na qual projetou a imagem de um grupo de atores na parede de uma casa, ele foi imediatamente preso e acusado de feitiçaria — situação da qual se livrou com grande dificuldade.[11]

É óbvio que a experiência não o abalou, pois Della Porta, mais tarde, faria a sua primeira sessão pública de figuras em movimento, usando desenhos animados.

Na década de 1640, um jesuíta cientista, Athanasius Kircher, inventou a lanterna mágica (um precursor do projetor de slides que projetava imagens pintadas em vidro). A sua demonstração desse aparelho também levantou suspeitas de que ele fosse um feiticeiro ou necromante. (Apesar de sua vocação, Kircher era um estudante devoto da alquimia, do hermetismo e da cabala.)

Inevitavelmente, o trabalho de Leonardo com a ótica e a câmara escura provocou acusações de necromancia. Os seus primeiros experimentos conhecidos nessa área ocorreram em Pavia, no final da década de 1480, e Maurice Rowden, em sua biografia do artista, os relaciona com o começo da reputação de Leonardo como feiticeiro: "Em Pavia ele trabalhou em sua câmara escura, para comprovar a sua teoria de que toda a visão é determinada pelo ângulo em que a luz entra em contato com o olho: a imagem de cabeça para baixo na parede projetada do furinho da câmara era um argumento mais convincente que palavras, e não é surpresa ele ter ganho a reputação de ser feiticeiro e alquimista."[12] Então temos provas ao menos suficientes de que a pesquisa sobre ótica e luz era uma parte intrínseca do ocultismo da Renascença, e que somente um tolo naquela época tornaria público seu trabalho nessa área.

Como já vimos, o princípio da câmara — o termo abreviado foi usado pela primeira vez pelo astrônomo Johannes Kepler (1571-1630), que desenvolveu uma câmara escura portátil — era bem conhecido, e Leonardo foi uma figura importante no seu desenvolvimento.

Mas a câmara é apenas metade da história: a fotografia também requer algum método para registrar a imagem permanentemente.

Capturando a luz

Na época de Leonardo, já se sabia há muito tempo que era teoricamente possível capturar-se uma imagem. Coisas do dia-a-dia comprovavam isso. Muitas substâncias são afetadas pela exposição à luz: o papel e as roupas amarelam, a cor do tecido vegetal escurece e assim por diante. A idéia era encontrar algum meio de acelerar essa reação e então fixar a imagem. Muitos dos grandes inventores e industriais dos séculos XVII e XVIII se dedicaram a essa tarefa.

No século XVIII, substâncias que reagem rapidamente, principalmente os sais de prata, foram descobertas e empregadas para se fazerem imagens — letras em estêncil que apareciam como por mágica em materiais tratados quimicamente. Em 1802, Thomas Wedgwood, filho do famoso ceramista inglês, Josiah, trabalhando com Sir Humphry Davy fez a primeira tentativa bem-sucedida de produzir uma imagem em papel tratado com nitrato de prata. Eram silhuetas, focalizadas pela câmara escura. O grande problema era que essas imagens não eram permanentes, porque eram criadas por um produto químico que reagia à luz, de forma que, quando o papel era removido da câmara, a luz reagia com a área que antes era a silhueta, e a imagem desaparecia. O passo seguinte foi encontrar uma forma de "fixar" a imagem.

A fotografia que é normalmente considerada como a primeira fotografia permanente foi tirada por um francês, Joseph Nicéphore Niépce (1765-1833), em Provença, em 1826, utilizando-se betume como o material sensível à luz. No entanto, não foi um método prático. Foi Louis Daguerre (1789-1851) que, em 1839, anunciou ter tido sucesso em fixar uma imagem produzida em iodeto de prata usando sal comum. Ele também descobriu o princípio da imagem latente — isto é, o fato de que algumas substâncias químicas reagiam à luz muito rapidamente, mas não mostravam uma imagem visível até serem "reveladas" através de um tratamento químico posterior. Em 1841, Daguerre já havia refinado o seu método, principalmente através do uso de lentes melhores — de forma que os seus tempos de exposição, que originalmente foram de cerca de dez a quinze minutos, baixaram para cerca de quinze segundos. No mesmo ano em que Daguerre anunciou a sua invenção, Fox Talbot (1800-1877) inventou o primeiro processo fotográfico com negativo em papel. A partir daí, várias pessoas contribuíram para os avanços que levaram à fotografia moderna.

Contudo, era a pré-história da fotografia que nos interessava — as descobertas que levavam aos seus primeiros dias e, em particular, os produtos químicos sensíveis à luz que talvez estivessem disponíveis antes da Revolução Industrial. Acabaríamos por descobrir que, mais uma vez, os fotógrafos pioneiros basearam-se no trabalho dos alquimistas.

Numa tentativa anterior de ridicularizar a nossa teoria, Rodney Hoare — que costumava ensinar fotografia — afirmou que era impossível que a imagem no Sudário fosse uma fotografia, já que era "inconcebível que Leonardo pudesse ter descoberto o efeito da luz nos sais de prata".[13] Isso era incorreto por dois motivos. Primeiramente, os sais de prata não são os únicos materiais fotossensíveis, e, em segundo lugar, o seu comportamento era definitivamente bem conhecido antes da época de Leonardo. Existe uma referência enigmática na *História natural* de Plínio, o Velho, escrita no século I d.C., que se acredita revelar o seu conhecimento do escurecimento do cloreto de prata ao ser exposto à luz (e Leonardo conhecia muito bem essa obra).[14] Seja como for, é absolutamente certo que essa propriedade dos sais de prata era conhecida pelos alquimistas desde, pelo menos, o século XII; eles foram os primeiros a produzir e investigar muitos dos sais que se tornaram importantes na fotografia.

Dizem que foi o grande alquimista do século VIII, Jabir-ibn-Hayyan, mais comumente conhecido como Geber, que usou o nitrato de prata, embora a cópia mais antiga conhecida do trabalho *De inventione veritatis*, atribuído a ele e no qual isso é mencionado, date da metade do século XVI. Alberto Magno (1193-1280) sabia que o nitrato de prata ficava preto quando exposto à luz. Outros alquimistas conhecidos por terem trabalhado com sais de prata são Angelo Sala e Johann Glauber, no século XVII. Robert Boyle (supostamente um dos grão-mestres do Priorado de Sião) fez experimentos com os efeitos da luz no cloreto de prata. Eles também estavam familiarizados com a reação dos sais de ferro à luz.

Um outro processo vitalmente importante para a fotografia do século XIX, a produção de cloreto de prata a partir de uma solução de nitrato de prata utilizando-se cloreto de sódio, era conhecido por alquimistas pelo menos desde o começo do século XV. Na verdade, Josef Maria Eder devota um capítulo inteiro da sua obra clássica *Geschichte der Photographie* a esse trabalho dos alquimistas — o qual, é claro, representa apenas a ponta do iceberg do que estavam realmente fazendo — e alega que "são essas idéias das quais nasceu a ciência da fotoquímica".[15]

Talvez o fato mais significante de todos tenha sido a descoberta que foi aclamada como "o nascimento da fotografia"[16] — a primeira descrição científica da fotossensibilidade dos sais de prata, de Johann Heinrich Schulze, em 1727. Certamente não é surpresa descobrir que ele fez essa descoberta enquanto tentava reproduzir um experimento alquímico feito originalmente no século XVII, pelo alquimista saxão Christian Adolf Balduin. O próprio Schulze impressionou outros alquimistas fazendo com que escritos em estêncil aparecessem em sedimento de sal em garrafas de água, mas a imagem logo desaparecia. A obra *The Focal Encyclopaedia of Photography* (1993) relata que "a fotografia tem seus fundamentos nas descobertas de Schulze".[17] Eder é mais enfático: "Schulze deve ser declarado, sem sombra de dúvida, o inventor da fotografia com sais de prata."[18]

Achamos extremamente importante que os dois elementos que mais tarde seriam reunidos na fotografia — o meio de projetar a imagem e as substâncias químicas fotossensíveis — fossem conhecidos e investigados pelos alquimistas há séculos.

OS EXPERIMENTOS COMEÇAM

A essa altura, e sem que tivéssemos um conhecimento profundo sobre alquimia, muitas coisas eram conjecturas ou hipóteses inteligentes. Sabíamos, no entanto, que, além dos sais de prata, outros materiais fotossensíveis eram conhecidos há muito tempo. O grande arquiteto romano, Marco Vitrúvio Polião, sabia que o cinábrio (sulfeto de mercúrio) reage à luz, e, em seu trabalho *Da architectura*, alerta para que não seja usado na ornamentação exterior. E seus trabalhos eram altamente respeitados pelos arquitetos renascentistas, inclusive Leonardo.

Mesmo antes se sabia que o pigmento roxo com a qual as togas imperiais romanas eram tingidas só se transformava nessa cor quando exposto à luz. Extraído de caracóis, a princípio era amarelo. Mas além do processo de tintura, nada foi feito com esse conhecimento até o século XVII, quando foi uma das primeiras substâncias utilizadas em tentativas para se capturar imagens.

Leonardo, conseqüentemente, estaria bem familiarizado com algumas substâncias químicas que reagem à luz. Mas achávamos improvável que ele tivesse usado sais de prata para o Sudário, pois isso criaria uma imagem cinza ou preta, e não amarronzada. Os sais de ferro eram uma possibilidade, mas o problema permanecia: como foi que Leonardo fixou a imagem?

Precisávamos achar um método que estivesse ao alcance dele, e parecia que o próximo passo óbvio era que nós mesmos tentássemos, pois só então aprenderíamos com os nossos próprios erros as dificuldades que ele enfrentou. Então, durante 1993, Clive e Keith devotaram todo o tempo livre que tinham a essa tarefa.

A primeira coisa que fizemos foi construir a nossa própria câmara escura. Construímos uma facilmente, empregando uma caixa de madeira, com cerca de 45 centímetros quadrados, colocada de lado e com um pequeno orifício na base. Removemos a tampa e a substituímos por um papel ou tela de pano — como Leonardo recomendou — e colocamos um lençol sobre o lado da tela, de forma que esta pudesse ser vista no escuro, e nos revezamos observando um ao outro, como se iluminados por um holofote. Mesmo estando acostumados às imagens sofisticadas da televisão e do cinema, ainda havia algo estranhamente mágico acerca daquele efeito.

Quando o holofote estava voltado diretamente para os nossos rostos, uma imagem tênue aparecia na tela. Havia inegavelmente algo do aspecto etéreo, fantasmagórico, da imagem no Sudário. Com uma tela muito transparente havia quase um efeito holográfico, com uma cabeça viva e desbotada, aparentemente desencarnada, parecendo estar, na verdade, dentro da caixa. Embora fosse um experimento simples para que compreendêssemos melhor a câmara escura, havia, de fato, algo impressionante sobre a habilidade de se criar tão rapidamente uma imagem assim.

Foi difícil não imaginar Leonardo fazendo algo parecido, e com a sua paixão pela luz e pela representação da vida, ficando estupefato com os resultados. Mas aquela era a parte fácil. A difícil era encontrar uma forma de imprimir a imagem na tela.

Nós conhecíamos as características gerais da imagem que estávamos tentando criar. Ela tinha que ser negativa. Tinha que ser marrom ou sépia e parecer com uma marca de queimado. Tinha que ser inaceitavelmente tênue e insignificante a olho nu — em outras palavras, não podia ser muito impressionante quando comparada com, até mesmo, os primeiros experimentos em fotografia no século XIX.

O problema se dividia em três partes. Primeiro, precisávamos de uma fonte de luz que iluminasse o objeto. Segundo, precisávamos de um meio de dirigir a imagem ao pano. E então precisávamos de uma forma de fixar a imagem de forma que recriássemos as características mencionadas anteriormente.

A fonte de luz foi fácil. Embora Leonardo tivesse várias técnicas para criar luzes fortes, incluindo uma capaz de misteriosamente "iluminar um aposento como se estivesse repleto de chamas",[19] ele obviamente teria feito uso da fonte mais poderosa e confiável que conhecia — o sol. Sem dúvida, ele teria suplementado essa fonte, como fizemos, com combinações de espelhos para refletir ainda mais luz sobre o que ia ser fotografado. Isso se mostrou um problema muito maior para nós do que teria sido para Leonardo. Ele tinha a luz dourada e os longos dias de verão da Itália renascentista, enquanto nós tínhamos que lutar contra o imprevisível sol do verão inglês. (De alguma forma até mesmo a melhor luz que Reading, em Berkshire, podia oferecer parecia insignificante diante da luz de um dia milanês típico.) Estava claro que, não importando a forma como havia sido feita, o tempo de exposição tinha que ser maior. A primeira fotografia de Niépce — do quintal de sua fazenda provençal — levou oito horas para ser registrada, o que criou o efeito interessante de o sol parecer iluminar os dois lados do quintal ao mesmo tempo. Embora àquela altura não tivéssemos certeza acerca de que produto químico iríamos usar, sabíamos que exposições de várias horas seriam necessárias e, como o nosso trabalho prosseguia na base da tentativa e erro, precisávamos de toda a luz que conseguíssemos.

Infelizmente, o verão de 1993 não foi o melhor registrado. A nossa pesquisa exigia tanto do nosso tempo (além do tempo necessário ao nosso ganha-pão), que tínhamos muito pouco tempo para dedicar a esses experimentos. No final, com a chegada do outono e os dias ficando mais curtos, relutantemente resolvemos que teríamos que usar meios artificiais para iluminar o objeto: investimos em algumas lâmpadas ultravioleta industriais (Osram Ultra Vitalux, que são usadas na indústria para testar materiais sob condições tropicais). Afinal, as substâncias que estávamos utilizando reagiam à parte UV do espectro.

À medida que os experimentos se intensificavam, o carro foi banido da garagem da casa de Clive, em Reading — por coincidência, a umas poucas ruas de distância de onde Fox Talbot fez as suas descobertas fotográficas — para que nós a transformássemos em um estúdio improvisado.

No começo, tínhamos que decidir o que usar como modelo, e até que ponto levar a idéia de reproduzir a imagem. Por causa da natureza de tentativa e erro do nosso trabalho, percebemos que seria implausível aspirar a uma imagem de tamanho natural, como a no Sudário, por vários motivos práticos. Um deles era simplesmente a falta de espaço. A utilização da câmara escura para projetar uma imagem de tamanho natural segue uma regra simples: o objeto deve ficar tão distante do furo como fica a tela do furo no outro lado. Além da dificuldade em se encontrar um modelo de tamanho natural, para se obter a imagem completa, na escala certa precisaríamos de uma câmara escura do tamanho de uma sala com, ao menos, sete metros de chão. Sem acesso de tempo integral a um estúdio ou oficina grande, simplesmente não era possível obter o efeito desejado. Mais uma vez, Leonardo tinha uma vantagem sobre nós.

Então, resolvemos nos concentrar em produzir a imagem de apenas uma cabeça, o que era justificado, já que sabíamos que ela, de qualquer forma, teria que ter sido criada em separado. Além disso, exigiria muito menos espaço de chão. Uma vez que encontrássemos o método certo, então poderíamos nos concentrar na imagem do corpo todo.

O fato de que a imagem é uma montagem — a cabeça de Leonardo adicionada a duas imagens separadas do corpo de um homem crucificado, na frente, apenas do pescoço para baixo — não teria apresentado nenhuma dificuldade, nem no conceito nem na execução. Leonardo teria precisado apenas mascarar as partes relevantes do Sudário, ou, ainda mais simples, evitar aplicar quaisquer das substâncias fotossensíveis na área da cabeça até que a imagem do corpo fosse capturada.

Para a maioria de nossos experimentos, utilizamos como modelo uma cabeça de gárgula feita de gesso — que apelidamos de "Bok", inspirados num personagem parecido de uma das histórias do "Dr. Who" — que media cerca de 20cm do queixo até a ponta dos chifres. A cabeça de gesso facilitava o nosso trabalho, já que o tempo exato de exposição era desconhecido e não teria sido nem um pouco divertido ficar parado horas a fio durante cada experimento. Isso, é claro, levantava perguntas sobre o que precisamente Leonardo empregou. Caso tenha usado a si mesmo como modelo para a cabeça, então, mesmo apesar da sua conhecida capacidade de permanecer imóvel contemplando o vazio, parecia bem improvável que fosse capaz de ficar imóvel durante horas — talvez dias. É claro, com um posicionamento meticuloso e o uso de uma armação que mantivesse sua cabeça na mesma posição, seria possível realizar várias sessões de poses, mas se o tempo de exposição fosse mais que, digamos, quatro ou cinco horas, teria sido mais prático para ele usar uma máscara de si mesmo, esculpida ou moldada em gesso. (Leonardo era adepto da confecção de máscaras mortuárias e não teria tido nenhum problema com isso.) Embora fosse mais agradável pensar que a imagem no Sudário era da própria pessoa do mestre, é mais provável que estivéssemos olhando para a fotografia de um manequim ou uma máscara de seu rosto.

Os problemas envolvidos em se ficar parado por tanto tempo dificilmente teriam afetado o modelo para o corpo, pois o homem estava provavelmente morto, mas problemas de diferente natureza surgem. A não ser que estivesse bem embalsamado, o corpo teria começado a decompor-se muito rápido, especialmente se estivesse constantemente exposto ao pleno calor do sol, deixando sinais reveladores na imagem resultante. Todavia, é possível que o tempo de exposição tenha sido curto o bastante para evitar essa eventualidade. Mesmo assim, um modelo esculpido ou, mais provavelmente, moldado, pode ter sido usado para a imagem do corpo também — afinal, moldar corpos foi uma das habilidades que Leonardo aprendera quando aprendiz de Verrocchio. Contudo, acreditamos que ele teve acesso a substâncias químicas que reagiriam em um dia ou, no máximo, dois.

O modelo, humano ou artificial, precisaria ter sido o mais reflexivo possível. No nosso caso, conseguimos isso pintando Bok com um verniz branco, e Leonardo teria pintado o seu modelo com algo parecido. Se ele usou o próprio rosto e o corpo de outro, teria coberto os dois com maquiagem branca: ele tinha experiência com tudo ligado ao ramo do teatro, já que produzira vários espetáculos para a corte de Ludovico Sforza, duque de Milão e mecenas de Leonardo entre 1482 e 1499.

Tínhamos que decidir que método de foco empregar. As primeiras câmaras escuras usavam somente uma abertura. O problema é que há um intercâmbio entre o brilho e a claridade da imagem: quanto maior o orifício, maior a quantidade de luz que atravessa; conseqüentemente, a imagem fica mais clara, mas menos nítida. Embora o primeiro uso registrado de uma lente na câmara escura só tenha ocorrido em 1568, não existe motivo para que Leonardo não pudesse ter antecipado o seu uso — na verdade, graças à sua fascinação por lentes, não seria surpresa que ele tivesse tentado empregálas. Não havia nada de especial quanto à lente de 1568 — foi simplesmente retirada de um par de óculos. Contudo, permanecia a questão da sua qualidade, que era impossível de ser avaliada. As lentes primitivas, nós sabíamos, eram perseguidas por problemas de aberração cromática — a fragmentação da luz nas extremidades era similar a de um prisma. Também havia problemas com a "profundidade de campo", conhecida dos fotógrafos de hoje em dia, em que apenas partes da imagem estão focadas. (As câmeras *pin-hole* não têm esse problema, já que tudo no campo de visão está focado, não importando a distância.) Entretanto, Leonardo poliu as suas próprias lentes, e, devido à sua perícia em tantas áreas, elas bem podem ter sido de boa qualidade. Àquela altura, no entanto, não tínhamos certeza disso.

Uma outra possibilidade era o uso de um espelho côncavo, ou talvez de uma série de espelhos. Antes do aprimoramento das lentes, fazia-se o foco, com freqüência, com esses espelhos. Giambattista della Porta usava um espelho côncavo colocado em frente à abertura de sua câmara escura para projetar a imagem numa tela de papel sobre o furo, o que lhe permitia utilizar uma abertura maior e criar uma imagem mais intensa, sem perder a nitidez. Sabe-se que Leonardo empregou um grande número de espelhos parabólicos numa série misteriosa de experimentos em Roma, no começo do século XVI, cujo objetivo é motivo de ávida especulação desde então.[20] O que quer que estivesse fazendo serviu de instrumento para acusá-lo de feitiçaria e fazer de sua estada em Roma um período de inquietação. Para nós, no entanto, esses espelhos eram quase impossíveis de se encontrar, já que eles têm pouca importância nos dias de hoje, quando lentes de alta qualidade podem ser facilmente fabricadas.

A BUSCA POR PRODUTOS QUÍMICOS CHAVE

Os problemas de iluminação e foco eram pequenos quando comparados à dificuldade de se descobrir que substância fotossensível Leonardo poderia ter usado. Não teria sido difícil para ele superar os dois primeiros problemas — ironicamente, é provável que tenha sido mais fácil para ele do que para nós. Mas em algum lugar devia existir uma substância relativamente simples que preenchesse os requisitos. Os fotógrafos pioneiros experimentaram várias. Mas como todas já foram suplantadas e agora só têm valor a título de curiosidade, era difícil achar informações sobre elas. Nós buscamos em velhos livros didáticos e outras fontes sobre fotografia primitiva, procurando pistas sobre os materiais que foram descartados à medida que produtos químicos industriais, que reagiam mais rapidamente, foram sendo disponibilizados.

Os primeiros experimentos, como já vimos, empregavam tanto substâncias encontradas na natureza quanto aquelas criadas utilizando-se ferramentas da alquimia — que não eram difíceis de se conseguir e, com a exceção da energia elétrica, satisfazem os requisitos de um departamento de química de uma escola moderna. Eles tinham aparelhos para aquecer, destilar, combinar substâncias químicas, extraí-las do minério etc.

A primeira fotografia de Niépce, por exemplo, fora tirada usando-se betume ou asfalto simples. Mais precisamente, ele usou betume da Judéia, que vem do Mar Morto. Todo o betume é fotossensível até certo ponto, mas a composição química difere de acordo com o local de onde vem — o betume da Judéia tem, em particular, uma boa reação à luz. Niépce envolveu uma chapa de metal nele e o expôs na câmara. O betume endureceu onde a luz caiu. As partes que não endureceram (isto é, aquelas que permaneceram no escuro) foram então removidas utilizando-se óleo de lavanda ou álcool. Uma imagem negativa que permanece e pode ser usada para fazer cópias positivas em papel.

Essa era uma substância que existia na natureza e que poderia ter sido empregada por Leonardo. Contudo, não teria criado a imagem no Sudário, já que, com o Sudário sendo dobrado e enrolado, o betume teria descascado com o passar dos anos.

Sempre nos impressionou uma possibilidade que foi ignorada pelos pesquisadores do Sudário e que explicaria a aparência queimada da imagem. A maneira mais fácil de se produzir uma imagem parecida é usar tinta invisível: suco de limão é o exemplo clássico. Ou a outra fonte facilmente disponível, empregada pelos espiões durante a Primeira e a Segunda Guerras Mundiais — urina. Invisível quando aplicada, as mensagens escritas com eles aparecem quando o papel é aquecido. Isso ocorre porque a "tinta" queima a uma temperatura mais baixa que o papel e, enquanto ela faz isso, reduz o carbono no papel por baixo. O resultado é exatamente aquele visto no Sudário: a imagem é visível, não porque algo foi adicionado ao pano, mas porque o pano foi oxidado e desidratado — desgastado, de forma que sugere envelhecimento acelerado. (Aquecimento, envelhecimento e ataque por ácido resultam nas mesmas mudanças na estrutura do tecido.) No início nós fizemos desenhos simples com suco de limão, só para ver o que aconteceria, e descobrimos que uma das características mais enigmáticas do Sudário podia ser facilmente reproduzida — contanto que o material não fosse superaquecido. Como já vimos, a imagem não penetra no tecido, e poderíamos produzir esse efeito queimando apenas as fibras de cima de um lado do pano.

É claro, a imagem no Sudário era grande e detalhada demais para que tivesse sido pintada com tinta invisível, mas poderia ter sido impressa usando-se a mesma substância. Contudo, até mesmo a impressão dificilmente teria produzido a precisão fotográfica do Sudário. Mas então Keith percebeu que o método de Niépce levantara a intrigante possibilidade de a imagem ter sido fotografada em outro pano, que havia sido revestido com betume. As áreas não expostas — as sombras — poderiam então ser removidas, deixando uma imagem endurecida e ligeiramente mais alta, a qual poderia então ser usada como uma “matriz” de impressão.

Embora fosse engenhosamente simples, infelizmente, era impossível para nós experimentarmos essa técnica, já que não é mais possível encontrar o betume da Judéia, a única variedade que sabíamos ser adequada, no Reino Unido. Mas experimentamos um método mais comum, empregando um produto químico foto-estêncil moderno que é usado em serigrafia, e descobrimos que era possível se conseguir boas imagens. O método básico era viável, mas precisávamos saber a rapidez com que reagia no processo que havíamos montado. O tempo de exposição de oito horas de Niépce empregava lentes para focalizar uma imagem pequena e clara, enquanto que nós estávamos tentando criar uma imagem de tamanho natural, de preferência sem lente. A emulsão foto-estêncil obviamente reage muito mais rapidamente que o betume, mas nós não tínhamos forma de saber quanto, o que invalidava o experimento.

A essa altura, em vez de substâncias químicas específicas, estávamos buscando técnicas viáveis, já que parecia mais provável que o processo de Leonardo não fosse equivalente a simples fotografias instantâneas, com o pano embebido num produto químico fotossensível, quer posteriormente precisasse ou não de revelação e fixação. Se a imagem tivesse sido criada meramente com o uso de substâncias químicas, elas já teriam sido detectadas há muito tempo. Repetidamente, voltamos aos sais de prata, já que eles eram conhecidos na época de Leonardo, mas eles seriam facilmente detectáveis e, de qualquer forma, a imagem teria desaparecido há muito tempo, como aconteceu com a de Wedgwood.

Foi então que, garimpando num dicionário de fotografia do começo do século XX, nos deparamos com um processo — melhor dizendo, uma série de processos — que foram usados no começo da fotografia, mas que há muito tempo já foram suplantados por métodos mais convenientes. Esses processos não dependiam da mudança de cor do filme, mas, em vez disso, utilizavam uma propriedade de certas substâncias químicas que, quando misturadas com uma substância orgânica (derivada de plantas ou animais), reagia à luz de forma que tornava as partes orgânicas insolúveis em água.[21] (Estranhamente, as reações químicas exatas envolvidas nesse processo ainda não são totalmente compreendidas.) As substâncias sensibilizantes utilizadas com mais freqüência são os sais de cromo, principalmente o bicromato de potássio e o bicromato de amônia. Várias substâncias comuns eram usadas como o componente orgânico: gelatina (obtida fervendo-se a pele e ossos de animais), goma-arábica (extraída da acácia) e albumina (clara de ovo), conhecidos coletivamente como colóides.

O que nos atraiu, a princípio, foi o fato de que cada uma das substâncias orgânicas mencionadas foi comumente usada por artistas dos tempos medievais em diante. A clara de ovo era um ingrediente básico de tintas, e gelatina[22] e goma-arábica tinham uso bastante difundido; então, investigamos como exatamente elas eram empregadas pelos primeiros fotógrafos.

O principal defeito dessas substâncias era que, embora produzissem a reação desejada, a imagem não era muito nítida. Uma maneira simples de superar isso era acrescentando-se algum pigmento em pó: a mistura reage, tornando-se insolúvel quando atingida pela luz. Similarmente ao processo do betume de Niépce, as partes não expostas, onde se encontravam as sombras, podiam então ser lavadas, desta vez em água em vez de óleo. O fotógrafo fica com uma imagem das partes expostas — mas agora, por causa do pigmento adicionado, ela é claramente visível. Uma alternativa era adicionar tinta após a lavagem, a qual aderiria às áreas expostas. No passado, as pessoas davam preferência a esse método, pois ele produzia imagens altamente detalhadas e com tons variados, mas já que eram as áreas claras que retinham o pigmento, ele só podia produzir uma imagem negativa. Por esse motivo, o processo foi principalmente empregado para produzir cópias em papel a partir de negativos fotográficos conseguidos por outros métodos.

Esse processo era extremamente simples. Contanto que o sensibilizador certo fosse encontrado, estava ao alcance da tecnologia de Leonardo. Contudo, havia um inconveniente: ele utiliza pigmentos para tornar a imagem visível, e nós já estávamos convencidos de que não havia pigmento algum na imagem no Sudário. Seria possível que Walter McCrone estivesse certo afinal — será que ele realmente descobrira pigmento no pano? Um dos pigmentos preferidos dos defensores desse método no século XIX era o Vermelho Veneziano — aquele que McCrone alegava ter encontrado. Mas todos os argumentos que já apresentamos contra a possibilidade do pigmento ser responsável pela imagem ainda eram válidos. Além disso, embora as imagens produzidas dessa maneira não precisem ser fixadas da mesma forma que outras fotografias, ainda existe alguma reação química indesejada quando elas são exibidas; então elas têm que ser tratadas para impedir que a imagem se transforme. Haveria uma "superfície brilhosa" definitiva e a imagem teria rachado com o tempo.

A essa altura, voltamos a pensar sobre a idéia da "tinta invisível" que parecia estar nos dizendo algo importante a respeito da forma final da imagem no Sudário. E então percebemos que os dois conceitos poderiam ser reunidos facilmente, pois as partes orgânicas da mistura coloidal agiriam como uma tinta invisível se o pano fosse aquecido. Não era preciso nenhum pigmento. Aquecer o pano de forma que a mistura coloidal o queimasse era uma forma simples, mas eficaz, de se fixar a imagem. Ademais, depois de queimar o pano, a mistura podia ser removida utilizando-se algum tipo de agente de limpeza, que removeria qualquer traço da mistura original, mas manteria as marcas de queimado. (Ou talvez não todos os traços: O Sturp detectou albumina na imagem no Sudário. Entretanto, não há muito a se dizer a respeito disso, pois ela é uma substância comum e se encaixa perfeitamente em outras teorias — é um ingrediente comum das tintas, e está presente nos fluidos corporais de um homem ferido seriamente.) A reação básica entre o sensibilizador e o material orgânico também teria ocorrido com a celulose no próprio pano.

Keith e Clive se puseram a experimentar essa idéia. Afinal, embora ela funcionasse na teoria, poderia mostrar na prática uma imagem totalmente diferente daquela no Sudário. Conseguimos um pouco da solução de bicromato de amônia para usar como o sensibilizador, que em estado sólido é um cristal vermelho alaranjado. A clara de ovo era a fonte mais fácil para a parte orgânica da mistura (embora tivéssemos experimentado goma-arábica com resultados semelhantes). Ainda havia uma quantidade irritante de tentativa e erro, já que estávamos usando uma técnica de uma forma que não fora experimentada antes, e ainda havia muitas perguntas sem resposta. Precisávamos encontrar a concentração certa da mistura, quanto tempo levaria para reagir na câmara (com ou sem uma lente) etc.

Precisamos confessar que não existe prova alguma de que essa solução em particular foi usada na época de Leonardo, quanto mais pelo próprio mestre. Contudo, não é impossível que tenha sido. Estávamos mais interessados em achar um método que funcionasse, principalmente porque havia tantas substâncias possíveis que podiam satisfazer os requisitos, que achá-las e testá-las todas levaria muito mais tempo do que dispúnhamos. Encontrar apenas um método para reproduzir a imagem no Sudário comprovaria a nossa teoria. Nós suspeitávamos que havia várias formas — e, de fato, posteriormente descobrimos que estávamos certos.

Existem inúmeras substâncias naturais que são sensíveis à luz, mas que não têm valor algum na fotografia moderna. Um estudo clássico foi realizado na virada do século XIX por Jean Senebier, que catalogou um enorme número desses materiais: vários extratos de madeiras, muitas resinas, tinturas alcoólicas feitas a partir de pétalas de plantas, soluções de cochonilha, raiz de henna, o sumo de folhas de aloé e muitos outros. No mundo inorgânico, sais de ferro, sais de cobre e sais de mercúrio são todos fotossensíveis — e eram bem conhecidos dos alquimistas. A clorofila de plantas e o óleo de mostarda podem ser empregados como sensibilizadores, como também o podem vários ácidos e alguns corantes derivados de sais de sódio.

Vários sais de cromo, mas principalmente o bicromato de amônia e o bicromato de potássio, eram usados nos processos que nos interessavam e eram a melhor escolha para o tipo de método que estávamos explorando. Eles não foram descobertos até o fim do século XVIII, mas não existe motivo para que Leonardo não pudesse tê-los produzido.

Os sais com os quais trabalhamos derivam de minérios de cromita, nos quais o cromo (que nunca é encontrado na natureza em sua forma pura) se encontra misturado com ferro e outras impurezas. O cromo é o vigésimo elemento mais abundante na Terra. A ciência reconhece que a produção de cromo a partir do minério só ocorreu a partir de 1798, quando foi descoberto pelo químico francês Nicolas-Louis Vauquelin no minério de chumbo vermelho da Sibéria. O material não foi viável comercialmente até o descobrimento de vastas reservas do minério na Sibéria e África do Sul. Todavia, não é, de forma alguma, raro na Europa, sendo encontrado em quantidades razoáveis na Escandinávia, nos Bálcãs, na França e, em pequenos depósitos, na Itália.

A produção de sais de cromo a partir do minério bruto é muito fácil, precisa-se apenas de um forno. Produz-se o bicromato de sódio calcinando-se o minério com carbonato de sódio e cal, e o sal de potássio, utilizando-se potassa em vez do carbonato de sódio. Reações químicas simples dos resíduos com ácidos comuns resultam na produção de bicromato de amônia, a substância química que estávamos empregando.[23] Salvo o próprio minério, todos os outros materiais e equipamentos necessários eram comumente usados (mas não muito desenvolvidos) na época de Leonardo. Os alquimistas podem ter descoberto e feito experimentos com sais de cromo, embora estes não existissem em quantidade. O fato de não haver registro algum de que tenham sido descobertos antes de 1798 não é problema — temos que levar em conta que a história estabelece a data do descobrimento da fotossensibilidade dos sais de prata a partir de 1727, enquanto que nós comprovamos que os alquimistas sabiam disso pelo menos trezentos anos antes.

É provável que haja outras substâncias que serviriam da mesma forma, embora isso não tenha sido explorado pela ciência pós-século XIX. Por exemplo, num espaço de poucos anos do seu descobrimento, os sais de bicromato já estavam sendo usados na indústria de curtume, já que ela faz uso exatamente da mesma propriedade na qual estávamos interessados. A solução salina reage com o material orgânico do couro tornando-o impermeável, o que é basicamente o que esperávamos fazer. É razoável assumir que qualquer que fossem os materiais suplantados na indústria com o advento dos sais de bicromato — principalmente as substâncias químicas extraídas das cascas de várias árvores — eles agiam da mesma forma.

As habilidades de Leonardo como químico não devem ser subestimadas. Mesmo se ignorarmos as suas atividades como alquimista, a química era parte do dia-a-dia dos artistas da Renascença. Eles precisavam dominar a química para preparar tintas, vernizes etc., e buscavam novas substâncias químicas com as quais pudessem produzir materiais mais eficazes. Leonardo, particularmente, se destacou nesse campo. Ele até inventou um tipo de plástico (que chamou de "vetro parrichulato" — vidro plástico), uma resina sintética que ele esperava comercializar para a fabricação de peças de xadrez e ornamentos. Ele manteve a receita em segredo, até mesmo em seus cadernos.[24] (Isso pode ter tido ligação com o seu trabalho fotográfico. As misturas com as quais trabalhava, quando deixadas em uma tigela ou jarro e expostas à luz natural por vários dias, invariavelmente endureciam até formar um pedaço de plástico, que facilmente poderia ter sido moldado.)

PROVAS POSITIVAS!

Tendo reunido todo o nosso equipamento e produtos químicos, seguimos esse método. Fizemos a mistura com clara de ovo e sensibilizador. Por algum motivo, ovos frescos surtem melhor efeito e a reação também se acelera se batemos os ovos antes de acrescentar o bicromato. Tentamos várias concentrações, mas obtivemos os melhores resultados com cerca de 10ml de solução por ovo (se acrescentamos sensibilizador demais, inibimos a reação). Então, deixamos a mistura em ambiente moderadamente quente por duas horas para que o sensibilizador e os ovos obtivessem liga. (Algumas tentativas falharam porque foram deixadas no frio.) Depois disso, a mistura, de um amarelo intenso, pode ser passada sobre a tela e deixada secar. No começo, durante a fase da tentativa e erro, utilizamos algodão, que era bem mais barato, mas posteriormente usamos linho, com os mesmos resultados. Quando seca, a tela era estendida sobre uma armação de madeira que então colocávamos dentro da câmara escura.

Para a câmara, utilizamos a nossa caixa de madeira original com o acréscimo de uma capa de pano à prova de luz sobre o lado da tela. A nossa única concessão aos métodos modernos foi acrescentar um mecanismo de abertura retirado de uma máquina fotográfica antiga, o que permitia que variássemos o tamanho do orifício com facilidade. Tanto ao ar livre quanto dentro de casa sob lâmpadas ultravioleta, usávamos conjuntos de espelhos para refletir o máximo de luz sobre o objeto a ser fotografado.

Os nossos primeiros experimentos foram realizados usando-se luz do sol e nenhuma lente na câmara. Embora o pano recoberto com a mistura quando deixado ao sol reagisse em minutos, não reagia dentro da câmara depois de ter ficado lá por um dia, mesmo com uma série de espelhos refletindo mais luz sobre Bok. Nós tentamos diferentes combinações, mas os dias passavam sem que nada acontecesse.

Nós nos convencemos de que estávamos no caminho certo utilizando uma técnica diferente. Para demonstrar que era possível utilizando essa mistura criar uma imagem deixando o pano tratado ao sol, Keith pintou, com tinta preta, uma cópia do rosto do homem do Sudário numa lâmina de vidro. Ao colocá-la entre o sol e um quadrado do tecido tratado, conseguimos uma imagem negativa satisfatória. Quando as áreas que não tinham endurecido — isto é, onde a tinta preta impedira a passagem dos raios solares — foram removidas com água fria e o pano esquentou, como esperado, a clara de ovo então ficou marrom, queimando o tecido (e enchendo a casa com um cheiro sulfuroso!). Água quente, com um pouco de detergente, removeu o resto da mistura, deixando uma imagem negativa e queimada da pintura original. Estava queimada só de um lado, exatamente como o Sudário.[25]

Embora esse experimento não confirmasse toda a nossa teoria, sentimos que tínhamos tido um pequeno triunfo, ao menos em encontrar uma forma rápida e fácil de fazer réplicas do Sudário. Por exemplo, se John Weston tivesse usado essa técnica para a réplica do filme *The Silent Witness*, pintando a versão negativa preta da imagem no Sudário em uma grande lâmina de vidro (ou até mesmo usando uma transparência de tamanho natural do verdadeiro Sudário) e deitando-a sobre um pano tratado da forma que descrevemos, ele poderia ter terminado a sua reprodução em uma fração do tempo.

Em uma ocasião, depois de uma exposição de um dia inteiro na câmara escura, sinais de uma imagem começaram a aparecer, mas a mistura não havia reagido o suficiente para sobreviver à lavagem. Nós percebemos que precisaríamos, pelo menos, dos conselhos de um especialista em fotografia. Lynn entrou em contato com Amanda Nevill, na Royal Photographic Society, em Bath, e, no dia 13 de outubro de 1993 — o quinto aniversário da divulgação dos resultados da datação por carbono-14 — nós viajamos até lá para encontrar Amanda e Michael Austin, um professor de holografia e ex-presidente da RPS. De certa forma, estávamos voltando para onde nossa história começara.

Quando delineamos a base do nosso método, ficamos aliviados ao descobrir que Michael não era tão cético quanto temíamos. Para a nossa surpresa, não foi à parte química que ele fez objeção — ele prontamente aceitou que era possível que algumas dessas substâncias químicas sensibilizadoras existissem na época de Leonardo. Ele até mesmo sugeriu que, já que o sal de cromato que estávamos utilizando é fundamentalmente utilizado na indústria de curtume, o método pode ter surgido lá, já que as duas partes da mistura — o sensibilizador e os subprodutos animais como a gelatina — estariam disponíveis ao mesmo tempo. A sua objeção tinha a ver com a ótica envolvida. Ele garantiu que, se usássemos uma câmara escura sem lente, a quantidade de luz que chegaria à tela seria tão reduzida que seriam necessários tempos de exposição de semanas, especialmente para a imagem de corpo inteiro, já que boa parte da luz refletindo do corpo iria se exaurir no vazio entre o corpo e a câmara. Ele não disse categoricamente que tal coisa era impossível, principalmente porque ninguém nunca trabalhara com uma escala assim. (Desde o começo, os fotógrafos trabalharam com miniaturas, pois as fotografias em tamanho natural infelizmente não eram práticas.)

Michael também fez observações interessantes a respeito da imagem no Sudário. Ele estava particularmente intrigado com o fato de que o cabelo e a barba têm mais ou menos a mesma cor e tom que o resto do rosto e corpo o que, ele salientou, viola o efeito de negativo. Os pesquisadores do Sudário já haviam percebido isso, mas nós não demos muita atenção. A não ser que o homem no Sudário tivesse barba e cabelos brancos, eles deveriam ser escuros nos negativos. Mas são claros, especialmente o bigode e a barba. Mas, afinal, o cabelo do homem usado para a fotografia de corpo inteiro pode ter sido branco e, quanto à frente, sabe-se que os cabelos e barba de Leonardo ficaram brancos repentinamente e bastante cedo, embora não se saiba se isso ocorreu perto dos 40 anos quando acreditamos que ele falsificou o Sudário. De qualquer forma, Leonardo, percebendo que a barba e os cabelos escuros seriam menos reflexivos e podiam não aparecer, os teria empoado. É claro, se estivesse usando modelos esculpidos ou moldados, o problema não teria ocorrido de qualquer forma.

Michael também apontou para o fato de que, embora o rosto fosse realista, os cabelos da imagem frontal parecem ter sidos pintados sobre ela. Nós verificamos — e percebemos que realmente havia algo ali. Já havíamos discutido o estranho encurtamento da testa e a aparência artificial da linha do cabelo: o cabelo aqui parece estar deitado paralelamente ao rosto, o que é inconsistente com uma pessoa deitada de costas.

Nós voltamos de Bath com muita coisa para pensar. Percebemos que teríamos que usar lentes na nossa câmara escura, e também estávamos intrigados com o que o enigma do cabelo estava nos dizendo. Obviamente, o cabelo não provinha da imagem fotográfica. Só percebemos o porquê disso e a sua importância bem mais tarde. Naquele momento supusemos que os cabelos não apareceram pois eram mais escuros — quer no modelo humano, ou porque foram pintados. Se você tira uma foto de uma pessoa morena contra um fundo escuro — como na imagem no Sudário — é difícil discernir os cabelos. Na imagem tênue no Sudário teriam sido completamente invisíveis e o mesmo ocorreria com a barba e o bigode. Eles teriam que ser acrescentados mais tarde.

Da mesma forma que a mistura química foi aplicada como camada de emulsão sobre o linho, também poderia ter sido aplicada com pincel para "retoque" e então tratada da mesma forma que o resto da imagem: exposta ao sol e então aquecida para queimar o pano que estava embaixo antes de ser removida. Isso explicaria por que os cabelos parecem artificiais e pintados e por que a barba é bem mais clara nos negativos do que deveria ser: já que as partes pintadas sobre a imagem teriam sido expostas diretamente ao sol em vez de serem projetadas na câmara, teria sido fácil superexpor essas áreas. No entanto, estávamos para descobrir que esse raciocínio era apenas parcialmente correto.

Na nossa próxima série de experimentos com a câmara escura, depois que voltamos de Bath, utilizamos lentes. Nós as retiramos de um projetor de slides e de máquinas fotográficas antigas, e depois as experimentamos. Mecanismos modernos em câmeras fotográficas e projetores têm uma séria complexa de lentes para reduzir ou aumentar a imagem e para corrigir a aberração cromática, mas nós queríamos manter o sistema o mais simples possível.

Tudo isso estava consumindo o nosso tempo: significava ainda mais tentativa e erro para se acharem a lente, ou lentes certas, através das quais projetar a imagem. Mas ao menos sabíamos que o uso de uma lente eliminava a restrição da câmara sem lente: que o modelo tinha que estar sempre à mesma distância da abertura que da tela no lado oposto. Nós tentamos todo o tipo de combinações: lentes diferentes causavam problemas diferentes com a profundidade de campo — às vezes, a ponta do nariz de Bok estava nítida e detalhada e o seu rosto um borrão, mas corrigir o rosto faria o mesmo com o nariz. Estávamos de novo em desvantagem pelos recursos limitados com os quais tínhamos que trabalhar.

No fim, encontramos uma lente que projetava uma boa imagem de Bok, em tamanho natural, na tela. Embora fosse muito mais clara que a imagem sem lente, ainda não era totalmente nítida — mas a imagem no Sudário também não o é. Além disso, para que conseguíssemos a imagem no tamanho certo, Bok tinha que ficar a menos de 30cm da lente, e havia um efeito "olho-de-peixe" que incomodava um pouco, mas era o que foi possível fazer. Com o nosso novo sistema, fizemos outra tentativa de capturar a imagem. Desta vez, depois de uma exposição de oito horas, percebemos que a imagem fora capturada. Estava ligeiramente distorcida; mas, finalmente, depois de tanto tempo, também estava bem nítida!

Depois de removermos cuidadosamente as partes não expostas, restou-nos a imagem de Bok na mistura química. Agora tínhamos que ver como é que ia ficar quando queimada. Nós seguramos o pano em frente a um fogo, nos assegurando de que estava igualmente aquecido. Os produtos químicos se queimaram antes que o pano começasse a mostrar quaisquer sinais de exposição ao calor. Depois de aquecê-lo até onde podíamos arriscar, lavamos o pano em água fervendo. Todos os sinais dos sais e da clara de ovo foram removidos e nós ficamos com uma imagem de Bok — em tamanho natural (na verdade, um pouquinho menor, já que tínhamos calculado mal na nossa primeira tentativa), em negativo, e com apenas as fibras de cima ligeiramente queimadas! Nós a fotografamos e descobrimos que não só o contraste fora realçado pela emulsão na cópia positiva (como acontece com o Sudário), mas o negativo também mostrava uma imagem muito mais detalhada e reconhecível da gárgula. Durante as semanas seguintes, produzimos várias outras versões, corrigindo diferentes erros — embora, para a nossa tristeza, fosse impossível eliminar totalmente a distorção olho-de-peixe.

Descobrimos que o efeito de queimar o pano não era totalmente satisfatório usando-se apenas clara de ovo ou goma-arábica na mistura, já que exigiam uma temperatura alta para queimar, o que, às vezes, afetava o pano não tratado. Contudo, percebemos que um simples aprimoramento — mais ou menos como fizeram os primeiros fotógrafos que adicionaram pigmento à mistura — era adicionar alguma outra substância que queimasse mais prontamente a uma temperatura mais baixa. O suco de limão produziu alguns resultados satisfatórios, embora o resto da mistura tendesse a coalhar. Por mais indelicado que possa parecer, conseguimos os resultados mais parecidos com o Sudário utilizando urina. (Esta, tanto humana como animal, era um ingrediente básico para muitos pintores renascentistas, inclusive Leonardo.)

Foi tudo muito emocionante, mas era apenas um ponto de partida. Embora Bok tivesse nos prestado um excelente serviço, nós ainda tínhamos que produzir uma imagem maior de uma cabeça humana para comprovar a nossa teoria. Bok não tinha nem a metade do tamanho de uma cabeça média e o fato de ser uma caricatura de um rosto humano exagerava a distorção no centro da lente.

Nenhum de nós cogitou a idéia de permanecer imóvel por horas sob aquelas lâmpadas ultravioleta — de perto, elas eram mais fortes que uma lâmpada ultravioleta normal e garantiam conferir um bronzeado intenso em meia hora —, então adquirimos um busto de mulher, em tamanho natural. Como ele era cinza prateado, nós pintamos o rosto de branco, mas deixamos o cabelo intocado, já que isso lhe daria um contraste natural. Montamos o experimento e o deixamos lá por dez horas para assegurar uma boa exposição. Como esse tempo produziu uma imagem mais nítida que a do Sudário, e as lâmpadas produziam menos luz ultravioleta que a que vem do sol, um tempo de exposição mais curto seria possível. Entretanto, já que algumas de nossas tentativas com Bok falharam, já que não o expusemos por tempo suficiente — desperdiçando grande parte de um dia valioso — queríamos estar certos de que obteríamos algum resultado. As duas lâmpadas que estávamos utilizando, levando em consideração a distância entre o modelo e o pano tratado e a reflexibilidade do primeiro, produziam, no máximo, 20% da energia da luz solar no auge de um verão britânico.[26]

Como essa era a primeira vez que usávamos uma figura humana, imediatamente percebemos duas características da imagem que não se manifestaram com Bok (para começar, uma figura menor e mais distorcida). O efeito olho-de-peixe ainda estava lá e alargava ligeiramente o centro do rosto, mas não ao ponto que parecesse anormal ou irreconhecível. O que era mais surpreendente era o efeito que usar uma cabeça humana tinha sobre os contornos do rosto. Primeiro, a testa estava bastante encurtada, tornando a distância dos olhos até o topo da cabeça absurdamente pequena. Segundo, a distorção tinha o efeito de tornar os lados do rosto muito mais retos e quadrados, as extremidades desaparecendo ao fundo. As orelhas, embora proeminentes no modelo, não apareciam na imagem projetada na tela. O homem no Sudário aparentemente não tem orelhas; o seu rosto é quadrado, com faixas brancas nos dois lados, e a sua testa é encurtada. Nenhuma teoria, seja baseada no contato verdadeiro com um corpo ou na falsificação artística, já conseguiu justificar essas características estranhas. Nós achamos que a nossa conseguiu.

Essas características eram perceptíveis quando observamos a imagem por trás do pano, quando começamos o experimento. Será que havia algo mais para ser revelado quando a imagem final aparecesse? Havia. Ironicamente, isso nos causou um pouco de irritação no começo até que o seu significado pleno finalmente transparecesse. Quando a imagem foi "revelada" pela remoção das partes não expostas e o aquecimento do pano, ficamos com — como ocorreu com

Bok — uma imagem queimada, perfeitamente matizada, mesmo que tênue, visível em apenas um lado do pano. Contudo, a exposição prolongada resultara em um círculo no centro do pano, uma imagem da própria lente, circundada por uma "auréola" mais escura. Em nossos experimentos, embora variasse em intensidade, esse aspecto — um fenômeno conhecido como *burn-out* — causado pelo uso de uma lente simples após um tempo longo de exposição — estava sempre presente.

No começo ficamos aborrecidos e preocupados de que não fosse possível erradicar o problema, mesmo utilizando lentes diferentes. Contudo, havia uma chance de que Leonardo tivesse tido a mesma dificuldade. Então, examinamos uma das várias fotografias que tínhamos do rosto do homem no Sudário (a sala de estar de Lynn estava decorada do chão até o teto com essas imagens). Para a nossa absoluta surpresa — e puro deleite — ali, sobre a ponte do nariz, o exato centro geométrico do rosto, estava *precisamente essa mesma característica*: um nítido círculo de luz, rodeado em dois lados por uma auréola escura onde a lente impedira a luz de passar.

Atentos às várias coisas — moedas sobre os olhos etc. — que supostamente foram vistas no Sudário através dos anos, nós verificamos outras fotografias, de épocas distintas, desde aquelas tiradas por Secondo Pia, até as do Sturp, tanto em negativo quanto em positivo. Em todas elas, o círculo estava inegavelmente lá, nítido até mesmo em fotografias positivas. Nós verificamos com outras pessoas e elas também viam a mesma coisa. Era inequívoco e ficava exatamente no lugar que uma lente estaria focalizando: o centro exato do rosto.

Originalmente, pensávamos que essa característica passara totalmente despercebida pelos sudaristas. Estávamos enganados. Eles a notaram, mas, com o seu espírito inventivo de sempre, conseguiram atribuir o efeito de distorção a um nariz quebrado. Na verdade, só notaram os dois pontos da circunferência que atravessava o nariz — dando a impressão de algum tipo de ferimento — mas porque já tinham o que queriam, deixaram de perceber que aqueles pontos eram, na verdade, parte de um círculo que se estendia para além do nariz.

Levando isso em conta junto com o encurtamento — a redução da testa e os lados do rosto ficando mais retos, fazendo com que as orelhas desaparecessem — vimos que finalmente tínhamos provas positivas de que o rosto do homem no Sudário fora criado usando-se uma lente. Nada mais podia explicar isso. Agora, também tínhamos o motivo para o "retoque" dos cabelos, que fora feito, nós percebemos, apenas parcialmente, por causa da sua cor escura. Na nossa versão, os cabelos no alto da cabeça tinham desaparecido devido ao encurtamento e, embora a nossa modelo tivesse o cabelo para trás e não pendendo paralelamente ao rosto, o fato das suas orelhas desaparecerem mostra que a mesma coisa acontecera com a imagem no Sudário. Leonardo, conseqüentemente, teria que ter acrescentado cabelo artificialmente, usando a mesma substância que na câmara, mas sendo forçado a seguir uma linha de cabelo artificial. O "retoque" dos cabelos e barba — usando a mesma mistura química, exposta às lâmpadas, queimada e lavada — mostrou ser relativamente fácil e se mesclou bem com a imagem fotográfica. O melhor efeito, descobrimos, foi obtido ao se aplicar a mistura com os nossos dedos — um pincel tendia a sobrecarregar o tecido com a mistura que, então, penetrava nele.

As nossas conclusões iriam receber uma confirmação inesperada, mas impressionante, cerca de uma década mais tarde. Durante o seu exame do Sudário em junho-julho de 2002, Mechthild Flury-Lemberg removeu completamente o forro, e examinou e fotografou o lado de dentro. Da mesma forma que em exames anteriores, ela viu que a imagem do corpo não penetra no pano, enquanto que as manchas de sangue sim. Mas ela descobriu algo mais, o qual ninguém havia detectado antes: que a imagem dos cabelos — especialmente os que emolduravam os lados do rosto — *penetra* no pano. Acrescido do fato de que os cabelos — embora tendo a mesma cor e características gerais da imagem do rosto e do corpo — não correspondem ao efeito de negativo, a única conclusão lógica é que, como o sangue, eles foram criados em separado. Embora Ian Wilson sugerisse que a imagem dos cabelos atravessara o pano devido, de alguma forma, ao fato de os cabelos de Jesus terem sido tratados com óleos,[27] achamos que a nossa explicação, elaborada muitos anos antes da descoberta de Mechthild Flury-Lemberg, é mais plausível.

Então voltamos a nossa atenção aos "fios de sangue": por causa da sua precisão anatômica no Sudário, sempre se pensou que esse efeito seria difícil de se falsificar. Na verdade, foi bem fácil. O truque era fazê-lo *de trás para a frente*. Coloque uma gota de "sangue" no pano (nós utilizamos sangue falso), então use um palito para traçar uma linha fina até o ponto onde a ferida escorreu.

Embora ainda haja muitas perguntas sem resposta — as duas mais importantes sendo as substâncias exatas utilizadas por Leonardo e os problemas com os quais se deparou para criar uma montagem fotográfica — para nós, essas descobertas eram o bastante para provar a nossa tese. Obviamente, não tínhamos os recursos para fazer uma outra checagem do nosso trabalho frente aos dados levantados pelo Sturp. Não temos como descobrir, por exemplo, o que revelaria a análise espectográfica da nossa imagem. O Sturp observou diferenças espectográficas entre a imagem e as queimaduras causadas pelo fogo de Chambéry: essas poderiam ter sido causadas por uma substância sendo queimada para criar a imagem original, como em nossos experimentos. Será que os sinais dos produtos químicos originais empregados por Leonardo permanecem no pano, ou foram detectados sem que se percebesse a sua importância? Por exemplo, sabemos que o Sturp detectou um nível de ferro no pano, tanto na área com imagem como na área sem imagem, o que poderia ser importante, já que alguns sais de ferro podem ser utilizados da mesma forma como os sais de cromo. Não temos como abordar esses pontos.

Precisamos enfatizar que os nossos experimentos foram extremamente limitados, tanto no que se refere ao tempo, quanto a materiais — na verdade, fotógrafos profissionais certamente teriam rido do nosso amadorismo. Mas apresentamos provas persuasivas o bastante para demonstrar que as informações de Giovanni estavam certas, e que muitas das crenças mais veneradas pelos defensores da autenticidade não o são. As pistas do nosso homem misterioso se mostraram extremamente úteis neste trabalho, o que indica que ele estava, ao menos quanto a isso, dizendo a verdade. Talvez Leonardo realmente tenha não só criado o Sudário, mas o tenha feito empregando essas técnicas. Mas o ponto é que antes de 1993 ninguém tivera sucesso em criar uma imagem que apresentasse tantas das características do Sudário, inclusive suas anomalias intrigantes. E nós a criamos.

CAPÍTULO 9

O Último Testamento de Leonardo

"São muitos os que enganam os tolos com truques e milagres simulados; e se ninguém revelasse os seus subterfúgios, eles os imporiam a todos."

Leonardo da Vinci[1]

Exatamente uma semana depois que saiu a primeira edição deste livro, em setembro de 1994, apareceram reportagens na imprensa britânica dizendo que um professor universitário sul-africano, Nicholas Allen, afirmara que o Sudário de Turim era uma fotografia, a qual ele tinha reproduzido com sucesso.[2] Nós entramos em contato com ele através da Port Elizabeth Technikon (da qual ele é, agora, diretor da Faculdade de Artes e Design) e iniciamos uma correspondência cordial e construtiva com ele.

Finalmente, no verão de 1995, quando ele foi trazido pela BBC, conseguimos nos encontrar e fomos filmados cumprimentando-o no aeroporto de Heathrow. Isso era parte de um episódio do programa *Everyman*, sobre o Sudário de Turim — baseado neste livro — chamado *Double Exposure* (dupla exposição), feito para a BBC pela David Paradine Productions, uma produtora independente pertencente a Sir David Frost.[3] Ficamos encantados em conhecer Nicholas e discutir a nossa técnica de reprodução do Sudário com ele — noite adentro, em seu quarto de hotel em Bloomsbury, numa das noites mais quentes do ano.

(Foi um enorme prazer podermos compartilhar o nosso trabalho com um público bem maior, através do programa de televisão, que também contava com a participação de Elmar Gruber e Holger Kersten, além de norte-americanos pró-autenticidade. Além de tudo, fomos levados a Vinci, onde fomos entrevistados em um olival do qual podíamos ver o local de nascimento de Leonardo e passamos algumas horas em uma chácara na região de Chianti onde, dizem, ele pintou a *Monalisa* — e onde conseguimos produzir a nossa melhor reprodução até hoje usando a esplêndida luz do sol toscana. Foi um problema passar o nosso modelo, um busto de Marco Aurélio, junto com uma câmara escura desmontada pela alfândega do aeroporto de Florença, principalmente porque não falamos quase nada de italiano e o inglês dos funcionários da alfândega não é nada melhor. Mesmo assim, o programa *Everyman* acabaria por abrir-nos muitas portas, e lembramos aquela experiência com muita saudade.)

Nicholas foi levado à sua pesquisa por pura lógica — o Sudário parece uma fotografia, então será que não é uma? Como nós, foi estimulado pela datação por carbono-14 para aprofundar-se nos segredos do Sudário, iniciando uma viagem de descobrimento que acabaria por levá-lo a escrever o seu livro *The Turin Shroud and the Crystal Lens* (1998), além de publicar vários ensaios a respeito.[4] E como nós, ele aceitou o desafio de testar a hipótese da fotografia empregando substâncias químicas e equipamentos disponíveis nos anos indicados pela datação por carbono-14. Mas, ao contrário de nós, Nicholas teve acesso a recursos praticamente ilimitados com os quais nós, em nossa minúscula garagem em Reading, só podíamos sonhar. Ele transformou um grande estábulo, localizado em sua propriedade em Port Elizabeth, numa gigantesca câmara escura e mandou fazer uma lente de acordo com as suas especificações — sem falar em ter a vantagem da extraordinária luz solar sul-africana. A penumbra quase constante de Reading não era bem a mesma coisa.

Com todos esses recursos disponíveis, Nicholas conseguiu resultados que estavam totalmente além de nossa capacidade. Ele produziu imagens de corpo inteiro, enquanto, é claro, ficávamos limitados a meros rostos (o espaço de chão é muito importante). Ele utilizou uma técnica diferente — na verdade, muito mais simples que a nossa — mas, é claro, tudo o que nos propuséramos era provar que era possível produzir uma imagem fotográfica usando uma câmara escura. Desde o princípio, reconhecíamos que, provavelmente, existiam várias formas de se fazer isso, e, de fato, Nicholas mostrou que estávamos certos.

Ele começa a sua versão do processo cobrindo um pedaço de linho com nitrato ou sulfato de prata — duas substâncias químicas que, com certeza, sabemos terem sido usadas na Idade Média — e o pendura no seu estábulo. Do lado de fora, o modelo de um homem é suspenso diante de um orifício na parede do estábulo — a lente da câmara escura — enquanto o sol sul-africano castiga o modelo. Após alguns dias — normalmente cerca de três — a imagem fica gravada no pano pendurado no estábulo. A fotografia foi tirada, resultando em uma imagem negativa de coloração roxa-amarronzada, que é então "fixada" mergulhando o pano em amônia ou urina (que contém amônia). Com isso, a imagem ganha a mesma cor que a do Sudário.

Contudo, a diferença fundamental entre os nossos métodos foi que ele usou uma lente de quartzo especialmente lapidada, enquanto que nós usamos lentes de vidro retiradas de máquinas de fotografar e projetores de slides. O quartzo tem, certamente, certas vantagens fundamentais sobre o vidro: não só é mais fácil de lapidar, mas também permite a passagem da luz ultravioleta, enquanto o vidro reduz bastante a sua passagem. As substâncias químicas usadas tanto por nós quanto por Nicholas reagem com a luz ultravioleta — embora, é claro, o falsificador do Sudário não teria sabido disso. Era o resultado que importava, mas ele também poderia ter achado a teoria interessante. O uso de uma lente de quartzo significa que o tempo de exposição é bem menor do que se uma lente de vidro fosse usada. Se tivéssemos a vantagem do quartzo, poderíamos ter produzido imagens muito mais rápido.

Como nós, Nicholas acha que se utilizou um modelo feito a partir de um molde de corpo — no caso dele, o molde de um corpo inteiro — embora ele considere possível usar um cadáver por até três dias, após os quais o processo de decomposição tornaria o trabalho impossível (ademais, extremamente desagradável).

Embora tenhamos afirmado, na primeira edição deste livro, que fomos os primeiros a reproduzir a imagem do Sudário fotograficamente, na verdade, Nicholas nos venceu. Contudo, apesar de alegações ao contrário, nós não baseamos nosso trabalho nos experimentos de Nicholas — simplesmente, porque nunca ouvíramos falar dele até depois que este livro já tinha sido publicado. Estarmos trabalhando, basicamente nas mesmas idéias ao mesmo tempo, mas a milhares de quilômetros de distância, é um desses acidentes científicos (que parecem ocorrer com tanta freqüência).

A pesquisa de Nicholas acrescentou uma outra dimensão fundamental ao nosso trabalho. Não só era uma confirmação independente da teoria fotográfica do Sudário, mas, como acadêmico, ele poderia prover o apoio teórico e técnico de que precisávamos. Ao contrário da opinião de algumas pessoas, nós não tínhamos o menor problema em admitir que éramos amadores — na verdade, nós achamos que isso é um dos pontos fortes da nossa argumentação. Se *nós* podemos produzir uma imagem através de um método fotográfico extremamente básico que possui todas as chamadas características "miraculosas" do Sudário de Turim, então — francamente — qualquer um pode. E agradecemos pelo fato de não termos mais que nos preocupar em provar que podíamos ter levado o nosso trabalho adiante com a finalidade de produzir uma imagem de corpo inteiro, pois Nicholas provou que podia ser feito.

Entretanto, enquanto concordamos totalmente que um método fotográfico é, de longe, a explicação mais plausível para a imagem no Sudário, discordamos num ponto essencial. Nicholas não acha que o homem responsável foi Leonardo, atribuindo a falsificação a algum falsificador árabe do século XIII. (O conhecimento científico dos árabes naquela época era bem mais avançado que o dos europeus.) Baseando-se nos resultados da datação por carbono-14, ele aceita que o Sudário de Lirey e o de Turim são a mesma coisa — e existiram bem antes para que pudessem ter sido falsificados por Leonardo.

Alguns críticos de nosso trabalho perguntaram por que, se Leonardo inventara essa técnica, temos somente um exemplar dela. Como explicamos no Capítulo 8, os experimentos com ótica eram considerados obra do Demônio, a ponto de que somente aqueles com vontade de morrer tornariam públicos os seus resultados. Mas, como essa proibição dificilmente teria sido imposta no mundo árabe — na verdade, os regentes muçulmanos estimulavam a pesquisa científica —, com certeza, as mesmas críticas podem ser dirigidas, muito mais justificadamente, à teoria de Nicholas. Contudo, mais importante ainda é o problema com a cabeça.

Como já vimos, ela é pequena demais, ridiculamente encurtada — e completamente separada do corpo. Nicholas explica o encurtamento como um tipo de efeito olho-de-peixe criado ao se fotografar o corpo inteiro, mas, como já demonstramos sem dúvida alguma, a cabeça está *literalmente* separada, e, de qualquer maneira, o seu argumento não explica a imagem da lente no centro do rosto, no nariz. Ademais, a imagem do rosto é mais nítida e escura que o corpo, sugerindo contundentemente que ela foi criada em outro momento e com muito mais cuidado. Quem quer que a tenha falsificado estava tentando chamar a nossa atenção sobre algo importante acerca do rosto.

Entretanto, o ponto importante é que, do ponto de vista da pura pesquisa do Sudário, quem fez a imagem é um pouco menos importante do que como foi feita. A teoria fotográfica — seja a nossa ou a de Nicholas Allen — explica *tudo*. É a única técnica comprovada que funciona. No que diz respeito à maioria das pessoas objetivas, agora é simplesmente uma questão de *quod erat demonstrandum* — que devia ser demonstrado. Mas existem aqueles que dificilmente podem ser classificados como objetivos.

Rejeitados pela multidão do Sudário

Então, como foi que os sudaristas reagiram ao nosso trabalho e ao de Nicholas Allen? Talvez não devêssemos esperar que eles recebessem os nossos resultados com gritos de alegria, mas não era demais esperar que saudassem algum tipo de debate público ou, ao menos, tentassem fazer uma análise objetiva. Na verdade, mesmo antes que o livro fosse lançado, nós já havíamos nos tornado *personae non gratae* aos sudaristas, principalmente junto à liderança da BSTS. Ficamos surpresos ao saber que, segundo o livro de Ian Wilson, *The Blood and the Shroud*, de 1998: "(...)apesar de (a BSTS) ser uma sociedade inofensiva, não partidária, que não tenta se promover, mesmo ela teve seus problemas, sofrendo na década de 1990 um incrível ataque do tipo 'infiltrar-se, desacreditar e destruir' dos autores da 'teoria sobre Leonardo da Vinci', Picknett e Prince."[5] Se verdadeiro, obviamente nós não somente tínhamos agido pessimamente, mas também de forma completamente desproporcional à importância da sociedade. Por que nos incomodaríamos de ir tão longe quanto à BSTS? Mas examinar os fatos acerca daquele grupo "inofensivo" pode esclarecer alguma coisa sobre a forma como o mundo sudarista funciona como um todo.

O que foi que aqueles dois, os terríveis Picknett e Prince — infiltradores, difamadores e destruidores — realmente fizeram? Quando nos interessamos pelo Sudário, fizemos a coisa lógica — nos associamos à BSTS (da qual Rodney Hoare era, naquela época, presidente, e Ian Wilson, vice-presidente) com a esperança aparentemente razoável de que estaríamos participando de uma discussão útil sobre o assunto com outros entusiastas (dos dois lados da cerca). Enquanto é verdade que havia membros que, embora totalmente contra a nossa teoria, estavam bastante dispostos a entrar numa discussão amigável conosco — particularmente, Ian Dickinson — a liderança, desde o começo, queria que guardássemos as nossas opiniões para nós mesmos, o que também era esperado de todos os outros pesquisadores antiautenticidade. (Os quais, como se pode imaginar, são visivelmente pouco numerosos dentro da "neutra" BSTS.)

Em 1991, Clive escreveu um relato de nossa teoria, que apareceu na *newsletter* — informativa — da BSTS, sob responsabilidade de Ian Wilson, e sugeriu que a sociedade pudesse estar interessada numa palestra. Mas, embora o artigo tenha sido publicado, os leitores não tiveram dúvidas quanto ao ponto de vista do editorial acerca da nossa teoria. Juntamente com o artigo de Clive reeditaram um artigo de Isabel Piczek, sobre como não era possível que Leonardo tivesse *pintado* o Sudário (um argumento com o qual estávamos ambos de acordo). Wilson, no entanto, mais seriamente, acrescentou alguns de seus próprios comentários informando aos leitores que o nosso trabalho era baseado em comunicação mediúnica com o espírito do próprio Leonardo!

Essa foi uma versão deliberadamente truncada de uma conversa que Wilson e Lynn tiveram em tempos mais felizes, que aconteceu em 22 de abril de 1990, um domingo, na casa dela, no norte de Londres. Sendo na época uma parapsicóloga, Lynn participara por muitos anos de todos os tipos de experimentos paranormais (por exemplo, como voluntária num experimento importante sobre telepatia na Universidade de Cambridge no começo dos anos 1980). Tendo sempre sido fascinada pelos poderes extraordinários da mente —

como o próprio Ian Wilson, cujo livro sobre o assunto, *Superminds*, saiu logo depois que o relacionamento deles acabou —, ela começou um experimento pessoal com "escrita automática". Utilizado amplamente como ferramenta terapêutica por psicólogos ortodoxos, a escrita automática é quase sempre produto de uma mente inconsciente. Você encosta a ponta de uma caneta ou lápis levemente num pedaço de papel, se distrai e espera que os rabiscos apareçam. O resultado é normalmente uma mistura de letras repetidas, floreios ou arabescos, nomes e — se tivermos sorte — algumas frases coerentes que em sua maioria refletem preocupações e pensamentos correntes. Então, não foi surpresa que, na primeira vez que Lynn se envolveu com a pesquisa sobre Leonardo, os rabiscos em questão, no final, tomaram a forma do nome "Leonardo". Lynn acrescentou que ela também — em outra ocasião — imaginou informações que indicavam que Leonardo de fato criara a imagem no Sudário, especificamente em 1492. A reação de Wilson foi muito interessante, particularmente em retrospecto: ele disse, "Sim, o Sudário desapareceu por volta dessa época..." (Mais tarde consideramos que isso era uma indicação de que ele estava dando a entender que o Sudário de Turim de hoje em dia poderia ter sido um substituto de um outro mais antigo. Hoje em dia ele nega que essa parte da conversa tenha alguma vez ocorrido, chegando a escrever no *Fortean Times* que "essa foi uma das muitas invenções de Lynn Picknett".[6])

As lembranças de Lynn sobre esses eventos são de que essa breve conversa foi o único possível fundamento para as acusações posteriores de Wilson sobre mediunidade. Ele, certamente, sabia, na época, que ela considerava a escrita automática como uma função da mente inconsciente e que os seus rabiscos eram para serem vistos apenas como uma curiosidade. Lynn também insistiu que a conversa ficasse em segredo total e ele prometeu não contar a ninguém. Não havia nada de extraordinário nesse pedido de sigilo: ela estava obviamente constrangida de mostrar os seus "rabiscos automáticos", mas na época achou que, sem sombra de dúvida, era importante que ele soubesse a respeito. Portanto, foi um ato extraordinário de traição da parte de Wilson tornar o fato público com suas insinuações exageradas — cuja única intenção possível seria nos desacreditar —, especialmente após ter dado sua palavra de que não o faria.

As alegações de mediunidade foram usadas como um motivo para que a palestra oferecida fosse recusada, com a justificativa de que a BSTS lida apenas com pesquisa "sólida e verificável".[7] Contudo, tornou-se rapidamente claro que esse não foi um critério que eles se apressavam em aplicar aos palestrantes que eram mais bem-vindos — aqueles que alegavam ter provas de que o Sudário era genuíno. Um evento em particular deixou-nos sem saber se devíamos rir ou chorar em nome da BSTS.

Foi na palestra de primavera deles, de maio de 1992, ministrada por uma — por assim dizer — pesquisadora chamada Norma Weller. Promovida por "Novas descobertas sobre o Sudário de Turim", a palestra dela prometia revelações a partir de uma nova técnica de aprimoramento da imagem, que revelava algum detalhe até então invisível da imagem no Sudário. Mas quando uma imagem ampliada do homem do Sudário foi orgulhosamente exibida e a técnica incrivelmente inovadora dela ficou clara para nós, instaurou-se a histeria. Ela havia colorido a imagem. Mas ainda havia mais...

A própria Norma Weller permaneceu invisível, já que havia enviado seu discurso para ser lido *in absentia* por Ian Wilson. O discurso começava com a declaração de que a "palestrante" estava relutante em entrar em detalhes acerca do processo de aprimoramento da imagem e que não desejava entrar em nenhuma discussão a esse respeito também. Quando questionado pelos presentes quanto à ausência da palestrante, Wilson disse que ela era "reticente demais" para proferir a palestra. Qualquer solidariedade que pudéssemos ter por uma senhora tímida com os nervos à flor da pele só de pensar em falar em público desapareceu imediatamente após a revelação de que ela era, por profissão, uma *palestrante* (na Brighton Polytechnic). Naquele momento mordemos os lábios e não nos atrevemos a olhar um para o outro. O pequeno público também soube que foi pura sorte terem pelo menos a imagem para ver naquela noite, pois ela acabara de ser trazida de carro. Sem ela, teriam se deleitado com um discurso de alguém que não estava presente recusando-se a lhes contar sobre algo que não conseguiam ver!

Apesar de suas "reticências", Norma Weller foi persuadida a escrever um artigo acerca do seu método para o *Newsletter*. Este permanece uma fonte de perplexidade total, sendo que a única informação de verdade é que o aprimoramento foi resultado da "aplicação de cor tridimensional". Mas uma coisa era mais que clara: o segredo do sucesso misterioso de Norma Weller na BSTS é revelado na declaração dela: "O meu único desejo é comprovar a autenticidade do Sudário."[8]

Além disso, para a nossa surpresa, ela associou as suas "descobertas" quanto ao Sudário às práticas funerárias da seita médio-oriental dos mandeístas. Como parte da sua "aplicação de cor tridimensional", ela havia colorido de verde uma faixa ao redor da cabeça do homem do Sudário e declarado que isso era folha de murta, indicando que os mandeístas as colocavam na testa dos seus mortos. Mas enquanto é verdade que podemos seguir a pista dos mandeístas modernos até a Palestina, ela ignorou o ponto fundamental a respeito dessa seita: *eles odeiam e desprezam Jesus*, pois acreditam que ele usurpou o seu líder espiritual, João Batista. (Na verdade, o uso da folha de murta não era limitado aos mandeístas — várias outras seitas médio-orientais também as utilizavam em seus rituais fúnebres.)[9]

Enquanto o nosso lado *nonsense* se entretinha com a "apresentação" pitônica de Norma Weller (com certeza um clássico — as lembranças ainda conseguem provocar risadas), também estávamos aborrecidos e surpresos com a política de dois pesos e duas medidas da liderança da BSTS. Tendo rejeitado a nossa palestra sobre Leonardo imediatamente, eles então receberam essa farsa absurda de braços abertos e, mesmo depois da noite desastrosa sem palestra, na realidade ainda deram a Norma Weller espaço numa publicação sem uma palavra de crítica. Obviamente, eles não submeteram a "palestra" dela antecipadamente aos critérios rigorosos que insistiram em nos impor, simplesmente porque as tolices dela eram pró-autenticidade.

Quando, depois da ficção acerca das nossas fontes "mediúnicas", o *Newsletter* abriu espaço para um médium egípcio que canaliza Jesus (e, é claro, ele confirma que o Sudário é genuíno), foi um pouco demais para agüentar. Clive escreveu uma carta para ser publicada no *Newsletter* expressando preocupação com o rumo que a sociedade estava tomando. Embora não tivesse sido publicada, foi respondida pelo secretário, Dr. Michael Clift, num tom veementemente hostil, que rotulou a nós dois (num de seus comentários menos ofensivos) como pertencentes ao "lado mais maluco daquilo que conhecemos como ocultismo"[10] (o que quer que isso possa significar). Durante os meses seguintes, algumas cartas foram trocadas entre o presidente, o vice-presidente e o secretário. As nossas reclamações acerca da tendência pró-autenticidade e pró-cristã da sociedade — que se declara, em seu estatuto, como "totalmente não-sectária e não-alinhada" — e solicitações de uma explicação a respeito do tratamento desigual para aqueles que se opunham à autenticidade foram deliberadamente ignoradas por todos os três.

Em março de 1993, o escritor A. N. Wilson interessou-se pela nossa teoria sobre Leonardo, e sua amiga, a renomada escritora anglicana Ysenda Maxtone Graham, nos entrevistou para um artigo do *Evening Standard*, de Londres. (Curiosamente, o ponto de vista pessoal dela era de que o Sudário tinha que ser algum tipo de falsificação pois "Deus não age assim".) Ela também entrevistou Michael Clift e o membro da BSTS, Ian Dickinson. O artigo, intitulado "O tumulto que está dilacerando a legião do Sudário", foi publicado no dia 25 de março de 1993 e, como resultado imediato, Lynn foi expulsa da sociedade. (Porém, uma conseqüência muito mais alegre — e bem mais importante — foi que o artigo fez com que fôssemos encarregados de escrever este livro, e, na prática, uma carreira totalmente diferente para ambos.)

Rodney Hoare escreveu uma carta estranha para Lynn reclamando a respeito de "um artigo no *Evening Standard* sobre o qual me contaram, difamando a sociedade e mencionando a data da nossa próxima reunião. Tenho certeza que a senhora percebe que esse comportamento é inaceitável".[11] Ele acrescentou que Lynn não era mais bem-vinda às reuniões da BSTS.

A tal reunião aconteceu em abril de 1993 no St John's Church Hall, em Paddington, na zona oeste de Londres. Nós fomos e buscamos obter de Rodney Hoare uma explicação devida para a expulsão de Lynn. Em vez disso, ele agarrou-a pelos braços e expulsou-a da sala dizendo: "Nós não temos que nos justificar." Nos contaram que a expulsão de Lynn foi resultado de "voto unânime" do comitê. Na verdade, ao menos um membro do comitê, Ian Dickinson, votara contra. Obviamente, pouco tempo depois, ele também foi ameaçado com expulsão. (Previamente, as críticas de Dickinson a um dos diretores da BSTS fizeram com que a esposa do indivíduo em questão lhe fizesse acusações nada veladas de ter usado "meios ocultos" para levar o sogro dela ao suicídio. Uma coisa desagradável e profundamente perturbadora.)

Depois da expulsão de Lynn, disseram a Clive que, como um favor especial do presidente, ele poderia continuar na sociedade, contanto que se comportasse "como um membro normal", e com a esperança de que ele ficaria, "já que pode aprender algo sobre o Sudário".[12] Pouco depois, propuseram que Clive assumisse a posição de tesoureiro, depois que alguns membros levantaram sérias dúvidas a respeito da maneira com que as finanças da sociedade estavam sendo conduzidas. Quase imediatamente ele também foi expulso. A carta do presidente apresentava um motivo risível: "O senhor escreveu para mim e para os outros diretores e candidatou-se a um cargo."[13] Quando Hoare foi questionado a respeito na Assembléia Geral Anual de 1993, a sua lógica foi impecável: "membros normais não escrevem cartas de reclamação, portanto, ele não é um membro normal."

Essa é a triste história da nossa suposta tentativa de "nos infiltrar, desacreditar e destruir" a BSTS que, salvo o seu valor puramente de entretenimento, lançava uma luz bastante deprimente sobre os esforços que os sudaristas estavam dispostos a fazer a fim de impedir pesquisadores objetivos de penetrar no seu paraíso da pró-autenticidade. Mas a fim de ampliar o quadro, vamos, agora, analisar a reação de outros membros da "legião do Sudário" ao nosso trabalho e ao de Nicholas Allen.

POSITIVA E NEGATIVA

Em geral, eles os ignoraram ou se refugiaram numa mediocridade assombrosa. Não houve nenhum debate naquela época e nenhum desde então. O mundo do Sudário simplesmente recusou — nas palavras de Ian Wilson — a nos dar "o oxigênio da publicidade", o que pode soar nobre, mas é, de fato, meramente uma desculpa para não entrar em algum tipo de diálogo conosco. Desde o princípio, foi política da BSTS recusar o envolvimento num debate público — na mesma mesa ou estúdio, embora tenham tido ampla oportunidade de fazê-lo. Na verdade, durante a publicidade algo ampla para a exposição no National Museum of Photography, Film and Television, foram feitas repetidas tentativas de persuadir Ian Wilson — que, embora hoje more na Austrália, estava na Grã-Bretanha na época, promovendo *The Blood and the Shroud* — a aparecer em vários programas de rádio e televisão conosco. Não só o departamento de publicidade do museu tentou trazê-lo para vários programas, mas também os divulgadores tentaram convencê-lo a tirar proveito de toda essa publicidade grátis. Mas, embora estivesse divulgando o seu livro na época, ele se recusou até mesmo a participar em um debate por telefone na rádio. Contudo, apesar da sua recusa absoluta em fazê-lo, os seus comentários a nosso respeito e o seu trabalho em *The Blood and the Shroud* são radicais, quase difamatórios. Embora não estejamos nos desculpando pelas críticas ao trabalho dele, ao menos gostaríamos de ter a chance de fazê-las na sua presença.

Algumas das objeções à nossa teoria são simplesmente absurdas. Por exemplo, Isabel Piczek enumerou invenções ou técnicas artísticas de Leonardo que não funcionaram, concluindo que ele não poderia ter inventado uma técnica fotográfica que *funcionasse*.[14] Ela ignora o fato de parecer estar dizendo que, pelo fato de nossa técnica funcionar, Leonardo não poderia tê-la inventado... Ian Wilson rejeita a nossa réplica com a justificativa de que os fios de sangue que acrescentamos não têm nenhuma semelhança com os do Sudário.[15] Isso é bem mais prova da nossa falta de habilidade artística do que um contra-argumento, na verdade, os fios de sangue são o aspecto menos problemático da imagem no Sudário. *Eles foram pintados sobre o pano*. Ian Wilson é forçado a admitir que a imagem de corpo inteiro de Nicholas Allen é a melhor reprodução da imagem do Sudário já produzida, mas faz objeção à teoria, pois não consegue ver como foi que o sangue atravessou a distância entre a lente e o linho.[16] Mas, como afirma Allen em seu relato — embora seja tão óbvio que ele não precisasse —, os fios de sangue foram adicionados mais tarde, à mão. As anomalias com os fios de sangue no Sudário, mencionadas no Capítulo 3 (mas as quais Wilson e outros críticos ignoram deliberadamente), comprovam que o falsificador fez o mesmo.

Mas o fato mais estranho de todos é que vários críticos pró-autenticidade — o que, de novo, inclui Ian Wilson[17] — utilizam os resultados da datação por carbono-14 contra nós, afirmando que, já que o período estabelecido era 1260-1390 e Leonardo só nasceu em 1452, nós havíamos cometido um erro básico. Como eles estavam defendendo um erro de 1.300 anos, vindo deles, isso era, no mínimo, ridículo.[18]

(Essa lógica surrealista sempre foi uma característica do lado pró-autenticidade. Por exemplo, Ian Wilson, referindo-se ao "Memorando D'Arcis", de 1389 — a mais antiga referência documental acerca do que é, aparentemente, o Sudário de hoje em dia, como vimos no Capítulo 2, faz referência ao fato de que ele foi desmascarado como uma falsificação pintada cerca de trinta anos antes — escreve:

> "(...) nem um documento sobrevivente da década de 1350 sequer menciona um sudário de Lirey, quanto mais alguma investigação diocesana a respeito de sua autenticidade. Nem existe qualquer garantia de que esse sudário de Lirey seja o Sudário agora preservado em Turim. Contudo, o fato seguro de que o Sudário remonta apenas à década de 1350 é, com freqüência, citado como prova 'concreta', que endossa a sua fraudulência."[19]

Aqui, a *falta* de provas da existência do Sudário na década de 1350 foi, curiosamente, transmutada em provas *contra* a teoria da falsificação. Mas Wilson não baseia toda a sua argumentação sobre o Sudário ser autêntico no "fato" de que ele apareceu pela primeira vez em Lirey, na década de 1350, e nem tenta reconstruir como ele chegou lá — o Mandylion etc.? Confessamo-nos totalmente perplexos com essa contradição.)

Entretanto, quando as mesmas críticas quanto à datação por carbono-14 vêm de não-sudaristas, é um assunto completamente diferente. Essa objeção também foi levantada por ninguém mais que o professor Harry Gove, que inventou a técnica específica de datação por carbono-14 empregada para datar o Sudário. Mas quando nós respondemos que um pedaço de pano velho poderia ter sido usado, ele teve a gentileza de pedir desculpas. (De qualquer forma, Teddy Hall dissera que aceitaria qualquer data até o ano de 1500.)

Além disso, outra objeção importante que é levantada constantemente (embora tenhamos discutido a respeito na primeira edição deste livro) é que o Sudário tem uma existência documentada a partir, pelo menos, de 1389, e, baseada em suposições, a partir da década de 1350. Como explicamos no Capítulo 6, foi o que pensamos no começo. No entanto, quando investigamos mais fundo descobrimos que:

- Não existe nenhuma prova direta de que o Sudário de Lirey e o Sudário de Turim de hoje em dia sejam os mesmos. Aparentemente, são, mas não existe nenhuma prova escrita ou artística para confirmar isso. Não existem representações do Sudário antes de 1516. A única — possível — exceção é o medalhão de peregrino achado no Sena, mas não se precisou com exatidão a idade dele. O século XIV só lhe foi atribuído por inferência da presença dos brasões de armas das famílias de Charny e de Vergy.

  Até mesmo Ian Wilson, em seu livro de 1998, admite que "nem existe qualquer garantia de que esse sudário de Lirey fosse o Sudário agora preservado em Turim".
- O Sudário foi mantido longe da atenção pública nos primeiros 40 anos após a aquisição pela família Sabóia. Na primeira edição deste livro, nós afirmamos que o Sudário "desapareceu" durante esse período, somente "reaparecendo" para apreciação pública quando foi exibido em Vercelli — perto de Milão, onde Leonardo estava trabalhando na época —, em 1494. Podem haver referências documentais de sua existência continuada, mas o importante é que ele nunca foi, de fato,

retirado da sua caixa. Para a edição de 1994, nós examinamos toda a literatura sobre o Sudário e não conseguimos nenhum registro indicando que ele tivesse sido exposto entre 1452 e 1494. Conseqüentemente, concluímos que o Sudário que foi exibido em 1494 não foi o de Lirey, mas uma nova versão, o que, é claro, é consistente com a idéia de que o Sudário de Turim atual foi criado por Leonardo.

Antes da publicação do nosso livro, Ian Wilson admitia que a possibilidade de uma substituição por volta dessa época não devia ser desprezada, embora tenha mudado de idéia desde então. Vimos que ele contou a Lynn que "o Sudário desapareceu mais ou menos nessa época" (1492), o que ele agora nega com veemência. Ironicamente, foi isso que originalmente nos levou a examinar os registros e descobrir provas dos "anos perdidos".

Contudo, em seu livro de 1998, Wilson menciona duas exibições durante aquele período: a primeira foi na Sexta-feira Santa de 1478, em Pinerolo, e a segunda no Domingo de Páscoa, em 1488, em Savigliano — embora ele não apresente as fontes dessas novas informações.[20] Mas mesmo se isso for verdade, não muda a nossa premissa básica; afinal, poderia ter havido uma troca em qualquer momento durante aquela época. Tudo o que uma troca exige é que as pessoas que vejam o item depois sejam diferentes daquelas que o viram antes. Embora Giovanni nos dissesse que Leonardo falsificara o Sudário em 1492, essa é uma das poucas informações que forneceu que nunca conseguimos provar. Ademais, as exposições de 1478 e 1488 foram eventos bastante discretos se comparados com as exposições posteriores.

(Na mesma conversa em que Wilson disse que o Sudário desaparecera por volta de 1492, ele também teve uma forte reação contra a idéia do envolvimento de Leonardo, admitindo, mais tarde, em uma carta a Lynn: "Quando você tenta me convencer(...) que Leonardo criou o Sudário, há uma parte de mim que se sente profundamente ameaçada."[21] Certamente, na época, Lynn achou que isso mostrava que ele, de modo algum, tinha tanta certeza quanto à sua luta pela autenticidade quanto fazia parecer — do que dependia toda a sua reputação —, nem estava totalmente convencido de que Leonardo *não* estivera envolvido. Tendo se convertido ao catolicismo, do qual é apaixonadamente devoto, pela natureza miraculosa do Sudário, o que ele faria se fosse provado, fora de qualquer dúvida, que o pano era uma falsificação?)

- As reações ao Sudário pós-1494 foram completamente diferentes das conferidas à relíquia anterior. Declarou-se repetidamente que o Sudário de Lirey era uma óbvia falsificação, uma pintura, e outras investigações chegaram às mesmas conclusões, sugerindo veementemente que uma troca fora feita.

Outras objeções, apresentadas para questionar a nossa teoria, tendem a ser um tanto enganadoras. Uma é que não existe registro de que Leonardo tivesse negócios com a Casa de Sabóia, para a qual a única resposta é "E daí?". Uma outra é que não existe menção do Sudário, ou sequer do seu trabalho sobre fotografia, em nenhum dos cadernos de Leonardo. Mas, como já vimos, um caderno em particular foi misteriosamente localizado pelos Sabóia, que prontamente o "perderam", mas embora não tenhamos maneira de saber o que havia nele, podemos especular que teria tido alguma ligação com a declaração enfática e franca de Maria José, a esposa hostil de Umberto II, de que o Sudário era uma falsificação. Talvez devesse ser mencionado que tampouco existem provas nos cadernos existentes de Leonardo de que ele tenha pintado a *Monalisa*!

Entretanto, nem todas as reações foram negativas. Em particular, cientistas e fotógrafos têm nos recebido com elogios sobre a nossa pesquisa, o que é extremamente bem-vindo depois do tratamento que recebemos por parte do mundo do Sudário. Apesar da crítica sarcástica de Rodney Hoare a respeito do nosso conhecimento fotográfico, muitos fotógrafos profissionais têm vindo a nós para nos congratular, oferecendo, com generosidade, conselhos e estímulo para que prossigamos com a pesquisa. A prestigiosa revista *Amateur Photographer* publicou um entusiasmado artigo de capa sobre Leonardo ser o primeiro fotógrafo — mencionando os seus conhecidos experimentos com ótica e luz e o fato de que construíra a sua própria câmara escura — baseados numa entrevista conosco durante a exibição de Bradford. De alguma forma parecia particularmente pungente ver o retrato de Leonardo na capa de uma revista de fotografia, aonde — se estivermos certos — ele certamente pertence. Pelo mesmo motivo, ficamos felizes e comovidos de ver a transparência de tamanho natural em exibição no National Museum of Photography, Film and Television, particularmente por causa da maneira atenciosa para com o visitante, que estava sendo exibida. Em nossa opinião, o "Sudário" estava bem mais em casa que em qualquer catedral.

Houve outros elogios também. Em 1995, depois da nossa palestra à augusta Society for Psychical Research (Sociedade de Pesquisa Psíquica), o presidente, o falecido Ralph Noyes, pediu ao salão lotado que erguesse a mão quem acreditasse que o Sudário era uma fotografia. Todos, menos dois, ergueram as mãos — um deles, o membro da BSTS Ian Dickinson e o outro, um conhecido "cético" antimistério.

Há também o Japão. Surpreendentemente, talvez, para uma teoria sobre uma relíquia cristã, os japoneses têm recebido o nosso trabalho com um grande entusiasmo. Graças, em parte, ao programa da série *Everyman* da BBC e, em parte, à tradução deste livro, agora disponível lá, soubemos que os japoneses mais eruditos agora associam o Sudário de Turim a Leonardo — na verdade, é o envolvimento dele que realmente os empolga. De fato, temos tido ávidas equipes de cinema de Tóquio batendo em nossa porta, com entrevistadores bem preparados, fazendo dezenas de perguntas minuciosas acerca do nosso trabalho. Keith Prince também fez uma réplica excelente para um programa da televisão japonesa em 1999, sob condições nada favoráveis, sendo calorosamente aclamado como um gênio por isso. Foi particularmente interessante perceber que os nossos amigos japoneses não vêem nenhum problema na idéia de que Leonardo tenha sido o primeiro fotógrafo — e reconhecem instantaneamente a semelhança entre o homem do Sudário e o artista. Na verdade, eles adoram tudo relacionado ao caso Leonardo, percebendo como tipicamente negro o humor de Da Vinci na feitura da relíquia, especialmente na idéia de que usou o seu próprio rosto para ser o de Jesus.

Mesmo assim, de certa forma, recebemos um elogio ainda mais impressionante, mesmo que tenha sido um cumprimento um tanto indireto. No dia 5 de setembro de 1995, o cardeal Saldarini anunciou na televisão que o Sudário seria exibido pela primeira vez em vinte anos, em 1998, e novamente no Ano Santo de 2000. Depois de anunciar as datas e preparativos para a exposição — e declarar que "a imagem no Sudário é a de Cristo e nenhum outro" — Saldarini prosseguiu advertindo os fiéis contra as alegações acerca do DNA e "noções tolas" como a de que Jesus não morreu na cruz — e a idéia de que o Sudário era uma fotografia feita por Leonardo da Vinci... Como o nosso livro ainda não havia sido publicado na Itália, isso deve ter sido um tanto confuso para o público italiano, mas nos fez rir, pois, na tentativa de advertir o seu rebanho quanto à nossa idéia, acidentalmente o cardeal tivera sucesso apenas em atrair a atenção sobre ela. Ainda mais notável era o fato de que — como ele insistia em enfatizar — o cardeal Saldarini estava, de fato, falando sob ordem direta do papa.[22]

EM NOME DOS CAVALEIROS

Uma outra teoria a respeito do Sudário que foi proposta desde a primeira edição deste livro é a de Christopher Knight e Robert Lomas, que apareceu primeiro no livro deles, chamado *A chave de Hiran*, posteriormente desenvolvida no livro *O segundo Messias*. Eles afirmam que a imagem no Sudário foi produzida pelo contato com um corpo humano de verdade — não o de Jesus, mas o de Jacques de Molay, o último grão-mestre dos cavaleiros templários medievais, que foi martirizado em Paris, em 1314 (depois de sete anos na prisão). Knight e Lomas acreditam que quando ele foi preso pela Inquisição, sendo um herege, castigaram-no torturando-o da mesma forma que Jesus. Enquanto estava vivo, foi envolvido num sudário — e, nesse momento, as imagens do corpo e do sangue foram criadas no pano. De Molay então se recuperou, somente para ser lentamente queimado vivo, e o pano acabou nas mãos da família de seu companheiro de prisão, o templário Godofredo de Charny.

Embora tenhamos, desde então, começado um relacionamento cordial com Bob Lomas, temos que admitir que não há nada nesse argumento que nos convença. Ele se baseia em apenas três fatos: o primeiro é de que o período se encaixa na datação por carbono-14, a segunda é de que existem referências quanto a De Molay haver sido torturado — embora ninguém saiba de que maneira — e a terceira é a ligação com a Lirey templária e os De Charny. Todo o resto é pura especulação. Não só não existem provas de que De Molay foi torturado pela crucificação (ou que a Inquisição alguma vez torturou alguém dessa maneira), mas a argumentação deles também se torna extremamente circular: ele deve ter sido torturado dessa maneira, pois é dele a imagem no Sudário, e é dele a imagem no Sudário, pois ele foi torturado dessa maneira. (Aliás, ninguém sabe como era De Molay — os únicos retratos conhecidos dele foram feitos bem mais tarde.)

Embora Knight e Lomas afirmem ter finalmente — e por acidente — resolvido o mistério do Sudário, eles, de fato, deixaram escapar uma coisa. O mistério duradouro do Sudário nunca foi de quem era a imagem, mas como ela foi parar lá. Para explicar isso, eles adotaram a teoria do Dr. Allan Mills, que, como já vimos, afirma que um processo envolvendo a interação de radicais livres erguendo-se do corpo com o pano foi responsável. Mas como já mostramos no Capítulo 3, essa teoria simplesmente não explica a imagem das *costas* no pano. E todos os outros motivos que nos levaram a concluir que o Sudário é uma falsificação permanecem: a altura ridícula do homem, a cabeça desproporcionalmente pequena e posicionada de maneira estranha — sem falar no fato de que está completamente separada do corpo —, os problemas com os fios de sangue (em particular, no cabelo), e o fato de que a falta de distorção significa que o pano *tinha que estar estendido*. Um outro ponto fraco na hipótese formulada por Allan Mills é que é totalmente teórica: uma parte fundamental é que, uma vez que a reação inicial tenha ocorrido, leva várias décadas para que uma imagem visível do corpo comece a aparecer, conseqüentemente, é uma hipótese que nunca poderá ser demonstrada num laboratório. Além disso, se a imagem fosse do De Molay ferido, ele teria que ter permanecido totalmente imóvel.

Então, o que é que Knight e Lomas têm a dizer sobre a teoria fotográfica — a nossa e a de Nicholas Allen? Na sua reconstrução inicial, baseada na idéia de que o pano estava em contato direto com o corpo, eles concluíram que, quando a imagem foi formada, o homem devia estar deitado sobre uma superfície macia, que fez com que o corpo se ajeitasse: eles acham isso porque, de outra forma, o pano não teria estado em contato com toda a parte de trás. Então, dizem eles, se o homem tivesse sido fotografado nessa posição, ele teria aparecido encolhido e não estendido.[23] O que eles fizeram, entretanto, é mencionar a posição do corpo necessária à *sua* teoria e relacioná-la com a posição do corpo necessária à *nossa*. Na nossa teoria (e de Nicholas Allen), o corpo estaria numa posição diferente e, é claro, afastado do pano. De qualquer forma, a esta altura, deveria ser óbvio que a imagem *é* uma fotografia.

Eles rejeitam o envolvimento de Leonardo, primeiramente mencionando a desculpa de sempre, a de que o Sudário já existia antes que ele nascesse, e, em segundo, argumentando curiosamente que ele jamais poderia ter criado as marcas de açoite fraudulentamente.[24] Isso é um tanto intrigante, visto que já esclarecemos que ele crucificara um corpo humano de verdade — não o seu próprio — da forma descrita no Novo Testamento, o qual inclui flagelação. Então, tirou o retrato dele. Por isso, não é claro para nós por que isso está em desacordo com a perfeição anatômica das marcas de açoite. É bem o contrário, na verdade.

INSPIRADO PELA HERESIA

Uma outra teoria da origem do Sudário centrada nos templários — e que concorda que ele é uma imagem fotográfica — foi apresentada em 2000 pelo escritor e documentarista britânico Keith Laidler, em seu livro *The Divine Deception*. Laidler se baseia na teoria central do seu livro anterior, *The Head of God*, de 1998: o segredo dos templários era que tinham nas mãos a cabeça embalsamada de Jesus, que hoje se encontra lacrada embaixo da enigmática Capela Rosslyn, na Escócia.

Começando com o enigma da reverência documentada dos templários por uma cabeça ou cabeças, ele argumenta que a seita nazarena (nazarita), à qual Jesus pertencia, incorporou uma tradição secreta, oriunda do Egito, do "faraó herético" Akhenaton, na qual as cabeças das suas figuras mais sagradas eram retiradas após a morte, e então embalsamadas e preservadas. Laidler argumenta que foi isso que aconteceu a Jesus: a sua cabeça embalsamada veio parar sob a proteção dos templários, os herdeiros da tradição nazarita, e foi transportada para a Escócia quando a ordem foi suprimida.

O ponto fraco da argumentação de Laidler é que há uma total falta de provas históricas independentes da existência desse culto à cabeça tanto dentro da religião Aten, advogada por Akhenaton, ou na antiga religião judaica fundada por Moisés — que foi, muitos sugeriram e Laidler aceita, uma continuação da adoração a Aten. (Laidler argumenta que os rituais da cabeça eram um segredo bem guardado das duas religiões, detectável apenas pelas referências evasivas nos seus textos.) E, de acordo com Laidler, já que todos os homens santos nazaritas eram tratados da mesma forma e não havia nada intrinsecamente especial a respeito de Jesus, se comparado com outros líderes da seita, por que é que sua cabeça teria sido escolhida para ser preservada durante os séculos seguintes?

De qualquer forma, acreditamos que a existência documentada de uma "Igreja" alternativa daqueles que acreditavam que João Batista era o verdadeiro Cristo fornece uma explicação muito mais convincente para o "culto da cabeça" dos templários (especialmente se levarmos em consideração a reverência reconhecida a João Batista). Afinal, dos dois "Cristos", foi de João e não Jesus, a decapitação registrada nos Evangelhos, então, se existe uma cabeça enterrada embaixo da Capela Rosslyn, obviamente, João seria o melhor candidato — embora acreditemos que nenhuma relíquia esteja se consumindo lá.

Seja como for, em *The Divine Deception*, Laidler propõe que o fato de que os templários tenham em suas mãos a cabeça de Jesus fornece a solução para o mistério do Sudário. Ele concorda conosco que a imagem é uma fotografia. No entanto, enquanto aceita que os Sudários de Turim e Lirey sejam os mesmos, ele rejeita o que chama de teoria da "Conspiração de Leonardo", afirmando que fomos ingênuos o bastante para acreditar em informações falsas fornecidas pelo Priorado de Sião, que estava tentando *impedir* que a verdadeira mensagem do Sudário fosse descoberta — ignorando o fato de que as pistas que Giovanni nos deu sempre foram apenas dicas para a cuidadosa pesquisa que se seguiu e nós *jamais* acreditamos piamente nelas.[25]

O seu outro argumento principal contra as nossas conclusões é que o resultado da datação por carbono-14 revela que o pano foi criado antes do nascimento de Leonardo; como muitos de nossos críticos, ele deixa de levar em consideração o fato de que Leonardo com certeza utilizaria um pano velho para falsificar uma relíquia supostamente antiga — um ponto que é abordado neste livro. Laidler também concorda que a imagem da cabeça do homem no Sudário foi produzida separadamente, mencionando as proporções e posição incorretas da cabeça, e a demarcação definitiva entre as imagens da cabeça e do corpo. (Ele alega ter descoberto essas coisas mas, pelo que sabemos, fomos os primeiros a fazê-lo, na edição de 1994 deste livro.)

Laidler acredita que o Sudário foi trabalho dos templários, que, no século XIII, produziram a imagem empregando um processo fotográfico que aprenderam com os árabes, e utilizando a cabeça verdadeira, embalsamada, de Jesus e um cadáver. O Sudário é, conseqüentemente, ao mesmo tempo verdadeiro *e* falso: o rosto é realmente de Jesus, mas o Sudário é produto da Idade Média — o que é brilhante! Contudo, a sua argumentação é, em última instância, circular, como a de Knight e Lomas, dependendo inteiramente da existência da cabeça cortada de Jesus em primeiro lugar, independentemente de ser relíquia de algum culto ou não. Outros aspectos da reconstrução de Laidler não são claros: se eles veneravam a cabeça de Jesus, por que é que os templários iriam querer criar uma imagem de corpo inteiro em uma mortalha falsa? Laidler rejeita a idéia de que tenha sido com fins lucrativos. Segundo ele, depois de forjar o Sudário, os templários o mantiveram em segredo. Embora o argumento seja teoricamente possível, achamos que Laidler não conseguiu estabelecer um caso convincente.

O HINO À HERESIA

Se a perspectiva da presença de DNA feminino no Sudário irritou o mundo masculino do clero, o espetáculo da artista Caroline Rye também causou nervosismo no mundo sudarista. Inspirada em nosso livro, a sua *Turin Machine* tem a intenção de realçar os elementos artísticos da falsificação do Sudário, celebrando o seu conceito místico de congelar um momento no tempo, tirando um retrato com uma câmara escura. Embora ela nunca tenha tido a intenção de que fosse um experimento científico (ela utiliza produtos químicos modernos), o seu espetáculo — no qual ela permanece nua e coberta com maquiagem corporal durante horas, enquanto o público, uma pessoa de cada vez, se reveza para espiar através de um orifício o processo em progresso da imagem se formando no "Sudário" — resulta em panos com a sua imagem latente, sendo que todos são pendurados juntos no final de cada sessão. O espetáculo tem sucesso em capturar o tipo de sensação transcendental e excitante que Leonardo deve ter tido quando fez experimentos, a portas fechadas, com o surgimento de imagens terrivelmente realistas, diferentes de qualquer outra coisa em sua época. Nós ficamos tão acostumados à fotografia que ela não mais nos surpreende, mas, na época dele, deve ter sido algo realmente fantástico — a ficção científica da época — e, é claro, ainda possuía o frisson extra de ser algo *proibido*.

Ficamos muito gratos a Caroline — com quem passamos uma noite muito agradável em Bristol — por nos lembrar de que fazer um sudário tinha um outro lado. Nos aprofundamos tanto em detalhes sobre produtos químicos e lentes e com minúcias históricas que era refrescante ser capaz de ver o processo através dos olhos de um artista. Por um breve momento, podíamos começar a entender por que Leonardo, ao menos como artista, estava envolvido.

Mas por que ele arriscaria a sua vida falsificando a mais importante relíquia *cristã* se ele, como acreditamos, se opunha à cristandade? A forma com que abordamos o problema de Leonardo e o

Sudário era tentar estabelecer se ele tinha ou não os meios, o motivo e a oportunidade para fazê-lo — exatamente como se fôssemos detetives investigando um crime. Acreditamos que, depois de juntadas todas as provas, apresentamos um caso convincente. O trabalho dele com ótica e suas atividades alquímicas lhe proporcionaram os meios e ele, com certeza, teve a oportunidade. Finalmente, as crenças heréticas e não ortodoxas de Leonardo — particularmente a sua crença joanita — lhe deram o motivo necessário. Podíamos acrescentar a isso que a sua própria força de caráter e personalidade rebelde lhe deu a audácia necessária para levar a cabo a maior fraude de todas.

Agora, sabemos que o Sudário não foi a mortalha de Jesus, mas uma obra de arte surpreendentemente engenhosa, mesmo para os padrões de Leonardo. Os riscos eram enormes, as conseqüências de ser descoberto teriam sido impensáveis. Se os leigos tivessem pego Leonardo falsificando o Santo Sudário, teria havido bastante clamor, mas, e se a Igreja, que possivelmente foi conivente com isso, ou até mesmo contratou esse trabalho, descobrisse que ele estava empregando tal técnica? Apenas uma geração depois de Leonardo, Giambattista della Porta foi acusado de feitiçaria simplesmente por fazer experimentos com imagens projetadas. Dado o imenso problema envolvido, por que Leonardo o faria?

Um motivo pode ser simples: Giovanni disse que Leonardo fora incumbido pelo próprio papa de criar um outro, e melhor, "Santo Sudário", com o qual moveria multidões. Não descobrimos nenhuma evidência direta disso, mas histórias da corrupção na Igreja eram comuns naquela época. Outros artistas bem podem ter recusado o trabalho de falsificar o Sudário por superstição. Até mesmo no cínico mundo da Renascença, criar a imagem do Jesus crucificado teria feito a pessoa parar para pensar, mas, evidentemente, Leonardo não tinha esses escrúpulos. Pelo contrário, ele tinha bons motivos para cometer o ato que seria, para muitos, um sacrilégio muito sério.

Não se enganem que somente um herege se atreveria a falsificar o Sudário de Turim. Muitos crentes disseram que se o Sudário for realmente uma falsificação, ainda é uma obra de profunda devoção cristã. Por exemplo, Maria Consolata Corti — que também acredita que ele é um auto-retrato feito por Leonardo, muito embora criado artisticamente e não fotograficamente — vê o Sudário como um sinal da profunda espiritualidade cristã de Leonardo e sua identificação com a Paixão de Cristo. Mas não é possível que um cristão devoto criasse um Santo Sudário de Jesus falso, com o que se crê ser seu sangue redentor, e o fizesse passar por *verdadeiro*.

Parece provável que a idéia de colocar a imagem do seu rosto no pano tenha sido do próprio Leonardo. Não havia o perigo que uma fraude assim acarretaria hoje em dia, quando as celebridades são tão instantaneamente reconhecidas: naquela época, até mesmo em seu país natal, poucas pessoas sabiam como o mestre Leonardo era. Além disso, a própria técnica garantiu o anonimato, pois a semelhança não é aparente a olho nu, apenas sendo claramente visível quando observada num negativo fotográfico.

Leonardo trabalhou com a ótica, lentes e imagens projetadas. Serge Bramly escreveu a respeito dele: "(...) as deduções em seus cadernos são fascinantes. Enquanto os homens de sua época achavam que a visão era criada por partículas (*spezie*) projetadas pelo olho, Leonardo compreendeu que o olho não transmitia nada, mas recebia raios de luz(...) ele também percebeu que o olho registrava uma imagem invertida(...) e previu uma espécie de lentes de contato(...) Ele foi o primeiro a mencionar o princípio da visão estereoscópica — isto é, a percepção da tridimensionalidade(...) Ele parece ter inventado algum tipo de telescópio um século antes de Galileu. Ele escreve: 'Fazer lentes para ver a lua ampliada.' Ele montou lentes(...)."[26]

Ele também trabalhou numa "máquina feita de espelhos" secreta na década de 1490, cujo propósito é desconhecido, mas, é claro, espelhos concentram luz e calor — e os dois são necessários para se produzir uma imagem como a do Sudário, através do método que mostramos.

Ele era provavelmente um alquimista praticante com uma grande variedade de produtos químicos a seu alcance. Também estava no lugar certo, no momento certo, tinha a oportunidade e os meios. Mas se, como é provável, ele não aceitou a incumbência para falsificar o Sudário simplesmente pelo dinheiro, quais foram seus motivos verdadeiros para cometer ato de tamanho sacrilégio?

Achamos que uma pista importante reside no fato de que a cabeça do homem do Sudário está — aparentemente — separada. Como já vimos, não existem dúvidas a respeito disso. Esperamos ter mostrado que houve motivos práticos para essa aparente anomalia, pois Leonardo usou o próprio rosto e o corpo de outra pessoa, inevitavelmente deixando uma linha de demarcação entre as duas imagens criadas separadamente. Ainda assim, esse deslocamento também pode ser visto como simbólico: será que o trocadilho visual de Leonardo está nos dizendo, séculos mais tarde, que aquele decapitado está "acima" do crucificado? Sendo joanita, Leonardo venerava João Batista — que foi decapitado — enquanto nutria desprezo absoluto pelo Jesus crucificado. Essa interpretação de um detalhe tão insignificante no Sudário de Turim pode parecer meio fantasiosa, mas investigações posteriores revelam que isso se encaixa perfeitamente não só na visão joanita, mas também no modo de pensar de Leonardo.

Relíquia do outro Cristo

A edição original deste livro nos pôs num caminho que foi bem além do próprio Sudário, levando-nos numa investigação complexa e ampla acerca da heresia européia e das origens da própria cristandade, finalmente se manifestando em *A revelação dos templários* — que parcialmente inspirou *O Código Da Vinci*. Embora a história completa pertença àquele livro, tentaremos resumir os pontos relevantes aqui.

Descobrimos que o Priorado de Sião moderno é parte de uma rede de sociedades secretas que se alinham firmemente com a heresia joanita. Eles afirmam que têm sua origem nos cavaleiros templários medievais, cujos fundadores e liderança nós descobrimos serem joanitas. Como já vimos com a pesquisa de Noel Currer-Briggs, as famílias que tiveram ligações com as origens dos templários e com aqueles que escaparam da sua extinção, subseqüentemente, estiveram envolvidas na história do Sudário. Essas ligações e as provas de nossa própria pesquisa firmemente sugerem que elas também eram joanitas.

A própria tradição joanita afirma que os Cavaleiros Templários originais aprenderam suas doutrinas com "os joanitas do Oriente", com os quais tiveram contato durante as Cruzadas. É possível, agora, identificar esse grupo misterioso como os mandeus (cujos ritos funerários foram mencionados tão misteriosamente por Norma Weller), que, até o final da primeira Guerra do Golfo, em 1991, limitavam-se ao Iraque e partes do Irã, mas muitos estão agora refugiados em tudo que é lugar, da Holanda até a Austrália. Os pontos essenciais a respeito do mandeísmo é que eles são gnósticos, veneram João Batista — e têm total desprezo por Jesus, a quem consideram "o falso Messias". Eles alegam que ele usurpou os seguidores de João e "perverteu todos os cultos". É possível retroceder ainda mais e encontrar as raízes desse culto nos seguidores de João Batista.[27]

Para a nossa surpresa, descobrimos que estudiosos bíblicos já sabem há algum tempo que João Batista e Jesus eram, de fato, *rivais* — alguns até acreditam que a rivalidade deles era muito séria. É pouquíssimo provável que seja verdade o conceito de João como precursor de Jesus, como o inferior que caiu aos seus pés. A história parece ter sido deliberadamente criada por propagandistas da facção de Jesus, a fim de desvirtuar o status de João Batista e explicar por que Jesus começou sua carreira como subordinado a ele. A história também foi criada para explicar por que Jesus tinha que ser batizado por João — o mesmo problema abordado pela lenda retratada, se bem que com alguns complementos ocultos na pintura *Virgem nos rochedos*.

Contudo, os joanitas mais tenazes parecem ter um ódio pessoal por Jesus, que parece exagerado se for resultado da idéia de que Jesus possa ter roubado alguns seguidores de João Batista, e há tanto tempo assim — como crêem os mandeus. Mas uma pesquisa mais minuciosa revela que eles afirmam ter bons motivos para esse ódio tão veemente e duradouro. Eles crêem que Jesus cometeu um crime grave contra João, um crime que eles não estão dispostos a perdoar, mesmo depois de tantos séculos. Embora os joanitas acreditem que João era o Escolhido e que Jesus, deliberadamente, usurpou esse papel, esse suposto crime — como descobrimos em nossa pesquisa para a *A revelação dos templários* — obscurece até mesmo isso e estimula um sério exame de consciência sobre as verdadeiras origens da cristandade.

Este é apenas um breve resumo de uma história muito mais complexa, embora seja necessário estabelecer que havia uma tradição joanita. A nossa pesquisa também revelou ligações entre Maria Madalena, o culto da Madona Negra e a deusa egípcia Ísis — mas desculpem-nos, pois, como se diz, é uma outra história, que é também discutida em *Mary Magdalene: Christianity's Hidden Goddess* (2003) de Lynn.[28]

Também é interessante que os lugares-chave nesta história sejam dedicados a João Batista: Florença, a própria cidade de Leonarda, e a catedral de Turim onde o Sudário está guardado. A única escultura sobrevivente em cuja execução Leonardo estava envolvido é a estátua de João Batista, que se encontra na entrada do Batistério em Florença. O último quadro de Leonardo foi *São João Batista*, com o mesmo semi-sorriso da *Monalisa* e apontando para cima com o dedo indicador da mão direita — o ubíquo "gesto de João". Na sua pintura *Adoração dos reis magos*, uma pessoa está em pé perto das raízes elevadas de uma alfarrobeira — a árvore de João — enquanto faz esse gesto. Em seu famoso *cartone*, Santa Ana também faz isso deliberadamente, aparentemente alertando a ingênua Virgem. Pense o que quiser, o discípulo cujo rosto talvez esteja acusadoramente perto de Jesus no quadro *Última Ceia* também está fazendo esse gesto. De toda forma, a mensagem é a mesma: "Lembre-se de João..."

Em outubro de 1993, Lynn foi convidada pelo historiador de arte norte-americana, professor Bill Homer, e sua esposa Christine, para um jantar na Galeria Nacional do Retrato em Londres. Enquanto a conversa fluía, outras pessoas à mesa — colecionadores internacionais de arte e curadores de galerias — lhe pediram que estendesse a pesquisa para este livro. Como era de se esperar, isso causou um pouco de agitação, mas houve bem menos comentários hostis, e até mesmo críticos, que se poderia imaginar. O interesse foi grande, talvez porque, como disse um colecionador: "Se vocês estiverem certos, então aquele pedaço de pano não só é a primeira fotografia no mundo, mas é também um auto-retrato de Da Vinci... Meu Deus, é literalmente o artefato mais valioso do mundo..."

Nós achamos que é, e por essa razão exortamos as autoridades da Igreja a ter cuidado com ele, embora nossas palavras provavelmente não sejam ouvidas. Mas não é apenas um Leonardo não descoberto até agora; não é apenas a primeira fotografia conhecida no mundo; é bem mais que isso.

As pessoas que crêem na autenticidade dizem que o Sudário é uma "bomba-relógio", que ele carrega uma profunda mensagem espiritual através dos séculos, que irá explodir num mundo dissoluto e descrente quando sua hora realmente chegar. Nós concordamos com isso. Mas o teor da mensagem não é o que estão esperando, mesmo que milhares estejam esperando avidamente por ela. Leonardo via o Sudário como um talismã mágico, um objeto impregnado com as sementes da própria vida do mestre, uma mensagem numa garrafa atirada aos mares do futuro.

Com uma das ironias mais extremas da história, o Sudário de Leonardo desafia a mesma religião que ele supõe personificar tão incomparavelmente — não como um foco para a devoção cristã, mas, em vez disso, uma feroz crítica joanita ao próprio Jesus. O Sudário de Turim é o último objeto na face da Terra que poderia ser considerado uma relíquia verdadeiramente cristã: na verdade, é um canto de louvor à heresia. Não só temos a mensagem subliminar da cabeça cortada posicionada "sobre" o corpo crucificado, mas Leonardo foi mais longe, cuidadosamente dando ao homem sangue que ainda jorrava, indicando que, na medida que o sangue não jorra num cadáver, Jesus ainda estava vivo quando foi retirado da cruz. E, como se supõe que ele tenha dado o seu sangue em sacrifício para nos salvar a todos, um martírio malogrado prejudica a religião cristã por inteiro. Se ele não morreu na cruz, ele não era filho de Deus e a Igreja tem alimentado o rebanho com mentiras. Sim, de uma forma bem diferente, o Sudário de Turim *é* uma bomba-relógio.

Nada acerca do Sudário de Leonardo é um acidente. Cada detalhe conta uma história — do jeito dele — e foi planejado para atingir o maior público possível. Então, tinha tudo a ver com o seu humor negro característico assegurar-se de que essa, a sua obra mais audaciosa e inovadora, fosse preservada para a posteridade — talvez até que fosse reconhecida pelo que era — *exatamente pelos mesmos sacerdotes da Igreja que ele tanto desprezava.* Ao utilizar a técnica fotográfica para criar a mais importante relíquia cristã, ele lhe deu a melhor chance de sobreviver por séculos. Se essa é uma boa piada, ainda há uma melhor (embora haja milhões que provavelmente a considerariam de mau gosto). Já que a imagem do rosto não é a de Jesus, mas sim do artista, Leonardo, sem dúvida, adivinhou — corretamente — que gerações de peregrinos fariam o sinal-da-cruz, com reverência, diante da *imagem dele.* Não só Leonardo, servindo de modelo para a *Monalisa*, foi aclamado como "a mulher mais linda do mundo", mas durante séculos também foi venerado como o Filho de Deus... talvez, alguns possam pensar, uma façanha grande demais para apenas um homem, que já está morto há muito tempo. O seu gênio em outros campos quase perde em comparação. Leonardo, o falsificador, e Leonardo, o herege, podem ser conceitos novos para o mundo, mas talvez ele preferisse que os reconhecêssemos em vez de ficar estudando cuidadosamente os seus esboços de engenharia ou desenhos de dragões.

Se, como acreditamos, a Igreja originalmente incumbiu Leonardo de falsificar o Sudário, então certos conspiradores dentro do Vaticano ainda devem conhecer a sua natureza verdadeira. Na primeira edição deste livro, dissemos "por esse motivo, talvez descubramos muito em breve que o Sudário de Turim foi 'roubado', ou que 'se desintegrou' com uma velocidade conveniente". Acabou que essa frase foi quase profética, pois o fogo na Catedral de Turim, em abril de 1997, por pouco não destruiu o pano. Embora o incêndio tenha sido relatado na época como resultado de um acidente, provavelmente devido a uma falha elétrica no equipamento de construção na Capela Real, agora é praticamente certo de que foi incêndio criminoso. Na verdade, a polícia recebeu um alerta mais cedo aquela noite (e nesse caso, perguntamo-nos por que o incendiário quase conseguiu queimar o lugar, especialmente, já que a catedral estava recebendo 130 convidados eminentes, incluindo o secretário-geral das Nações Unidas, naquela noite).[29] Também houve, misteriosamente, um aparente atraso de uma hora antes que os bombeiros fossem chamados.[30] É claro que pode haver muitos motivos — desde o vandalismo gratuito até uma manifestação política por grupos anarquistas italianos (*autonomi*), que estavam protestando do lado de fora da catedral no mesmo dia — mas ninguém jamais assumiu a responsabilidade e nenhum culpado foi encontrado. Ninguém sabe quem causou o incêndio e por quê.

Mesmo se o Sudário de Turim fosse totalmente destruído — ou desaparecesse misteriosamente — amanhã, isso não seria o fim da história de Leonardo. Como um revolucionário espiritual implacavelmente determinado, ele fez parte de um grande movimento herético que se estendeu por séculos. Ele não estava trabalhando sozinho e, mesmo quinhentos anos mais tarde, as suas ambições são compartilhadas por novas gerações de joanitas — como sugerem os antecedentes de Giovanni. Contudo, o importante sobre as informações de Giovanni, que no começo pareciam tão ultrajantes, foi que elas *corresponderam à verdade* em quase todos os detalhes. Obviamente, as sociedades secretas joanitas das quais ele era membro queriam que isso fosse revelado. E agora — como pesquisadores que investigam o assunto há anos — nós também.

EPÍLOGO

À SUA IMAGEM

Muitos críticos rejeitaram a nossa teoria porque não existem evidências *concretas* e incontestáveis que liguem Leonardo ao Sudário — nenhum elo entre ele e a relíquia ou aos seus donos, os Sabóia. Nós apresentamos algumas provas instigantes, mas, infelizmente, circunstanciais, ligando o mestre florentino à mortalha de Jesus; entretanto, como ele e seus companheiros conspiradores estavam jogando um jogo extremamente perigoso na tentativa de falsificar a relíquia mais sagrada da cristandade — o castigo, se fossem descobertos, seria inimaginável —, eles teriam que ter trabalhado no mais absoluto sigilo. Eles teriam se assegurado da inexistência de cartas ou outros documentos que pudessem incriminá-los largados por aí. Mas, é claro, a falta de provas tangíveis foi, em última instância, extremamente frustrante para nós, mesmo quando o destino nos escolheu para recuperar a "mensagem na garrafa" para a posteridade.

Todavia, um pouco antes da edição revisada e atualizada deste livro ser produzida, fomos abalados por mais outro, quase mágico, momento "eureca!", que forneceu resposta aos críticos. Na verdade, graças a um desses caprichos do destino, que parecem nos seguir, percebemos que as evidências — se não provas — de uma ligação entre Leonardo e o Sudário tinha estado, literalmente, na nossa cara todo o tempo...

Isso nos veio em forma de uma pintura de Leonardo chamada *Salvator Mundi* (Salvador do mundo). Um tema popular na arte e iconografia cristãs da Idade Média, foi — ironicamente, dadas as circunstâncias — inspirado pelas representações artísticas do Mandylion, o pano sagrado de Edessa, e outras imagens *acheiropoieta* (não feitas por mãos humanas).[1] Das várias e diferentes versões, a contribuição de Leonardo para o gênero é tipicamente chamativa e um tanto perturbadora. A visão de Jesus olhando para você, com a mão direita erguida fazendo o sinal de bênção e um globo na mão esquerda, é, no mundo de hoje, um retrato pouco atraente de Jesus: os seus olhos são frios, quase glaciais — ou, talvez, totalmente mortos. Esse não é um Cristo acolhedor e, com certeza, não parece afetuoso.

Não só existem referências contemporâneas ao *Salvator Mundi* de Leonardo, como também foi uma de suas obras mais copiadas — cerca de uma dúzia de cópias chegou aos nossos dias. Os seus alunos começaram a fazer cópias antes mesmo que o mestre tivesse terminado o quadro. Sabe-se que o original de Leonardo sobreviveu até a metade do século XVII, mas até recentemente acreditava-se que estava perdido.

Contudo, na década de 1970, Joanne Snow-Smith, da Universidade de Washington, em Seattle, construiu um caso forte (exposto em seu livro de 1982, *The Salvator Mundi of Leonardo da Vinci*) de que uma das "cópias" pintadas numa tela de madeira e, na época, parte da coleção do marquês Jean-Louis de Ganay, em Paris, era, na verdade, o original "perdido" de Leonardo. A argumentação dela — que convenceu muitos especialistas e historiadores da arte eminentes — se baseava em várias linhas de pesquisa, incluindo estilo, uso das cores, materiais e técnica, como também o exame sob o raio X, luz ultravioleta e luz infravermelha, conduzidas pelo laboratório do Louvre. Descobriu-se que a técnica do *Salvator Mundi* era muito parecida com a empregada no *São João Batista*, de Leonardo — por exemplo, a ausência total de pinceladas perceptíveis, uma característica de seus últimos trabalhos. Joanne Snow-Smith concluiu que o *Salvator Mundi* de Leonardo era resultado de uma incumbência de Luís XII da França, completado em 1513, após Leonardo ter trabalhado nela durante talvez quatro ou seis anos, na mesma época em que também estava pintando o seu amado *São João Batista*.[2]

O *Salvator Mundi* já havia cruzado os nossos caminhos antes. Como era o único retrato de rosto inteiro de Cristo, nós pensamos em compará-lo com o rosto do homem no Sudário para o caso de que tivesse alguns segredos para contar. Contudo, deixamos a idéia de lado porque, no começo dos anos 1990, teríamos que ter feito a comparação à mão — um processo complicado e trabalhoso de medição e aumento proporcional. E, de qualquer maneira, ao menos superficialmente, além de mostrar Jesus em uma pose parecida, as duas imagens não são tão parecidas assim: o Cristo de o *Salvator Mundi* é mais jovem, com uma pele lisa (especialmente na testa) — talvez uma aparência um pouco mais feminina do que a do homem no Sudário, aparentemente enrugado. Mas, pouco depois de terminarmos, em 2005, as revisões para esta mais recente edição, nos lembramos que o software disponível hoje em dia facilitaria o processo de comparação. Então, finalmente, nós o fizemos — e, de repente, a nossa teoria de Leonardo passou a ter um pouco mais que um vislumbre de provas evasivas. Talvez o Santo Graal da pesquisa do Sudário estivesse ao nosso alcance afinal...

Primeiro, digitalizamos fotografias do homem no Sudário e o *Salvator Mundi* e ajustamos as imagens digitais até que estivessem na mesma escala. Depois, utilizando um editor de fotos padrão ("PhotoImpression 4", da ArcSoft), nós apenas sobrepusemos as duas imagens e ajustamos a sua transparência relativa de forma que uma sobressaísse mais que a outra, tornando possível que pudéssemos ver onde elas combinavam.

Francamente, quase caímos da cadeira. Ficou imediatamente claro que os rostos do *Salvator Mundi*, de Leonardo, e o homem no

Sudário — que, é claro, acreditamos ser uma imagem fotográfica não só feita por Leonardo, mas do próprio artista — combinaram *perfeitamente.*

Todas as características se correspondiam, como, por exemplo, a forma do rosto, a linha do cabelo e até mesmo o pescoço, que na pintura acaba *exatamente* onde está a "linha demarcatória" no Sudário. E, ao ampliarmos lentamente a transparência da imagem no Sudário, de forma que o *Salvator Mundi* aparecesse mais e mais realçado, dava a sinistra impressão de que o homem no Sudário estava abrindo os olhos e voltando à vida. Talvez, de certa forma, estivesse.

Infelizmente, congeladas no momento da impressão, as imagens em um livro nunca conseguem reproduzir o impacto arrebatador da evidência surgindo lentamente na tela diante de nossos olhos, mas a comparação em uma "tela dividida" entre as duas imagens na seção das ilustrações mais que comprova o ponto.

O MOMENTO DA VERDADE

Tendo escaneado imagens de fotografias das duas obras e ajustado-as ao mesmo tamanho relativo, verificamos o tamanho real dos originais. As dimensões precisas do *Salvator Mundi* aparecem no livro de Joanne Snow-Smith, por isso foi fácil achar o tamanho do rosto de Jesus — 18,2cm da linha do cabelo até o queixo. Como sabemos, medir o rosto do homem no Sudário precisamente é difícil pois o contorno da imagem é muito tênue. Entretanto, mesmo deixando a maior margem de segurança possível, descobrimos que as duas imagens diferiam *no máximo* em cerca de 2cm! Em outras palavras, não só elas combinavam no formato/forma como tinham o mesmo tamanho. Embora, à medida que Leonardo pintou o seu Jesus de tamanho natural, esperássemos que os dois tivessem, aproximadamente, o mesmo tamanho — como já dissemos antes, o rosto do homem no Sudário está na escala correta para um ser humano, mesmo que fora de proporção se comparado com o corpo de gigante —, a semelhança era simplesmente assombrosa.

Todavia, percebemos que tínhamos que ser prudentes. Apesar da semelhança impressionante, por causa do aspecto tênue e borrado da imagem no Sudário, nós queríamos achar alguma forma de verificar que não estávamos vendo o que simplesmente não estava lá — como no caso daqueles que percebem semelhanças entre o Sudário e a menor das moedas, ou letras gregas, vassouras e esponjas. Ocorreu-nos que havia uma maneira de fazer isso — comparando o *Salvator Mundi* ao retrato de Ariel Aggemian, pintado a partir de uma fotografia do homem no Sudário de 1935.

Quando empregamos a mesma técnica de sobrepor as duas imagens, mais uma vez ficamos sem fôlego. Os resultados foram igualmente impressionantes e emocionantes. Novamente, combinaram perfeitamente. Enquanto as imagens se fundem na tela do computador, todas as características permanecem inalteradas, com exceção dos olhos, que no *Salvator Mundi* são maiores e levemente mais afastados um do outro. É claro, como os olhos do homem no Sudário estão fechados, Aggemian teve que imaginar como seriam os olhos quando abertos. Contudo, embora os dois pares de olhos sejam diferentes em tamanho e forma, as cavidades oculares são idênticas. (As sobrancelhas também diferem, mas, novamente, Aggemian teve que usar sua imaginação.) As características restantes, e a forma e tamanho geral do rosto, simplesmente não mudam. A sobreposição do *Salvator Mundi* e do retrato de Aggemian revela o fato de que os dois rostos combinam perfeitamente. Apesar das diferenças superficiais à primeira vista, basicamente, *estamos olhando para o mesmo homem*.

Levou algum tempo para que absorvêssemos as implicações extraordinariamente abrangentes da descoberta. Eis que tínhamos duas pinturas, pintadas com quatrocentos anos de diferença, que combinavam perfeitamente. Normalmente, isso seria explicado pelo fato de que o trabalho posterior fora pintado a partir do anterior. Contudo, nesse caso sabemos que o retrato de Aggemian foi copiado do Sudário de Turim. A única conclusão lógica é que o *Salvator Mundi*, de Leonardo, também foi copiado do Sudário...

É claro, poderia argumentar-se que teríamos achado tal combinação/semelhança usando outros *Salvator Mundis*, então, verificamos. Escaneamos todas as outras variações sobre o tema que pudemos encontrar (obviamente, evitando aquelas baseadas no *Salvator Mundi* de Leonardo), como também outros retratos de rosto inteiro de Jesus de séculos atrás. Nenhuma outra imagem combinou com a do Sudário ou com o retrato de Aggemian com tamanha precisão como o *Salvator Mundi* de Leonardo.

No mínimo, isso prova, sem sombra de dúvida, que *havia* uma ligação entre Leonardo e o Sudário que foi tão abertamente dispensada pela maioria dos sudaristas. A semelhança entre as duas imagens é precisa demais para ser coincidência. (Apesar da riqueza de provas acumuladas por Joanne Snow-Smith, a identificação que fez de o *Salvator Mundi*, do marquês de Ganay, como o original de Leonardo não é aceita por todos os especialistas em arte. Todavia, mesmo aqueles que acreditam que o quadro seja a cópia feita por um aluno, reconhecem que, de todas as versões existentes, é de longe a mais fiel à técnica e ao estilo de Leonardo — e, conseqüentemente, uma reprodução fiel do original.)

É claro que a nossa descoberta não prova que o resto da nossa hipótese esteja correta: que Leonardo tenha criado a imagem no Sudário fotograficamente, ou, necessariamente, que tenha usado o seu próprio rosto como modelo. Mas prova uma ligação, de outra forma não-registrada e não-documentada, entre Leonardo e o Sudário — e que ele tinha um interesse pessoal na relíquia.

Existem somente duas explicações possíveis para a combinação perfeita das duas imagens. A mais óbvia é que Leonardo, deliberadamente, baseou o seu *Salvator Mundi* no Sudário de Turim. (A semelhança é grande demais para que o *Salvator Mundi* tenha sido pintado de memória — ao menos, deve ter sido esboçado diretamente da imagem no Sudário.) Mas *por que* é que ele ia querer que o seu Cristo fosse idêntico ao do Sudário? Dado o que descobrimos sobre a sua inclinação herética — o seu joanismo anti-Cristo — é improvavel que, de todas as pessoas, logo ele pintasse usando o Sudário como modelo porque quisesse divulgar a sua santidade. Será que o *Salvator Mundi* foi, na verdade, um outro dos "códigos Da Vinci" reais transmitido a nós do futuro — uma indicação tangível de que ele era o verdadeiro criador do Sudário?

Se Joanne Snow-Smith estiver certa, o *Salvator Mundi* foi pintado durante os últimos anos de vida de Leonardo, no começo da década de 1510, quando ele estava em Milão, e o Sudário, em Chambéry. (Como acreditamos que o "Santo Sudário" substituto de Leonardo já estava sendo exibido desde 1494, o *Salvator Mundi* foi pintado mais de uma década depois.) Se Leonardo foi ver o Sudário, é estranho que não haja registro de uma visita tão importante — afinal, ele era uma celebridade na sua época — ou o fato de que o seu retrato de Cristo fora baseado na relíquia. Portanto, a visita deve ter sido mantida em segredo, por algum bom motivo.

Existe uma outra possibilidade. Talvez a semelhança possa ser explicada caso Leonado não tenha pintado o seu *Salvator Mundi* a partir do Sudário, mas baseado em *sua própria imagem* — pintando a si mesmo como o Cristo (como fez Albrecht Dürer uns dez anos antes). Nesse caso, a semelhança entre os dois provaria a nossa alegação de que o homem no Sudário é Leonardo. Ao nosso ver, essa alternativa é menos provável, pois o artista envelheceu rapidamente no período entre a criação do Sudário e do *Salvator Mundi* (acredita-se que o famoso auto-retrato na Biblioteca Real de Turim data de 1514, aproximadamente a mesma época que o *Salvator Mundi*).

Se estivermos certos e a imagem no Sudário é uma fotografia do próprio Leonardo, então é possível que ambas as explicações possam estar corretas. Quando pintou a si mesmo como um homem mais jovem no *Salvator Mundi*, talvez — como muitos outros artistas desde então, mas não antes — Leonardo da Vinci simplesmente tenha se baseado numa fotografia de si mesmo para fazer o autorretrato, centenas de anos antes do nascimento reconhecido da fotografia. Talvez aquela fotografia tenha sido, mesmo que menos conhecida, a sua maior obra: o Sudário de Turim.

NOTAS E REFERÊNCIAS

INTRODUÇÃO: IRONIA E INSPIRAÇÃO

1. "How a Nun upstaged Tom Hanks over Da Vinci Film", *Daily Mail* de 16 de agosto de 2005.

CAPÍTULO 1: MAIS PERGUNTAS QUE RESPOSTAS

1. Walsh, p. ix.
2. Durante os testes realizados pelo Sturp em 1978, cientistas encontraram vestígios de piche próximo às bordas dos buracos, consistentes com pingos acidentais de uma tocha. Veja Schwalbe e Rogers.
3. Pia escreveu seu relato do descobrimento em "Memoria sulla riproduzione fotografia della santíssima Sindone" (1907), que foi reimpressa na edição de abril de 1960 de *Sindon*. A história completa também aparece no capítulo 2 do livro de John Walsh, *The Shroud*.
4. *Sindon*, abril de 1991.
5. Veja, por exemplo, as tentativas realizadas um pouco depois da descoberta de Pia por dois artistas italianos, Carlo Cussetti e Enrico Raffi, reproduzidas em Wilcox.
6. Enrie escreveu seu relato, *La Santa Sindone rivelata dalla fotografia* (Turim, 1938). Novamente, John Walsh tem o relato completo no capítulo 10 de *The Shroud*.
7. O relatório da comissão foi publicado na *Rivista Diocesa Torinese*, janeiro de 1976. Um relato detalhado do seu trabalho e descobertas aparece na parte 2 de *The Turin Shroud*, de Ian Wilson.
8. Produzido e dirigido por David Rolfe. Havia também um livro acompanhando, escrito por Peter Brent e David Rolfe.
9. Brent e Rolfe, p. 9.
10. As descobertas do Sturp foram publicadas em vários periódicos científicos. Resumos podem ser encontrados no livro de Ian Wilson *Evidence of the*

Shroud e em *Report on the Shroud of Turin*, de John Heller. O livro de Wilson contém a bibliografia completa dos trabalhos do Sturp.

11. Sox, pp. 21-2.
12. Wilson, *The Blood and the Shroud*, pp. 105-6.
13. Os achados completos dos laboratórios foram publicados em *Nature*, em 16 de fevereiro de 1989, em um trabalho assinado por todos os cientistas envolvidos. Para um relato completo acerca da datação por carbono-14, veja o livro do professor Gove.
14. Citado no *Independent*, 14 de outubro de 1988.
15. Citado no *Fortean Times*, nº 51, p. 4.
16. Wilson, *The Turin Shroud*, p. 95.
17. Wilson, *The Evidence of the Shroud*, p. 136.
18. Wilson, *Holy Faces, Secret Places*, p. 255. No boletim informativo da BSTS (nº 31, maio de 1992) Wilson, o editor, comparou a discussão após a datação por carbono-14 à luta ao se dividirem as roupas de Jesus ao pé da cruz.
19. Hoare, *A Piece of Cloth*, p. 19.
20. Carta de Rodney Hoare para Clive Prince, 12 de abril de 1993.
21. *La Contre-Reforme Catholique au Xxe Siècle*, nº 238, abril de 1991.
22. Citado em Kersten e Gruber, p. 321.
23. *BSTS Newsletter*, nº 47 (maio/julho de 1993). Os comentários de Ballestrero foram publicados pela primeira vez numa revista carmelita, e então extraídos pela mídia italiana e alemã.
24. *BSTS Newsletter*, nº 35 (setembro de 1993), pp. 18-20.
25. Wilcox, pp. 59-73.
26. Marino e Benford.
27. Rogers, "Studies on the Radiocarbon Sample from the Shroud of Turin". Em seu trabalho, que apareceu na *Thermochimica Acta*, Rogers afirma não apenas que a datação de 1988 estava errada, mas ele encontrou uma outra forma de datar o Sudário — que mostrava que ele, afinal, podia ser genuíno. Ele baseou-se nas medições de vanilina, um carboidrato produzido quando a lignina no linho se rompe; com o passar do tempo a quantidade de vanilina diminui e, no final, desaparece totalmente. Rogers descobriu que amostras retiradas do Sudário não continham nenhuma vanilina, enquanto que as do forro (adicionado em 1534), e de outros panos medievais de linho, contêm. Rogers argumentou que isso indica que o Sudário é muito mais velho que os outros panos — ele calculou que o Sudário tem pelo menos 1.300 anos de idade, provavelmente mais.

    Essas conclusões foram criticadas por vários motivos (veja, por exemplo, Nickell, "Claims of Invalid 'Shroud' Radiocarbon Date Cut from Whole

Cloth"). Novamente, as amostras que ele usou foram simplesmente pequenas demais para conclusões tão abrangentes. É possível que algo na história do Sudário — a forma com que foi armazenado, ou o incêndio de 1532 — tenha afetado o conteúdo de vanilina. (Rogers reconheceu que o calor reduz o conteúdo de vanilina — o que, como nem ele nem nenhum outro pesquisador moderno esteve presente, era um argumento um tanto enganador.) Outros críticos apontam que o método que Rogers usou para determinar a quantidade de vanilina — no qual acrescenta-se uma substância química que muda de cor quando reage com a vanilina — não é particularmente exato, e que ele ignorou outros métodos mais precisos.

Finalmente, as medições de vanilina nunca foram usadas dessa forma antes, como uma maneira de determinar a idade de um pano — então Rogers estava, de fato, criando uma ciência totalmente nova. Os críticos dizem que um número bem maior de amostras, de épocas conhecidas, precisariam ser testadas antes que uma técnica assim pudesse ser aceita. (Para um debate equilibrado das alegações de Rogers, veja o website *Religious Tolerance*: www.religioustolerance.org/chr_shro7.htm.)

28. Jumper et al., pp.454-6.
29. Um exame do forro em 2002 revelou que a imagem do cabelo penetra o pano — uma descoberta bastante importante em vista das nossas conclusões, como explicado no Capítulo 8.
30. Citado em Sox, p. 45.
31. Vignon, *The Shroud of Christ*, p. 137.
32. Heller e Adler.
33. Por exemplo, Raymond Rogers numa palestra à BSTS em junho de 1980.
34. *BSTS Newsletter*, nº 42 (janeiro de 1996), pp. 6-8 (reproduzido a partir de *Avenire*, 7 de outubro de 1995).
35. Barbet, Capítulo 5.
36. Citado em ibid., p. 112.
37. Ibid., Capítulo 3.
38. Hoare, *A Piece of Cloth*, Capítulo 6.
39. Barbet, p. 21.
40. As descobertas de Willis estão resumidas em Wilson, *Turin Shroud*, pp. 42-3.
41. Currer-Briggs, *Shroud Mafia*, pp. 27-8.
42. Hoare, *A Piece of Cloth*, Capítulo 6.
43. Sox, pp. 26-7.
44. Foley, p. 15.
45. Alan Whanger.

46. Guscin, pp. 7-8.
47. Schonfield, p. 278.

Capítulo 2: O Veredicto da História

1. Turston, *The Turin Shroud and the Verdict of History*, p. 29.
2. A carta se encontra preservada na Biblioteca Nacional, em Paris (coleção Champagne, vol. 154, fólio 138). Uma tradução do texto completo da carta d'Arcis feita pelo Rev. Herbert Thurston foi publicada em *The Month*, em 1903, e foi reproduzida em *The Turin Shroud* de Wilson e em *The Image on the Shroud* de Sox.
3. Wilson, *The Turin Shroud*, p. 100.
4. O texto em latim é como se segue: *Et tandem, solerti diligencia precedente et informacione super hoc facta, finaliter reperit fraudem et quomodo pannus ille artificialiter depictus fuerat, et probatum fuit ecian per artificem qui illum depinxerat, ipsum humano ope factum, nom miraculose confectum vel concessum.*
5. Nickell, *Inquest on the Shroud of Turin*, p. 15.
6. Nos arquivos do Departamento de Aube.
7. Mesmo um ano mais tarde, em 1357, não havia menção do Sudário na lista das relíquias de Lirey.
8. Apesar disso, alguns defensores da autenticidade insistem que a data mais antiga em que se sabe que o Sudário existiu foi 1353, já que foi quando a igreja de Lirey foi fundada. Para eles, o período de quatro ou cinco anos é considerado crítico.
9. Wilson, *The Turin Shroud*, p. 241.
10. Citado em Cope, p. 157.
11. Citado em Nickell, *Inquest on the Shroud of Turin*, p. 23.
12. Cope, p. 157.
13. A mais antiga teoria deste tipo foi proposta por Hippolyte Chopin em 1900. Uma versão mais recente foi apresentada por Geoffrey Craley no *British Journal of Photography* em março de 1967.
14. John Tyrer, *BSTS Newsletter*, dezembro de 1988. Tyrer foi extraordinariamente rápido, já que a sua carta é datada de 10 de outubro de 1988 — apenas uma semana depois da liberação dos resultados da datação por carbono-14.
15. Por exemplo, John A. T. Robinson, *The Shroud and the New Testament*, em Jennings.
16. Embora se acredite que o de João foi o último dos evangelhos a ser escrito, ele é o único que alega ter se originado de uma testemunha ocular (o próprio

discípulo). Muitos estudiosos concluíram que, em função da sua atenção a detalhes e conhecimento íntimo da disposição e costumes de Jerusalém na época de Jesus, esse evangelho é, de fato, extraído da narrativa de uma testemunha, entre outras fontes. Veja o nosso livro *A revelação dos templários.*

17. O estudo mais completo é o de Maurus Green.
18. Ian Wilson, *The Blood and the Shroud*, p. 164.
19. Shaw, p. 92 (As *Chronicles of the Crusades* de Shaw contêm o relato completo de Godofredo de Villehardouin sobre a Quarta Cruzada.)
20. Traduzido no vol. III de Roberts e Donaldson.
21. Palestra inaugural de Cameron, "The Sceptic and the Shroud", dada em abril de 1980, foi publicada em forma de livreto pela King's College, Londres. Nossos agradecimentos ao falecido Alan Willis por conseguir-nos uma cópia.
22. Currer-Briggs, *Shroud Mafia*, p. 42.
23. Ian Wilson, *The Blood and the Shroud*, pp. 175-6.
24. Ian Wilson, *Holy Faces, Secret Places*, p. 213.
25. Ian Wilson, *The Turin Shroud*, pp. 189-90.
26. Ibid., p.169.
27. Philip M. J. McNair, *The Shroud and History: Fantasy, Fake or Fact?* em Jennings.
28. Brent e Rolfe, p. 67.
29. Este grande desastre editorial chegou ao ponto crítico em 1983 quando a revista *Stern* comprou os supostos diários de Adolf Hitler por quatro milhões de dólares, depois que três especialistas em caligrafia, inclusive Frei, garantiram que eram verdadeiros. Contudo, logo depois que os trechos foram publicados na *Stern* e no *Sunday Times*, exames forenses demonstraram que os diários, na verdade, eram falsificações toscas. Frei cometera o erro de utilizar para a sua comparação amostras de caligrafia forjadas, fornecidas a ele pela mesma fonte dos diários, apesar da disponibilidade de amostras genuínas da caligrafia do Führer. Veja Robert Harris, pp. 181-2 e 195-6.
30. Schwalbe e Rogers, p. 47.
31. Ian Wilson, *The Blood and the Shroud*, p. 121.
32. Nickell, "Pollens on the 'Shroud'", p. 382.
33. Ian Wilson, *The Blood and the Shroud*, pp. 119-21.
34. ibid., p. 121.
35. Nickell, "Pollens on the 'Shroud'", p. 384.
36. Ibid.
37. Veja Ian Wilson, *The Turin Shroud*, pp. 215-6, e Currer-Briggs, *The Shroud and the Grail*, pp. 105-6.
38. Currer-Briggs, *The Shroud and the Grail*, Capítulos 5 e 6.

39. Veja Ian Wilson, *The Evidence of the Shroud*, pp. 107-10.
40. Para resumos das alegações de Whanger, veja Danin, "Pressed Flowers" e Iannone, "Floral Images and Pollen Grains on the Shroud of Turin".
41. Veja, por exemplo, o editorial de Ian Wilson na *BSTS Newsletter*, nº 46 (novembro/dezembro de 1997).
42. Danin e Baruch.
43. Veja a crítica de Bryant do livro de Danin, Baruch e os Whangers em *Palynos: Newsletter of the International Federation of Palynological Studies*, vol. 23, nº 1, junho de 2000. pp. 10-14.
44. Ibid., p. 14.
45. Ian Wilson, *Holy Faces, Secret Places*, Capítulo 12.
46. Cope, Ilustração VII.
47. Ian Wilson, *The Blood and the Shroud*, pp. 168-71.

Capítulo 3: Teorias

1. Schwalbe e Rogers, p. 45.
2. Hoare, *A Piece of Cloth*, p. 139.
3. Sobre "fotografia mental", veja Picknett, *Encyclopaedia of the Paranormal*, pp. 79-80.
4. Veja Ian Wilson, *The Turin Shroud*, Capítulo 24. A teoria já foi postulada em 1931 por P. W. O'Gorman.
5. Por exemplo, Ian Wilson, *The Turin Shroud*, pp. 280-1.
6. Rogers, "The Shroud of Turin: Radiation Effects, Aging and Image Formation".
7. Hoare argumentou que o Sudário prova que a Ressurreição foi meramente uma recuperação do coma, o que mostra que Jesus era simplesmente humano e não divino. Estranhamente, Hoare não via isso como um obstáculo ao seu anglicanismo, e, ademais, acreditava que o Sudário havia sido divinamente protegido para trazer essa "mensagem" ao presente, quando seria o instrumento que realizaria a reconciliação entre cristãos, judeus e muçulmanos. (Hoare, *The Testimony of the Shroud*, p. 122.)
8. Ian Wilson, "Riddle of the Dead Man's Hand". Veja também *Fortean Times*, nº 51, p. 7.
9. McCrone, "Authenticity of Medieval Document tested by Small-Particle Analysis".
10. Cahill *et al.* Para um relato da controvérsia, veja Shoemaker.
11. Citado em Shoemaker, p. 24.
12. Sox, p. 22.

13. McCrone publicou os seus resultados em uma série de três artigos em *The Microscope* e em seu livro *Judgment Day for the Shroud of Turin*. O texto completo do segundo relatório de McCrone ao Sturp (rejeitado por eles) se encontra em Sox, Apêndice B.
14. Ian Wilson, *The Evidence of the Shroud*, p. 63.
15. Detalhes deste debate altamente técnico — cuja maioria só apareceu em correspondência particular e nas páginas do boletim interno do Sturp — se encontram em Sox.
16. Morris, Schwalbe e London.
17. Heller e Adler, "A Chemical Investigation of the Shroud of Turin".
18. Heller e Adler, "Blood on the Shroud of Turin".
19. Veja Sox, p. 39.
20. Publicado no primeiro dos artigos de *The Microscope*.
21. Sox, p. 39.
22. Ian Wilson, *The Evidence of the Shroud*, pp. 87-8.
23. Nickell, *Inquest on the Shroud of Turin*, Capítulo 9.
24. Veja Sox, p. 88, e a carta de César Tort no *Journal of the Society for Psychical Research*, vol. 56, nº 820 (julho de 1990).
25. Por exemplo, Ian Wilson, *The Turin Shroud*, pp. 277-8.
26. Hoare, *A Piece of Cloth*, p. 72.
27. O trabalho de Freeland permanece inédito mas é amplamente citado em Sox.
28. Nickell, *Inquest on the Shroud of Turin*, p. 60.
29. Anthony Harris, p. 77.
30. Ian Wilson, *The Blood and the Shroud*, p. 59.
31. Ibid., pp. 59-62.
32. Schwalbe e Rogers, p. 10.

Capítulo 4: Correspondentes

1. Citado em Ian Wilson, *Holy Faces, Secret Places*, p. 33.
2. Baigent, Leigh e Lincoln, *A herança messiânica*.
3. *Leonardo — The Man Behind the Shroud*, produzido pela Stefilm e HIT Wildlife para o Canal National Geographic, dirigido por Susan Gray, 2001.
4. Para um relato mais completo do mistério de Rennes-le-Château, veja os Capítulos 7 e 8 do nosso livro *A revelação dos templários*. Acerca da ligação com o Priorado de Sião, veja os Capítulos 3 e 4 do nosso livro *A revelação de Sião*.
5. Alega-se, com freqüência, que Saunière sofreu o ataque do coração ou derrame que acabaria por matá-lo no dia 17 de janeiro, uma data de significado

especial para o Priorado de Sião. Contudo, embora o padre tivesse sofrido o ataque alguns dias antes de sua morte, registros contemporâneos não especificam a data precisa. Fixar a data como sendo 17 de janeiro parece ter sido parte de uma criação de mito posterior à qual o caso Saunière foi sujeitado.

6. *The Lost Treasure of Jerusalem?* (1972), *The Priest, the Painter and the Devil* (1974) e *The Shadow of the Templars* (1979). Todos os três fizeram parte da série *Chronicle* da BBC.
7. Uma lista completa dos supostos grão-mestres aparece no Apêndice 1 de *A revelação de Sião*.
8. Existem provas, desconhecidas para nós na época em que escrevemos a primeira edição deste livro, de que o Priorado de Sião estava, de fato, atravessando um período de agitação/sublevação interna na época — veja *A revelação de Sião*.
9. Robert Anton Wilson.
10. Este assunto é discutido mais profundamente em *A revelação de Sião*, Capítulo 6.
11. Carta de Ian Wilson a Clive Prince, 5 de junho de 1991.
12. Conversa telefônica entre Lynn Picknett e Ian Dickinson, em janeiro de 1994.
13. Kersten e Gruber, p. 64.

Capítulo 5: "O Irmão Italiano de Fausto"

1. Citado em Rinaldi, p. 37.
2. Brent e Rolfe, p. 78.
3. Ian Wilson, *The Evidence of the Shroud*, p. 82.
4. Currer-Briggs, *The Shroud and the Grail*, p. 31.
5. Kersten e Gruber, p. 15.
6. Veja Ian Wilson, *The Evidence of the Shroud*, Capítulo 5.
7. Anthony Harris, Capítulo 3.
8. Augusto Marinoni, *La bicicletta*, Apêndice à Reti, vol. II.
9. Quigley, p. 32.
10. Bramly, p. 443.
11. Baigent, Leigh e Lincoln, *O Santo Graal e a linhagem sagrada*.
12. A história dos Manifestos Rosa-cruzes e o crescimento subseqüente do movimento são contados em *O Iluminismo Rosa-cruz* de Yates, que inclui traduções dos textos completos dos Manifestos.
13. O homem geralmente aceito como o autor dos Manifestos Rosa-cruzes, Johann Valentin Andreae, também foi responsável pela fundação das Uniões Cristãs, uma rede de sociedades secretas devotadas à preservação do conheci-

mento ameaçado pela Contra-reforma. Alguns acreditam que esses grupos se tornaram, ou, ao menos, influenciaram, o sistema de lojas da maçonaria. O Priorado de Sião afirma que Andreae foi o seu décimo sétimo grão-mestre. Veja Baigent, Leigh e Lincoln, *O Santo Graal e a linhagem sagrada*.

14. Veja Thompson, Capítulo XXII.
15. O Priorado de Sião, em seus "Dossiês Secretos", alega que os rosa-cruzes se originaram dos seus graus mais altos.
16. Este diagrama é reproduzido em vários livros sobre os rosa-cruzes e a cabala — veja, por exemplo, Spence, p. 341 — mas apareceu originalmente em um trabalho de B. Arius Montanus intitulado *Antiquitatum Judacarum Libri IX*. A cópia desse trabalho pertencente à Biblioteca Britânica foi reportada como tendo sido roubada. Somos muito gratos à Gareth Medway por essa informação.
17. Yates, *Giordano Bruno e a tradição hermética*.
18. Yates, *The Art of Memory*, p. 224.
19. Yates, *The Occult Philosophy in the Elizabethan Age*, pp. 40-1.
20. Veja o Capítulo 17 de Yates, *The Art of Memory*, para um debate sobre a influência do pensamento oculto no progresso do método científico.
21. Yates, *The Art of Memory*, pp. 153 e 309-11.
22. Yates, *The Occult Philosophy in the Elizabethan Age*, pp. 14-15.
23. Yates, *Giordano Bruno and the Hermetic Tradition*, pp. 76-7.
24. Yates, *The Occult Philosophy in the Elizabethan Age*, p. 187.
25. Yates, *Giordano Bruno e a tradição hermética*, Capítulos IV e V.
26. Hook, p. 11.
27. Ibid., p. 12.
28. Leonardo escreveu que não deixaria que seu corpo se tornasse "uma tumba para outros animais, um albergue dos mortos (...) um recipiente cheio de corrupção" (*Codex Atlanticus*, 76, citado em Bramly, p. 240).
29. Bramly, p. 13.
30. Ibid., p. 357. Além de ter trabalhado com Rustici, Leonardo teve uma longa relação com Tomaso Masini (que usava o nome "Zoroastro de Peretola"), com quem viajou de Florença à corte de Milão em 1482. Em 1493, Masini mudou-se para a sua casa e ainda consta como assistente durante o seu retorno a Florença em 1503. O protetor e mecenas de Leonardo em Roma durante o período de 1513 a 1515 foi Juliano de Médici (o filho de Lourenço e irmão do papa Leão X), que era alquimista.
31. Ibid., p. 387.
32. O historiador francês Jules Michelet, citado em ibid., p. 12.
33. Ibid.

34. A heresia cátara, na verdade, sobreviveu no norte da Itália bem depois de ter sido suprimida na França. Veja Birks e Gilbert, pp. 73-6.
35. Rowden, p. 28.
36. Vasari, pp. 208-13.
37. Ibid., p. 270.
38. Baigent, Leigh e Lincoln, *The Holy Blood and the Holy Grail*, pp. 448-9.
39. *Codex Atlanticus* (Ambrosiana, Milão), 159, citado em Bramly, p. 384.
40. Colado às páginas do Códice, no verso oculto até 1965.
41. Bramly, p. 121.
42. Schwartz.
43. Reportado no *Times* de 14 de dezembro de 1992.
44. Veja Holroyd e Powell, p. 239.
45. Ibid., p. 144.
46. Ibid., p. 143.
47. *Bruxa usando um espelho mágico* é o título pelo qual o estudioso francês Grillot de Givry — que reconhece (p. 306) um possível "significado alquímico" — se refere ao esboço. Entretanto, o Christ College, em Oxford, os donos do desenho, oficialmente listam-no como *Alegoria aludindo à situação política de Milão.*
48. De Givry, p. 350.
49. Citado em Leonardo da Vinci, *The Notebooks of Leonardo da Vinci*, p. 10.
50. Holroyd e Powell, p. 162.
51. De Givry, p. 384.
52. Bramly, p. 25.
53. Manuscrito 19054v na Coleção Real em Windsor.

Capítulo 6: A Conspiração do Sudário

1. Cocteau, *Journal d'un inconnu*, p. 143. (Tradução dos autores.)
2. No seu prefácio a Jennings.
3. Alguns defensores da autenticidade — por exemplo, Mons. Arthur Stapylton Barnes escrevendo na década de 1930 — tentaram argumentar que o Sudário foi, na verdade, mantido na Catedral de Besançon antes de ser adquirido pelos De Charny, e que a cópia de Besançon foi feita naquela época. Não há nenhuma prova para apoiar essa teoria, que é apenas uma conjectura baseada no desejo de dar ao Sudário uma origem pré-Lirey. O Sudário de Besançon era uma cópia do século XVI — veja Ian Wilson, *The Turin Shroud* p. 342.
4. Ian Wilson, *The Blood and the Shroud*, p. 147.
5. Por exemplo, Nickell, *Inquest on the Shroud of Turin*, p. 12.

6. Citado em Humber, p. 120.
7. Ian Wilson, "Mystery of the Missing Mandylion".
8. Ian Wilson, *The Evidence of the Shroud*, p. 70.
9. Veja as páginas 310-12.
10. O documento está incluído em Chevalier. O relato de Sisto se refere apenas ao fato de o Sudário ser "preservado com grande devoção" pelos Sabóia, sem detalhes de onde ou como era mantido.
11. Citado em De Rosa, p. 141.
12. Colin Wilson, p. 345.
13. *Codex* do conde de Leicester (guardado em Holkham Hall, em Norfolk), 10v, e o *Codex Atlanticus*, 87v. Veja Leonardo da Vinci, *The Notebooks of Leonardo da Vinci*, p. 333.
14. Reti, p. 59.
15. Sox, p. 31.
16. Ian Wilson, *The Evidence of the Shroud*, p. 70.
17. Smyth, pp. 288-9.
18. Por convenção, o sobrenome do templário Godofredo se soletra "Charnay". Por motivo de consistência/coerência, soletramos o nome "Charny" no capítulo inteiro. A nossa decisão não acarreta nenhum problema, já que no século XIV não havia nenhum forma padrão de soletrar/escrever as palavras e o nome aparece escrito de várias outras formas em documentos do período.
19. Ian Wilson, *The Turin Shroud*, pp. 222-3.
20. Ibid., pp. 200-15.
21. Veja Barber e Capítulos 3 e 4 de Partner.
22. Currer-Briggs, *The Shroud and the Grail*, pp. 90-1.
23. Kersten e Gruber, p. 203.
24. Ian Wilson, *The Turin Shroud*, pp. 208-9.
25. Currer-Briggs, *The Shroud and the Grail*, Capítulo 1.
26. É até possível que o próprio Jacques Molay (cuja linhagem é motivo de discussão entre historiadores) tivesse parentesco com as famílias De Charny e De Vergy, sendo filho de Henri de Vergy, o bisavô da esposa do Godofredo de Charny de Lirey. Veja ibid., p. 111.
27. Ibid., p. 114.
28. Ibid., p. 150.
29. Veja Shaw, Introdução.
30. O relato histórico padrão dos primeiros dias dos templários é baseado inteiramente em *A History of Deeds Done Beyond the Sea*, escrita por William de Tyre entre 1175 e 1185.
31. Hancock, Capítulo 5.

32. Baigent, Leigh e Lincoln, *The Holy Blood and the Holy Grail*, pp. 85-6.
33. Ibid., p. 88.
34. Ibid.
35. Currer-Briggs, *The Shroud and the Grail*, p. 135.
36. Ibid., p. 152.
37. Ibid., p. 176.
38. Ibid., p. 34.
39. Baigent, Leigh e Lincoln, *The Holy Blood and the Holy Grail*, p. 316.
40. John, p. 302.
41. *Archives Nationales*, JJ77, nº 395.

Capítulo 7: Medindo o Homem do Sudário

1. Discutimos a possibilidade de comparar as imagens utilizando o computador com a própria Lillian Schwartz quando ela visitou Londres no verão de 1993. Durante o jantar com Lillian, seu marido Jack e o nosso colega Tonny Pritchett (que trabalhou com Lillian nos Laboratórios Bell, nos Estados Unidos), esboçamos a nossa teoria e lhe mostramos fotos do Sudário e dos retratos de Leonardo. Embora cativada pela idéia — ela é louca por Leonardo — ela, também, afirmou ser quase impossível provar a ligação utilizando os retratos disponíveis.
2. Bramly, p. 17.
3. Ibid., p. 422.
4. Carta de Ian Wilson para Clive Prince,
5. Durante as perguntas na palestra de Lynn Picknett, *Did Leonardo da Vinci Fake the Turin Shroud?*, no London Earth Mysteries Circle, em 9 de abril de 1991.
6. Citado em Wilcox, pp. 30-1.
7. Nickell, *Inquest on the Shroud of Turin*, p. 109.
8. Ian Wilson, *The Blood and the Shroud*, p. 30.
9. Hoare, *A Piece of Cloth*, p. 75.
10. De Rosa, p. 3.
11. Nickell, *Inquest on the Shroud of Turin*, p. 86.
12. Don Devan, John Jackson e Eric Jumper, *Computer Related Investigations of the Holy Shroud* e John Jackson, Eric Jumper, William Mottern e Kenneth Stevenson, *The Three Dimensional Image on Jesus' Burial Cloth*, ambos em Stevenson.
13. Kersten e Gruber, p. 297.
14. Esta e as citações seguintes encontram-se em Nickell, *Inquest on the Shroud of Turin*, pp. 88-92.

15. Ian Wilson, *The Turin Shroud*, p. 258.
16. Ian Wilson, *The Evidence of the Shroud*, pp. 47-9.
17. Citado em Sox, pp. 106-7.
18. O trabalho de Vala foi publicado pela primeira vez em *Amateur Photographer* em março de 1967. A sua escultura — que aparece, por exemplo, no *Shroud* de Wilcox — ilustra vividamente o aspecto artificial da linha do cabelo e o encurtamento da testa.

Capítulo 8: Revelações Positivas

1. Manuscrito A da Biblioteca do Instituto de França, citado em Reti, vol. II, p. 135.
2. *Codex* do conde de Leicester, 22, citado em Bramly, p. 313.
3. Veja Leonardo da Vinci, *The Notebooks of Leonardo da Vinci*, pp. 107-17.
4. Manuscrito C da Biblioteca do Instituto de França, citado em Bramly, p. 263.
5. O método de Leonardo é descrito por Eder em *History of Photography*, pp. 33-40.
6. "The Spirit of the Shroud", *The Times* de 14 de outubro de 1988.
7. Brent e Rolfe, pp. 130-4.
8. Num tratado intitulado *Perspectiva communis*.
9. *Codex Atlanticus*, vol. D, fólio 8. Veja Leonardo da Vinci, *The Notebooks of Leonardo da Vinci*, p. 113.
10. Manuscrito D da Biblioteca do Instituto de França, citado em ibid., p. 115.
11. Veja Eder, pp. 40-2.
12. Rowden, p. 117.
13. Carta de Rodney Hoare para Clive Prince de 10 de outubro de 1991.
14. Plínio, *Natural History*, xxxiii, 55.
15. Eder, p. 15.
16. Neblette, p. 1.
17. Stroebel e Zaka, p. 709.
18. Eder, p. 77.
19. *Forster Codex I*, no Museu Victoria e Albert.
20. Bramly, pp. 386-7.
21. O primeiro processo patenteado explorando o princípio foi o do escocês Mungo Ponton, em 1839. Houve várias versões do processo básico, por exemplo, o processo com goma e bicromato, o processo Artigues e o processo com carbono. O método levou ao desenvolvimento de processos de impressão fotomecânica, permitindo a reprodução de fotografias impressas, já que podia ser usado para criar clichês a partir de fotografias.

22. Gelatina reage à luz ultravioleta por si própria, sem a adição de sensibilizadores químicos. Entretanto (embora não tenhamos feito experimentos nesse sentido), a reação seria certamente muito mais lenta num papel não sensibilizado, ao ponto que os tempos de exposição se tornariam impraticáveis.
23. Gragson, p. 277.
24. *Codex Atlanticus*, 313v. Veja Bramly, p. 372. Leonardo revela parte da receita, que consiste, curiosamente, de clara de ovo, cola e vários corantes vegetais.
25. Uma técnica semelhante foi proposta como a empregada pelo falsificador do Sudário por Nathan Wilson, professor de Literatura no St Andrews College em Idaho, que anunciou a sua descoberta na revista *Book and Culture* em março de 2005. Wilson pintou uma imagem numa lâmina de vidro e a colocou sobre um pano; então, simplesmente deixou tudo no sol por vários dias. O sol descolorou o pano, criando uma imagem negativa.
26. Baseado nas informações técnicas do fabricante. Cálculos precisos são difíceis por causa das muitas variáveis envolvidas, tais quais o número de lâmpadas usadas, as distâncias entre a lâmpada e o sujeito e entre o sujeito e a câmara, e a reflectividade do sujeito.
27. Ian Wilson, "The New, Restored Turin Shroud".

Capítulo 9: O Último Testamento de Leonardo

1. Manuscrito F da Biblioteca do Instituto de França, citado em Bramly, p. 274.
2. Um parágrafo apareceu na seção do *Guardian* de 15 de setembro de 1994, com um artigo mais longo no *Times* do dia seguinte.
3. Produzido por Trevor Poots e dirigido por Nikki Stockley.
4. Os trabalhos de Allen podem ser achados no seu site, www.petech.ac.za/shroud. A sua crítica à nossa teoria de Leonardo está em "How Leonardo did *not* fake the Shroud of Turin".
5. Ian Wilson, *The Blood and the Shroud*, pp. 274-5.
6. *Fortean Times*, nº 71 (novembro de 1993), p. 65.
7. Carta de Ian Wilson para Clive Prince, de 18 de abril de 1991.
8. Weller, *Concerning the Meeting on May 27 1992*.
9. Gündüz, p. 78.
10. Carta de Michael Clift para Clive Prince, de 21 de fevereiro de 1993.
11. Carta de Rodney Hoare para Lynn Picknett, de 12 de abril de 1993.
12. Carta de Rodney Hoare para Clive Prince, de 29 de maio de 1993.
13. Carta de Rodney Hoare para Clive Prince, de 28 de junho de 1993.
14. Piczek.
15. Ian Wilson, *The Blood and the Shroud*, p. 245.

16. Ibid., p. 250.
17. Ibid., p. 232.
18. Veja Sorensen para um exemplo típico da reação dos defensores da autenticidade à nossa hipótese. Sorensen enumera uma série de objeções, mas esquece de mencionar que nós abordamos e fornecemos contra-argumentos para *cada uma* delas. Enquanto ele pessoalmente possa discordar dos contra-argumentos, ignorar até mesmo o fato de que nós os fizemos demonstra um fervor em descartar o nosso trabalho de uma vez por todas.
19. Ian Wilson, *The Blood and the Shroud*, p. 129.
20. Ibid., pp. 338-9.
21. Carta de Ian Wilson para Lynn Picknett de 11 de junho de 1990.
22. Tradução da reportagem sobre a entrevista coletiva de Saldarini do *Il Tempo* (6 de setembro de 1995), no *Shroud News*, nº 90 (1995).
23. Knight e Lomas, *O segundo Messias.*
24. Ibid.
25. Laidler, *The Divine Deception*, pp. 201-6.
26. Bramly, pp. 262-3.
27. A respeito dos mandeus, veja o nosso livro *A revelação dos templários*, Capítulo 15.
28. Veja ibid., Capítulo 3, e *Mary Magdalene* de Lynn, Capítulo 6.
29. Ian Wilson, *The Blood and the Shroud*, p. 2.
30. *Fortean Times*, nº 100 (julho de 1997), p. 11. Este relato do acontecimento é retirado de reportagens em vários jornais.

EPÍLOGO: À SUA IMAGEM

1. Snow-Smith, Capítulo 5.
2. Ibid., pp. 18-25.

BIBLIOGRAFIA

As entradas principais são para as edições citadas no texto. Quando não for uma primeira edição, os detalhes da publicação original (quando conhecidos) seguem entre parênteses.

Allen, Nicholas P. L., "Is the Shroud of Turin the First Recorded Photograph?", site da Port Elizabeth Technikon, www.petech.ac.za/shroud/isthe.htm, 1993

—— "Verification of the Nature and Causes of the Photo-negative Images on the Shroud of Lirey-Chambéry-Turin", site da Port Elizabeth Technikon, www.petech.ac.za/shroud/nature.htm, 1995

—— "How Leonardo did *not* fake the Shroud of Turin", site da Port Elizabeth Technikon, www.petech.ac.za/shroud/leonard.htm, 1995

—— *The Turin Shroud and the Crystal Lens: Testament to a Lost Technology*, Empowerment Technologies Pty, Port Elizabeth, 1998

Baigent, Michael e Richard Leigh, *The Temple and the Lodge*, Jonathan Cape, Londres, 1989

Baigent, Michael, Richard Leigh e Henry Lincoln, *The Holy Blood and the Holy Grail*, edição revisada, Arrow, Londres, 1996 (Jonathan Cape, Londres, 1982)

—— *The Messianic Legacy*, Jonathan Cape, 1986.

Barber, Malcolm, *The Trial of the Templars*, Cambridge University Press, Cambridge, 1978

Barber, Pierre, *A Doctor at Calvary: The Passion of Our Lord Jesus Christ as Described by a Surgeon*, Image Books, Nova York, 1963 (*Le passion de N-S Jésus Christ selon le chirurgien*, Dillen & Cie, Paris, 1950)

Birks, Walter e R. A. Gilbert, *The Treasure of Montségur: A Study of the Cathar Heresy and the Nature of the Cathar Secret*, Crucible, Wellingborough, 1987

Boussel, Patrice, *Leonardo da Vinci*, Tiger Books, Londres, 1992

Bramly, Serge, *Leonardo: The Artist and the Man*, Michael Joseph, Londres, 1992 (*Léonard de Vinci*, Éditions Jean-Claude Lattés, Paris, 1988)

Brent, Peter, e David Rolfe, *The Silent Witness*, Futura, Londres, 1978
Brucker, Gene A., *Renaissance Florence*, John Wiley & Sons, Londres, 1969
Burman, Edward, *The Templars: Knights of God*, Crucible, Londres, 1986

Cahill, T. A., *et al.*, "The Vinland Map Revisited: New Compositional Evidence on its Inks and Parchment", *Analytical Chemistry*, nº 59, 1987
Cameron, Averil, *The Sceptic and the Shroud*, King's College, Londres, 1980
Cavendish, Richard, *A History of Magic*, Weidenfeld & Nicolson, Londres, 1977
Chevalier, Ulysses, *Étude critique sur l'origine de Sainte Suaire de Lirey-Chambéry-Turin*, A. Picard, Paris, 1900
Clark, Kenneth, *Leonardo da Vinci: An Account of his Development as an Artist*, Cambridge University Press, Cambridge, 1940
Coe, Brian, e Mark Haworth-Booth, *A Guide to Early Photographic Processes*, Victoria and Albert Museum, Londres, 1983
Cope, Christopher, *Phoenix Frustrated: The Lost Kingdom of Burgundy*, Constable, Londres, 1986
Currer-Briggs, Noel, *The Shroud and the Grail: A Modern Quest for the True Grail*, Weidenfeld & Nicolson, Londres, 1987
—— *Shroud Mafia: The Creation of a Relic?*, The Book Guild, Lewes, 1995

Danin, Avinoam, "Pressed Flowers: Where did the Shroud of Turin Originate? A Botanical Quest", *Eretz*, novembro/dezembro de 1997
Danin, Avinoam, e Uri Baruch, "Floristic Indicators for the Origin of the Shroud of Turin", site do Sudário de Turim, www.shroud.com/pdfs/daninx.pdf (trabalho apresentado originalmente no International Congress on the Shroud of Turin, Turim, 6 de junho de 1998)
Danin, Avinoam, Alan D. Whanger, Uri Baruch e Mary Whanger, *Flora of the Shroud of Turin*, Missouri Botanical Garden Press, St Louis, 1999
De Givry, Grillot, *Witchcraft, Magic and Alchemy*, G. G. Harrap, Londres, 1931 (*La muse des sorciers, mages et alchimistes*, Librairie de France, Paris, 1929)
De Rosa, Peter, *Vicars of Christ: The Dark Side of the Papacy*, Bantam Press, Londres, 1988
Doerner, Max, *The Materials of the Artist and Their Use in Painting*, edição revisada, Rupert Hart-Davis, Londres, 1969 (G. G. Harrap, Londres, 1935)

Eder, Josef Maria, *History of Photography*, Columbia University Press, Nova York, 1945 (*Geschichte der Photographie*, Knapp, Halle am Saale, 1932)
Eisler, Robert, *The Messiah Jesus and John the Baptist, according to Flavius Josephus' "Capture of Jerusalem"*, Methuen & Co., Londres, 1931

Filas, Francis, *The Dating of the Shroud of Turin from Coins of Pontius Pilate*, Cogan Productions, Arizona, 1982

Foley, Fr Charles, "Ablatio", *Shroud News*, nº 89, junho de 1995

Frei, Max, "Nine Years of Palynological Studies on the Shroud", *Shroud Spectrum International*, nº 3, 1982

Garza-Valdès, Leoncio A., *The DNA of God?: The True Story of the Scientist who Re-established the Case for the Authenticity of the Shroud of Turin and Discovered its Incredible Secrets*, Doubleday, Nova York, 1999

Gove, Harry E., *Relic, Icon or Hoax?: Carbon Dating the Turin Shroud*, Institute of Physics Publishing, Philadelphia, 1996

Gragson, Martin, *The Kirk-Othmer Encyclopedia of Chemical Terminology*, John Wiley & Sons, Nova York, 1985

Green, Maurus, "Enshrouded in Silence", *Ampleforth Journal*, nº 74, 1969

Gündüz, Sinasi, *The Knowledge of Life: The Origins and Early History of the Mandaeans and Their Relation to the Sabians of the Qur'an and to the Harranians*, Oxford University Press, Oxford, 1994

Guscin, Mark, "Nice 12-13 May, 1997: Some notes on the Nice Symposium", *BSTS Newsletter*, nº 46, novembro/dezembro de 1997

Haeffner, Mark, *The Dictionary of Alchemy*, Aquarian Press, Londres, 1991

Hancock, Graham, *The Sign and the Seal: A Quest for the Lost Ark of the Covenant*, William Heinemann, Londres, 1992

Harris, Anthony, *The Sacred Virgin and the Holy Whole*, Sphere, Londres, 1988

Harris, Robert, *Selling Hitler: The Story of the Hitler Diaries*, Faber & Faber, Londres, 1986

Heller, John H., *Report on the Shroud of Turin*, Houghton Mifflin, Boston, 1983

Heller, J., e A. Adler, "Blood on the Shroud of Turin", *Applied Optics*, vol. 19, nº 12, junho de 1980

—— "A Chemical Investigation of the Shroud of Turin", *Canadian Society of Forensic Science Journal*, vol. 14, nº 3, 1981

Hoare, Rodney, *The Testimony of the Shroud: Deductions from the Photographic and Written Evidence of the Crucifixion and Resurrection of Jesus Christ*, Quartet, Londres, 1978

—— *A Piece of Cloth: The Turin Shroud Investigated*, Aquarian Press, Wellingborough, 1984

—— *The Turin Shroud is Genuine: The Irrefutable Evidence*, Souvenir Press, Londres, 1994

Holroyd, Stuart, e Neil Powell, *Mysteries of Magic*, Bloomsbury Books, Londres, 1991 (primeiro publicado em volumes separados: Stuart Holroyd, *Magic, Words and Numbers*, e Neil Powell, *The Supernatural: Alchemy, the Ancient Science*, ambos pela Aldus Books, Londres, 1976)

Hook, Judith, *Lorenzo de Medici: An Historical Biography*, Hamish Hamilton, Londres, 1984

Humber, Thomas, *The Fifth Gospel*, Pocket Books, Nova York, 1974

Iannone, John C., *The Mystery of the Turin Shroud: New Scientific Evidence*, Alba House, Nova York, 1998

—— "Floral Images and Pollen Grains on the Shroud of Turin: An interview with Dr Alan Whanger and Dr Avinoam Danin", site do Sudário de Turim, www.shroud.com/iannone.pdf, sem data

Jennings, Peter (org.), *Face to Face with the Turin Shroud*, Mayhew-McCrimmon & A. R. Mowbray, Londres, 1978

John, Eric (org.), *The Popes: A Concise Biographical History*, Burns & Oates, Londres, 1964

Johnson, Kenneth Rayner, "The Image of Perfection", *The Unexplained*, n° 45, 1982

Jumper, E., A. Adler, J. Jackson, S. Pellicori, J. Heller e J. Druzic, "A Comprehensive Examination of the Various Stains and Images on the Shroud of Turin", *Advances in Chemistry*, series. 205, 1984

Kemp, Martin, *Leonardo da Vinci: The Marvellous Works of Nature and Man*, J. M. Dent & Sons, Londres, 1981

Kersten, Holger, e Elmar R. Gruber, *The Jesus Conspiracy: The Turin Shroud and the Truth about the Resurrection*, Element Books, Shaftesbury, 1994 (*Das Jesus Komplott*, Langen Verlag, Munique, 1992)

Knight, Christopher, e Robert Lomas, *The Hiram Key: Pharaohs, Freemasons and the Discovery of the Secret Scrolls of Jesus*, Century, Londres, 1996

—— *The Second Messiah: Templars, the Turin Shroud and the Great Secret of Freemasonry*, Century, Londres, 1997

Kosar, Jaromir, *Light-Sensitive Systems: Chemistry and Application of Nonsilver Halide Photographic Processes*, John Wiley & Sons, Nova York, 1965

Laidler, Keith, *The Head of God: The Lost Secret of the Templars*, Weidenfeld & Nicolson, Londres, 1998

—— *The Divine Deception: The Church, the Shroud and the Creation of a Holy Fraud*, Headline, Londres, 2001 (1ª edição em 2000)

Leonardo da Vinci (ed. Jean Paul Richter e Irma A. Richter), *The Literary Works of Leonardo da Vinci, Compiled and Edited from the Original Manuscripts*, Oxford University Press, Oxford, 1939 (ed. Irma A. Richter)

—— *The Notebooks of Leonardo da Vinci*, Oxford University Press, Oxford, 1952

Marino, Joseph G., e M. Sue Benford, "Evidence for the Skewing of the C-14 Dating of the Shroud of Turin due to Repairs", site do Sudário de Turim, www.shroud.com/pdfs/marben.pdf, 2000

McCrone, W. C., "Authenticity of Medieval Document tested by Small-Particle Analysis", *Analytical Chemistry*, nº 48, 1976

—— *Judgment Day for the Turin Shroud*, Microscope Publications, Chicago, 1996

Mills, Allan A., "Image Formation on the Shroud of Turin: The Reactive Oxidation Intermediates Hipothesis", *Interdisciplinary Science Reviews*, vol. 20, nº 4, dezembro de 1995

Morris, R. A., L. A. Schwalbe e J. R. London, "X-Ray Fluorescence Investigation of the Shroud of Turin", *Journal of the Canadian Society of Forensic Science*, vol. 14, nº 3, 1981

Neblette, C. B., *Photography: Its Materials and Processes*, 6ª edição, Van Nostrand Reinhold, Nova York, 1962

Nickell, Joe, *Inquest on the Shroud of Turin*, edição revisada, Prometheus Books, Amherst, 1987 (1ª edição em 1983)

—— "Pollens on the 'Shroud': A Study in Deception", *Skeptical Inquirer*, vol. 18, verão de 1994

—— "Claims of Invalid 'Shroud' Radiocarbon Date Cut from Whole Cloth", site do *CSICOP*, www.csicop.org/specialarticles/shroud.html, 2005

Partner, Peter, *The Murdered Magicians: The Templars and their Myth*, Oxford University Press, Oxford, 1981

Picknett, Lynn (org.), *The Encyclopaedia of the Paranormal: A Complete guide to the Unexplained*, MacMillan, Londres, 1990

—— *Mary Magdalene: Christianity's Hidden Goddess*, Robinson, Londres, 2003

—— *The Secret History of Lucifer*, Robinson, Londres, 2005

Picknett, Lynn, e Clive Prince, *The Templar Revelation: Secret Guardians of the True Identity of Christ*, Bantam Press, Londres, 1997

—— *The Sion Revelation: Inside the Shadowy World of Europe's Secret Masters*, Time Warner, Londres, 2006

Piczek, Isabel, "Alice in Wonderland and the Shroud of Turin", site o Sudário de Turim, www.shroud.com/piczek2.htm, 1996

Quigley Jr., Martin, *Magic Shadows: The Story of the Origin of Motion Pictures*, Georgetown University Press, Washington DC, 1948

Reti, Ladislao (org.), *The Unknown Leonardo*, 3 volumes, McGraw-Hill, Nova York, 1974

Rinaldi, Peter M., *The Man in the Shroud*, Futura, Londres, 1974

Robert de Clari (traduzido e editado por Edgar H. McNeal), *The Conquest of Constantinople*, Columbia University Press, Nova York, 1936

Roberts, Ver. Alexander, e Sir James Donaldson (eds.), *The Ante-Nicene Christian Library: Translations of the Writings of the Fathers Down to AD 325*, 25 volumes, T & T Clark, Edimburgo, 1867-97

Robinson, John J., *Born in Blood: The Lost Secrets of Freemasonry*, Century, Londres, 1990

Rogers, Raymond N., "Studies on the Radiocarbon Sample from the Shroud of Turin", *Thermochimica Acta*, vol. 425, números 1-2, janeiro de 2005

—— "The Shroud of Turin: Radiation Effects, Aging and Image Formation", site do Sudário de Turim, www.shroud.com/pdfs/rogers8.pdf, 2005

Rowden, Maurice, *Leonardo da Vinci*, Weidenfeld & Nicolson, Londres, 1975

Schonfield, Hugh J., *The Pentecost Revolution: The Story of the Jesus Party in Israel, AD 36-66*, Hutchinson, Londres, 1974

Schwalbe, L. A., e R. N. Rogers, "Physics and Chemistry of the Shroud of Turin: A Summary of the 1978 Investigation", *Analytica Chimica Arta*, 135, 1982

Schwartz, Lilian, "Leonardo's Mona Lisa", *Art and Antiques*, janeiro de 1987

Shaw, M. R. B. (editado e traduzido), *Chronicles of the Crusades*, Penguin, Londres, 1963

Shoemaker, Michael T., "Debunking the Debunkers: The Vinland Map", *Strange Magazine*, nº 3, 1988

Siren, Osvald, *Leonardo da Vinci: The Artist and the Man*, Oxford University Press, Oxford, 1916

Smyth, Frank, "Is this the Face of Christ?", *The Unexplained*, nº 18, 1981

Snow-Smith, Joanne, *The Salvator Mundi of Leonardo da Vinci*, University of Michigan Press, Seattle, 1982

Sorensen, Richard B., "Answering the Savoy/Leonardo Da Vinci Hypothesis", site do Sudário de Turim, www.shroud.com/pdfs/sorensen.pdf, 2005

Sox, H. David, *The Image on the Shroud: Is the Turin Shroud a Forgery?*, Unwin, Londres, 1981

Spence, Lewis, *An Encyclopaedia of Occultism*, G. Routledge & Sons, Londres, 1920

Stevenson, Kenneth E. (ed.), *Proceedings of the 1977 United States Conference of Research on the Shroud of Turin*, Holy Shroud Guild, Nova York, 1977

Stevenson, Kenneth E., e Gary R. Habermas, *Verdict on the Shroud: Evidence for the Death and Resurrection of Jesus Christ*, Servant, Ann Arbor, 1981

Stroebel, Leslie, e Richard Zakia (eds.), *The Focal Encyclopaedia of Photography*, 3ª edição, Focal Press, Londres, 1993 (1ª edição em 1956)

Thompson, C. J. S., *The Lure and Romance of Alchemy*, Bell Publishing, Nova York, 1990 (George Harrap & Co., Londres, 1932)

Thurston, Rev. Herbert, "The Turin Shroud and the Verdict of History", *The Month*, CI, janeiro de 1903

Tort, César, "The Turin Shroud: A Case of Retrocognitive Thoughtography?", *Journal of the Society for Psychical Research*, vol. 56, nº 818, janeiro de 1990

Vasari, Giorgio (traduzido e editado por George Bull), *Lives of the Artists*, Penguin Books, Londres, 1965

Vignon, Paul, *The Shroud of Christ*, Archibald Constable & Co., Londres, 1902 (*Le linceul du Christ: Étude Scientifique*, Éditions de Paris, Paris, 1902)

—— *La Sainte Suaire de Turin devant la science: l'archéologie, l'histoire, l'iconographie, le logique*, Masson, Paris, 1939

Volckringer, Jean, *Le problème des empreintes devant le science*, Libraire du Carmel, Paris, 1942

Walsh, John, *The Shroud*, W. H. Allen, Londres, 1963

Weller, Norma, "Concerning the Meeting on May 27 1992", *BSTS Newsletter*, nº 33, fevereiro de 1993

Whanger, Alan D., "A Reply to Doubts Concerning the Coins Over the Eyes", site do Sudário de Turim, www.shroud.com/lombatti.htm, 1997

Whanger, Mary e Alan, *The Shroud of Turin: An Adventure of Discovery*", Providence House, Franklin, 1998

Wilcox, Robert K., *Shroud*, Corgi, Londres, 1977

Wilson, Colin, *A Criminal History of Mankind*, Granada, Londres, 1984

Wilson, Ian, *The Turin Shroud*, edição revisada, Penguin, Londres, 1979 Victor Gollancz, Londres, 1978)

—— *The Evidence of the Shroud*, Michael O'Mara, Londres, 1986

—— "Riddle of the Dead Man's Hand", *Observer Magazine*, 31 de janeiro de 1988

—— *Holy Faces, Secret Places: The Quest for Jesus' True Likeness*, Doubleday, Londres, 1991

—— "Mystery of the Missing Mandylion", *BSTS Newsletter*, nº 36, janeiro de 1994
—— *The Blood and the Shroud: The Passionate Controversy Still Enflaming the World's Most Famous Carbon-Dating Test*, Weidenfeld & Nicolson, Londres, 1998
—— "The New, Restored Turin Shroud", *BSTS Newsletter*, nº 56, dezembro de 2002
Wilson, Ian, e Barrie Schwortz, *The Turin Shroud: The Illustrated Evidence*, Michael O'Mara, Londres, 2000
Wilson, Robert Anton, "The Priory of Sion", *Gnosis*, nº 6, inverno de 1987-8
Wuenschel, Edward A. *Self-Portrait of Christ: The Holy Shroud of Turin*, Holy Shroud Guild, Nova York, 1957

Yates, Frances A., *Giordano Bruno and the Hermetic Tradition*, Routledge & Kegan Paul, Londres, 1964
—— *The Art of Memory*, Routledge & Kegan Paul, Londres, 1966
—— *The Rosicrucian Enlightenment*, Routledge & Kegan Paul, Londres, 1972
—— *The Occult Philosophy in the Elizabethan Age*, Routledge & Kegan Paul, Londres, 1979

ÍNDICE REMISSIVO

Este livro foi composto na tipologia Classical Garamond BT, em corpo 11/15,5, e impresso em papel off-set 75g/m² no Sistema Cameron da Divisão Gráfica da Distribuidora Record.